古今圖書集成

神異典・神仙部

（四）

神僊部列傳三十四

明二　高俊

按江陰縣志高俊字彥文人稱高法官永樂間人少遊金陵遇異人得異書數卷謁眞人龍虎山三載方歸嘗言吾術可移造化役鬼神人病魅符呪遣之其女爲妖狐迷者飛劍斬之大旱祈禱隨噀水灑處黑雲湧起雨便霑足渡江遇逆風書符舟尾更疾行暮歸無燭拱手作法卽前導二燈吳浙間無不知高法官者投以金帛趨謝却其法亦不傳於世

伍守靜

按樂安縣志伍守靜四十五都龍江人永樂間入仙遊觀得吳眞人祕授法旨時雩都張小鬼每逢閏歲四出佈災將越樂界公知怒往與張鬭法擒之奪其寶三件張哀還覽誓不犯界因埋劍界上永斷妖魔眞人造福無量誠有以大庇於吾邑也

周思得

按列朝詩集周思得字養眞錢塘人行靈官法先知禍福文皇帝北征召扈從數試之不爽招弭祓除祈禳兵㦸如影響乃命祀靈官神於宮城西靈官藤像上獲之於東海朝夕崇禮所征必載及金河川舁不可動就思得秘問之曰上帝有界止此也已而果有榆川之役思得歷事五朝年踰九十賜謚弘道眞人　按續文獻通考思得少穎悟從四十三代天師張宇初讀道家書永樂初召至京扈從北征宣德正統間累封崇教弘道高士卒年九十二贈通靈眞人　按浙江通志思得先知禍福太宗北征召扈從數試不爽鞭虎先驅敵駭潰炎途尸穢禱雪殺之六軍大悅思得歷事五朝還山尸解年九十三勅葬八盤嶺

補鍋匠

按明外史本傳補鍋匠不知何許人也往來夔州重慶間爲人補鍋與之直一無所較與之食卽不復取錢遇風雨寒暑輙不出所至州邑多寄宿蕭寺中留不過三日人有從學補鍋者不取酬令負擔從後有學者至卽遣先學者去如是數年川中人皆識之呼爲老鍋匠一日於夔州市遇一人相顧愕然已相持哭哭已共入山巖中坐語竟日復相持哭永訣不可復相見卽所謂馮翁者也馮翁

在夔州以章句為童子師給衣食能為對句及古詩詩後題馬二子或馬公或塞馬先生亦不知其為何許人嘗作詩大書壁間云夜夢何奇特龍飛天漢津朝橫滄海曲夕過滇池濱光要皆五色蜿蜒無損鱗淵田變化間張主藉高晏比見補鍋匠歸卽剗去未幾辭主人去二人皆不知所終

按雲南通志補鍋匠無姓名不言以啞子稱永樂間常憩獅山往來村落間業補鍋有從學者不索謝但令負擔前行數載人不識也一日於南門外獅山道上揀柴枝作三字云要南下奄然而逝土人異之收棺未葬越三日屍不見傳啞子又在省城補鍋

楊黼

按明外史本傳楊黼雲南太和人也好學讀五經皆百遍書工篆籀兼好釋典或勸其應舉笑曰不理性命理外物耶庭前有大桂樹縛板樹上題曰桂樓偃仰其中歌詩自得躬耕數畝以供甘旨但求親悅不顧餘也注孝經數萬言引證群書極談性命字皆小篆所用硯乾將下樓取水硯池忽滿自是為常時人咸異之父母歿為傭營葬葬畢入雞足棲羅漢壁石窟山十餘年壽至八十子孫迎歸一日沐浴命子孫拜曰明日吾行時至果卒既殮見其自外而入大笑曰楊黼先生今日纔了事

也　按雲南通志黼太和人自號存誠道人孝友慈和甘貧力學母卒葬畢卽隱雞足山凡二十年卒之日凡親友之家皆見其登門作別或又見於安慶道中爲崇禎壬午河西李元祺赴選得大理訓導以便道詣武當有生來謁自稱大理府學楊黼逸祺寄語於家祺許之及至下關見黼南去數呼不應抵任問諸生方知爲永樂間人因爲立碑表其里曰桂樓先生故里

王先生

按高坡異纂蔡敞字士弘別號毅齋上世本崑山人永樂中徙居北京敞少好游嘗遇異人於歌樓自稱王先生相與甚善一日乘月步都市時夜禁甚嚴邏卒交錯於道無所詰問敞心異之至東徼頭復過二三客控馬以待異人至客前請行異人曰我攜鄭君步月至此諸君能更備一騎與同遊乎須臾又控一馬至甚雄俊擁敞乘之囑使閉目雖甚苦勿妄窺覘敞如教耳邊但聞風濤聲然寒極不能禁言之甚力異人歎曰此去地四十里有剛風過此卽得上仙恨子福淺耳卽令開目乃在一野寺前供帳甚盛就樹下諸客縱談皆非塵世間事敞亦不能知也因問此爲何地異人曰此去句容縣十五里某寺也敞縱觀蹤起一石子戲納金剛口中酒數行復與諸客乘馬還都市而別漏

下方四籌耳居數日異人告別以一木杖贈敞勉敞讀書進修後當再會珍重而去敞後以翰林秀才四舉不第選中書歷官員外郎出守衢州府道經丹陽因至句容尋訪此寺則固舊遊處也遣人視金剛口中石子猶在焉始信王先生爲神仙既莅衢好道愈篤忽一日有道士進謁敞留飲入夕道士遣一童子去席百步解衣而立時方隆冬道士遙吐氣噓之卽汗出淋漓煖如盛夏既而口出風吹之寒氣襲人便欲僵仆敞驚起曰此庭中瓦礫山積欲去之久矣然未暇也君能除之乎道士曰此易耳卽令閉門盡屛侍從但聞庭中若人馬聲甚衆瞬息聲止開門視階砌如掃矣敞歎服乘月送之將別乃以異人所留木杖授道士令暫執道士亦大驚云杖熱如火不能執去不復見敞後官止衢州異人亦不復至年七十六終

癡呆子

按畿輔通志癡呆子姓陳福建人永樂中至房山隆陽宮修眞後入武夷山遇至人授金丹祕訣便居恆如醉信口出辭不越乎道年八旬貌若嬰兒常懸鐵牌於胸驅役雷霆人稱之曰鐵牌陳

鍾山縣

按臨江府志戴陽子鍾山縣早歲出家住北帝觀得內修明永樂乙酉遊蜀過大旱疫蜀王徧訪高士得山縣以六月六日建醮頃刻大雪蔽空城外甘雨霑足旱疫為之頓蘇請於朝封雪谷戶侯後不知所終

楊湛然

按蘇州府志楊湛然名茂林未詳何地人有道行不用符檄書片紙驅役鬼神永樂五年后崩詔黃冠啟法筵湛然以白衣見雲翔香湧上異之稱曰至人命以官不受賜法衣勅行遊天下時吳江大旱延之禱雨隨應因留崇真道院構方丈居之在院屢著靈異一日忽蛻蓑履而逝蓋百餘歲矣後有自洞庭還者以雙舄畀歸始知湛然仙也

沈眞人

按嘉興府志沈眞人名道寧號野雲初居鬱秀院蹤蹋不檢或醉臥穢地或破衲不掩體頸有爛瘡人號為沈爛頭其師厭之逐去復來杖之亦不怨一日忽大叫自謂得道時大旱爛頭曰我來便有雨人怪之令登壇果大雨由是號道人永樂初遜國諸臣株連詔獄者數萬道人在都下稱設牢詣

諸王府化饅頭有施一萬者徐納袖中未嘗滿使人覘其所為則出御街卽惡睡道側兩袖無所有錦衣獄吏報有道人不知從何入分餉饅頭訖去矣守者慮有變繫之獄因其自言牒嘉興問所從則沈道人固在忽不見乃攝觀主至而獄中所繫依然爛頭道人於是都人競往謁詢禍福皆中成祖北狩仁宗監國問事多奇驗一日忽大笑則成祖師勝賜從臣飲之時也忽大哭則榆林川晏駕時也靈異不可殫述仁宗常御製道人傳登極封至道高士禮送還山誥軸藏道院五色雲錦硃砂寶篆燦然盛蹟

藥葫蘆道人

按蘇州府志藥葫蘆道人不知姓名賣藥吳市人有求則葫蘆中傾出飲之病無弗愈或傾不出則曰無緣不可救矣成祖在漠北不豫御醫盛寅奏言臣蘇州有藥葫蘆可治也上命行人乘傳南下未至而有榆林川之變道人後亦莫知所之

劉道明

按四川總志劉道明初名昭安岳人自少居天慶觀終日默坐歷二十餘年遂知讖緯由是名聞遠

近永樂間以星史之占召入時値六月命築壇祈雨三日果大雨上奇之卒年九十有九其他靈異多不可悉時人稱爲劉神仙云

廖時升

按安慶府志廖時升洪都人少遇異人授仙術永樂間選主太湖道會嘗奉詔纂修道經臨終作一偈曰有爲有作本無爲出入難逃幻化機五十九年渾一夢今朝方識未生時端坐而逝隨有鬻炭翁見其乘白驢於東嶽廟前寄語其徒曰牀頭有布可易炭及翁至已就木矣

柴道人

按續文獻通考柴道人善祈禱永樂中浙中大旱延至設齋壇三日後雷聲一聲壇前二幡結成二龍頭雨如注西湖水涸其大半　按處州府志柴用先號惟一子永樂間自京還至武林大旱自言能興雷雨藩臬競致之官吏宿齋大書聯三日登壇三日雨一聲號令一聲雷及期不雨用先散髮呪符叱官吏跪壇下須臾雷電交至大雨如注而西湖之水涸矣其族子壯得五雷祕法能祛邪治病祈晴雨語衆曰吾門隘當撤之以大天師家大風果作門撤他所

焦姑

按江寧府志焦姑名奉眞家中和橋南有僊術能祈陰晴永樂時召入宮中數年建元眞觀於中和橋北以居之有弟爲神樂觀道士一日語之曰吾不食數日死期已近弟曰當修醮與姊禳之醮畢來復姑謂醮無益奏玉帝表文上有汙汙玉帝未嘗見也道士驚異果以汙汙未及易也又戒弟曰吾死後不用龕與棺只以蘆席捲之送江浦縣定山上吾願足矣道士如其言送於定山忽雷雨驟作遂失其尸所在封妙惠仙姑

張皮雀

按異林張皮雀者名道修少從其父叅議江西時每聞道院鐘鼓笙磬之音輒往觀焉父不能禁後還吳中爲道士師事胡風子胡風子師事莫月鼎授五雷法居元妙觀弟子甚衆欲密授道修以書置屋上覆瓦中呼道修曰天將雨亟升屋敗隙補之道修如其言往胡公曰得乎道修應曰得之矣於是始得祕訣驅風雷如神常懷一皮雀卵小兒每出則小兒羣逐之故時人謂之張皮雀好飲酒食狗肉常有病瘧者求治會方啖狗肉遂以汁濡作符以授之曰謹握之及家而後啓其人易之曰

何物能治疾邪中途竊視之忽有神人怒撻之幾絶一日行道中見一人責之曰汝婦將死盍返視邪入寢中婦果自縊忽絶而甦天元中太守朱勝求禱道修曰儒輩每毀我欲雨設壇於學宮太守不可然不得已遂强設於里塾又令黃冠舁之以行命置水於兩廡間呼羣兒侍謂笑滿前每作符遣一兒投水中則雲氣生其上滃合雷電轟烈大雨如注道修大呼曰請誅貪吏諸吏跪伏莫敢仰視良久曰濡足乎衆曰然雨乃止江陰旱富民周氏請禱道修往視囷廩甚侈怒曰彼固求福已耳且爲之禱雷雨大作道修曰彼爲富不仁請焚其廩火繞其廬焚之幾盡吳江旱王道會者禱之雨已作道修曰王道會亦禱雨乎今日邂逅誠幸相角法術何如衆驩然建兩壇道修謂道會曰左右何居道會覩東郊已雲遂即左道修在右有頃雲歸於西東望皎然雨忽大注道會大慚神驗甚衆不可測也居常忤兒意每受箠不走但呼大宿世大宿世以壽終翌日人於松陵長橋上見之

按蘇州府志道修長洲縣人少有異相年十七父母欲爲議婚不從往禮胡風子爲師盡得其術宣德八年夏長洲不雨有大家懇修往禱及至則其人頗怠修登壇赫怒忽震霆碎大木雷火其廩不留粒粟已而黑雲蔽天四龍見雲中驟雨傾注觀者股慄十年崑山旱縣令請禱道修約三日雨三

日果而戴氏子疾昏譫語道修入門取棒就牀擊之遂瘥馬氏婦爲祟恐狂叫亂走道修至卽昏仆去則復然道修風格奇朗頂雙髻披青布袍人謂其捕鬼隨行鬼作聲類俗所粥兒戲皮雀者因呼張皮雀正統庚申無疾而死後或見之於長橋疑尸解云

芮道材

按雲南通志芮道材少業儒從劉眞人習棲神煉氣之術嘗殄峨峴蛟除蒙化祟宣德初召見賜都紀馳驛歸創棲霞觀居之尋尸解

何以潤

按桂陽州志何以潤東隅人號雲巖少孤隨母以居業儒精醫宣德六年春在會城與客坐奕一偉少年立觀起陪立少年曰君桂陽人知南門外呂先生否爲寄一書道經洞庭書筒夜發光歸遍覓無呂姓者啟視書皆篠書龍鳳篆五十六字莫能解自是辟穀食菉豆一十七年人號曰菉豆公行年七十正統十三年六月二十三日羣鳥集於庭相迴而逝後書至天順八年寇燹焉萬曆間孫瀛病足雖暑著氈條一道士入庭募氈不與因募化菉豆而去人不見其出入此以潤化身之一驗也

從鉉

按安陸府志仙人從鉉者字又鉉別號鼎爐安陸人正統八年母夢湘子入室而生骨相奇偉篤好黃老之術謝婚聘辭父遊太和山復遊嵩華遇異人授大還藥丹成雲跡靡定萬曆庚寅郡守阮屏麓自述昔遊太華偶失路遇公指引見公道貌軒舉問姓氏年里公曰年百六十矣後聞入華絕巘至今不出郢人傳其事稱奇云

鄧清

按廣西通志鄧清字子眞正統間羽士也居岑溪習瑜珈教得異傳一日雷擊物遇穢墮地清爲呪灑水潑之雷遂飛昇還居善村巖常聚仙峯頂羽化之日棺爲風雨飄去置石中鄉人立祠祈雨輒應

潘道泰

按鎮江府志潘道泰號無涯子郡千夫長潘氏從子也年八歲爲萬壽宮道士巫得眞弟子幼遇異人授以法一日登厠誦呪誤召辛君辛君怒以火筆燃其頭頭爛人皆呼爲潘爛頭云冬夏一袷性

嗜酒食犬肉時酣飲酒肆中醉即取錢一文或以手或以所食物就錢上書一字令小兒固握之撒手磐光迸烈如雷鳴景泰間旱郡守郭濟命禱雨約時日命備火酒及棉被黑犬道泰登壇飲酒抱犬以被覆臥烈日中鼾齁也時將至烈日如故郡守命呼之起道泰覺叱曰何可呼我我兩處社令未至也惜雨弗徧兩郡耳遂握劍焚符揮叱四方陰雲驟合雷電交作郡守以下俱立雨中隸人張蓋蓋之道泰叱曰官將何不去有司蓋霹靂電光倏撒蓋空中去官民震恐俄傾雨霑足郡守冒雷雨病瘧藥不愈延道泰往護視道泰以掌撫其背即愈維揚屬邑旱召道泰往禱命置一大黑鯉於釜中炊之火愈熾雨傾如澍衆皆望見雲中黑龍蜿蜒雨霽啟釜視之水寒鯉游洋無恙也眞州婦難產求道泰符適在肆中食犬肉即以犬骨一命握之令勿示人歸擲牀下霹靂震空兒已產矣蓋以骨擲牀下作雷聲震產故也其神異如此人有疾病來求者或爲書符或呪水噀之隨愈道泰幼孤撫於姑氏後姑氏設醮命主醮事遠邇觀者如堵及降聖道泰俯伏起曰某獲譴矣衆中有孕婦不潔者帝回鑾矣越三日逝及葬舉棺如空後有某自武林來見道泰逍遥湖上謂某曰爲我寄言諸舊遊吾今在武林不日適武彝去矣蓋即其尸解日也後奉璽書封通懸五雷法官靈濟眞人

王眞人

按廣西通志王眞人不知何許人景泰間謫戍馴象衛有道術能致雷雨以手書符篆於人掌中人握之行數步望其方開手則雷轟然而起歲旱有司祈雨連日弗應眞人曰開廚撤壇某日某時請迎雨至期日益酷烈眞人書篆符焚之向空叱咤嗟令木雷雨交作平地水深三尺有衛姓者家有妖魅往治之妖忽啼竄急書符焚之震雷忽起則妖爲老猴已擊死於登高嶺矣後羽化去

文志矩

按廣西通志文志矩紫極宮道士先以採藥爲業年一十四歲始出家遊武當龍虎諸名山妙契符籙之術其應如響天順間無病卒次日有見志矩者謂其人曰吾宮今日齋醮可送麪至今晨失一拄杖在某處亦可令人送來其人詣宮果然始知志矩乃尸解去

黃花老人

按盛京通志黃花老人天順中居蓋州城外山坡小寺有道術修煉數年一旦鶴來乘之而去其地因名伴仙山後人有詩云水色山光兩不孤乾坤寥廓自錘爐此山莫道無多景只是紅塵半點無

何璘

按廣西通志何璘賓州人恬淡輕名利採藥茹芝至天順年一百三十餘歲飄然不知所適人咸稱爲羽化

曾志堅

按貴州通志曾志堅楚人有道術天順間以詿誤繫京師值大暑上命祈雪以皇城爲限夜半上覺寒甚開豹房視之飄飄遍地次日命中官出驗城外略無雪跡因免死改戍平壩衛木石妖幻符至即除呼霆禱雨刻期必應終日閉門誦經一日召其徒曰謹守吾法端坐而逝

雷蓬頭

按異林雷蓬頭者名太雲不知何許人也少爲書生好道術入沙門游又棄而學仙成化間居太和山中敝衣蓬首行若飄雲人或於山下見之或失所在舉頭望之遥在高崖雲霧中相距萬仞或二三十里許或時假寐一室扃閉如故身已在仙處山上祠宮咸固鎖鑰毎鷄鳴諸山法鐘遠近俱發道士驚起曰雷仙人入宮矣荆王求見之因請曰側聞神仙之名久矣願乞片言雲曰予丐人也何

足以語仙王曰汝年幾何矣曰雲半歲王曰汝何許人雲曰幽州生建康長廣東編戶遼東應役王瀏然不悅曰今日幸奉至人願乞道術雲怒曰吾非俳優何術可施遂大相詆訾王不勝怒密遣人縶之噀以狗血遂褁以革令獄之桎梏至獄欲殺之夜半忽不見成化末不知所終

王勅

按濟南府志王勅字雲芝歷城人成化甲辰進士及第授翰林編修謫判蘇陵陞四川僉事河南提學副使終南京國子祭酒少有仙骨穎邁絕人讀書華不注山東臥牛山寺嘗與友人晚眺見山坡火光疑為夜燐勅不言但夜分持石誌火積石成熒一夜潛發之二尺許得石匣函書二冊脫衣褁回每中夜沐浴焚香虔祝展誦一年後能知未來休咎御風出神語人曰地如餅子眼地下珍異幽奇皆可見人半疑信之弗測也時與一僧相攜山頭採杞僧先勅下比扣門勅為開扃僧訝之笑曰我從裏間到來和尚自不知耳勅歸梁兩司學憲一日集諸生講學衆俱見白雲一片起勅即遣騎戒狹驅數里雲落處即掘之果得白石如雪命煮之細切如腐徧食諸生甘美非人世味曰此雲母也大梁試士鎖院牕廡皆滿每處輒有勅危坐終日諸士出相語各以為近勅危坐處惴惴弗盜也

已知其爲異相語神怪之在輝縣山坡忽下輿拜曰老先生在此掘之得大石玲瓏蒼翠不類人間石置之百泉上又在道傍古垣開紫石峴二池各有鴛鴦一隻雄雌相向勅家居前採杞僧疾將逝問曰富貴何願僧曰兼之曰惜功行未滿且著蜀府王爲二子因批其背是日蜀王產第二子背字隱隱王摩之應手刃太宰旻寢疾詢其大期曰有大鶴入幕飛旋已颷去公之神也至太宰逝果然勅預知死期安養易道服而瞑時里人徭賦長安於良鄉道中見有鼓吹從南來視之乃勅也里人問公罷官已久何以至此勅笑曰朝廷召我耳然吾來時有一二語未分付煩寄與兒某篋中有書數卷不可令人見語兒焚之里人歸問乃知勅以是日死也　按四川總志勅字嘉許號雲芝能前知分身四出煮石爲糧弘治間四川督學

呂疙瘩

按異林呂疙瘩者不詳其名里成化間嘗游於襄鄧河洛之間冬則臥雪夏則被褐好狎兒童且謔且詈競爲之結小髻每搖首則髮理如櫛復爲結之如螺然滿頭時人呼爲疙瘩一日履江水上江畔一婦人方晨汲見之曰呂公若能行水耶呂怒取其杖笞之復履江去弘治己未相傳於隴右白

日上昇而去

張自眞

按開封府志張自眞陳留道士成化年間見縣西岡嶺環曲形勢奇絕建正殿三間塑碧霞元君之像又樹柏樹藤栽桃千株因名桃花洞雲霞觀自眞在內修煉二十年而終至弘治間塚毀棺破惟存竹杖一枝

王槐

按安慶府志王槐字天植望江人父瓌娶彭氏性好善夢鶴投懷孕而生槐靈慧最異書過目輒成誦成童補邑弟子員歲癸酉應試南闈舟過太子磯風浪危甚忽江畔有持麾呼槐者及泊跡其所在惟一乞者穢惡難近槐異之長揖請爲乞者因密有所授付槐一杖云持此所求皆得如意槐從父瑞居諫垣凡有建白賜賚槐輒先知以告瑞父異有欲達瑞者槐卽振杖旬日往還成化中辭家雲遊莫知所之

董伯華

按福建通志董仙伯華晉江人服氣煉形談徵應輒驗成化間常來往漳泉能呼風雨立至又常畫雷符符一張賣錢一文然必童子乃賣之藏符於掌旋傍耳開之應聲而震人稱爲雷師後尸解北山紫極宮人卽其眞身塑像祀焉

尹山人

按畿輔通志尹山人者燕產也元世祖時爲天慶觀道士懷一牒綴之羊皮久而尚存成化間遊南都髮累歲不櫛自不亂結南郡人呼爲尹蓬頭尹得邸寓輒閉關臥多者踰月少五六日而後起居常不飯人饋之食亦不辭嘗造一民家一餐而盡四十碗麪又入市一刻而啖一擔瓜南京有宦者遣僕上病疏晨遇尹於北闕端門告以疏已得旨午餐尹報官曰今旦端門前見使者君已得告後僕還覈問果合人聞而異之魏國公館尹於第常晝瞑瘖而語魏公曰適遊姑蘇洞庭山而返魏公愕不信卽出袖中兩橘畀之其時南京尚未有洞庭橘也南都一貴人母敬事尹旣而所愛少孫病沉綿旣瘵醫皆謝不治迺向尹力懇之尹曰此非藥物所能爲我以太夫人遇我厚不得已費我十年功令置兩榻相附昏夜縛少孫之足於其足尹鼓氣運轉喉噓噓有聲氣達湧泉貫少孫足遍體

流汗與穢畢泄詰朝而蘇遂有生色別授刀圭藥服之愈王文成公守仁試禮闈落第卒業南雍從尹遊尹曰爾大聰明第筋骨脆難學我爾無長生分其竟以勳業顯哉文成悵然後有終南黃山人過訪值尹睡謂弟子曰敬貽爾師青衣鞋我不能待別矣睡數日起弟子言其故尹曰予殆有遠行也無何逆閹劉瑾譖陷不軌恐尹知之羅而戕之關右至戕所偶過鐵鶴觀騎一鶴淩空而去

按江寧府志尹蓬頭名從龍華州人篋有宋理宗時度牒弘正年間來金陵寓邸中輒閉關臥每出從者如市能出陽神分身赴請一貴人女病瘵甚劇羣醫束手邀尹視之曰此非藥力所能治與我同寢一夕可愈也其父不可女病愈篤母涕泣懇請父乃從尹令糊密室無留纖隙令女去袒衣而以其足抵女下體而臥戒女曰喉中有物出急語我尹鼻息如雷足熱如火天將明女報蟲從口中出尹亟起覓不復見見牕有微罅曰惜哉害一人矣蓋其乳母開罅竊視而為蟲所中也女病頓愈而乳母竟死洛陽張姪者自言得道引重縉紳間尹隨眾往謁張傲岸不為禮顧罵曰乞兒辱吾教尹曰無然爾注悟眞多誤何謾罵為張曰爾知悟眞耶尹因為抽廣成壺丘延歷度紀樞奧稍論序並下五千文暨外內典之旨眾皆悚聽張慚遁尹歸倚牆立自掌其頰者數十以為未忘勝心也因

鍵戶寢伏久之有終南黃道人來值其睡熟留青鞋而退後數日尹起問弟子曰有黃師來何言弟子獻所贈尹曰是知我將有遠行也無何當事懼其詭異遣卒押歸華州過鐵鶴觀騎一鶴飛去

按蘇州府志尹蓬頭莫知所自來負杖而遊其毛髮槁而容若處子舉止甚輕壯者不逮人慕爲爭向請無所言或飲食之亦多不顧或爲少嚼之則深自喜其去來不恆不得其所休舍每行途中人輒隨之問其年云紹興至是蓋三百十有餘歲矣知府林世遠聞而召之問其師授但云吾宋人也無所學偶遊行於此無預人事竟去人又有見之天台山中　按涇縣志尹蓬頭不知何許人正德間寓宣陽觀多異蹟嘗戲於席間種瓜卽時成實又戲擲主人銀爵於水中主人惋惜已復在几上又從道士索畜狗食道士屬徒烹之徒竊食兩耳尹食訖曰此非全者道士不信一一吐出狗宛然生獨兩耳缺歲餘辭去莫知所之又同董秀才揚州看燈往返千里閉目卽是　按武進縣志

尹蓬頭弘治間嘗遊毗陵所攜有宋度牒云理宗時人尹從龍也嘗舉進士後得道爲仙客朱先生昱胡光祿熙家屢顯神異常以一膏藥貼其足間屏人揭之出書一小帙中言內外丹事多隱語遊金陵客魏國公所佯狂詩談禍福多驗書一客邸小樓壁曰金土接木世人罕悟值武宗南巡江彬

就見尹正言責之忤彬言於上召見語多狂譎戍次鐵鶴觀有縣令其弟子也與之飲大醉忽不見

按無錫縣志尹蓬頭弘治中常遊金陵毗陵之間攜宋時度牒自言理宗時人尹從龍也至錫止邑人秦勵家或獨立暴日中或嚴冬擁雪而臥身腐穢多蟣蝨勵與同寢處三年一夕謂勵今夜寒甚願假君愛婢伴宿勵不答遂贈以一詩而去勵遇尹之後頗著靈異年八十餘卒　按鎮江府志尹蓬頭者不知何許人客丹陽丁氏最久手持一杖披羽袍翩然而行見者以其童顏鶴髮爭延致之叩其由來不答或以年問則曰吾歷紹興以來蓋三百十有一歲矣吳郡守林世遠聞而異之召見亦默然不答惟曰吾宋人於今何有尋遁去有自天台至者亦云見之或云在雲南騎鐵鶴上昇矣　按江西通志尹蓬頭不知何代人自言曾見宋太祖入汴時嘗爲神樂觀道士正德末居番曇公祠有樊嫗時餽禮之一日寢其樓樊僕入城南遇之見懷四甆果分其一回登樓尹方覺袖猶存甆果三焉番陽陳璜官南部時約同十餘輩試其異共日召齋俱至蓋莫測云

步梅溪

按鎮江府志有步梅溪者丹陽人有仙術諸怪異事甚多後傳其仙去

王守中

按四川總志王守中泥溪司人自幼學仙於後山鑿洞調息十餘載一日尹蓬頭來訪遂引之去十八年一日復還家云來救兄死時兄已入棺命取出以水浸之復甦後兄仕滇二十餘年共隱去戒家人云我遺趾可療諸疾試之果驗萬曆四十六年臘月十一日午時後山崩出仙人洞即守中調息處

鍾萬五

按辰州府志鍾萬五辰溪人爲道士符籙表箋必虔人罕識者有異僧過門見其在園中鋤菜足離地尺許曰此子仙道久成非俗輩所能知也章朝元言上帝署公北極驅邪院特授仁慈忠孝昭烈普濟眞君有祠在邑治右

任風子

按續文獻通考任風子范縣人狀貌奇異少孤爲酒家傭遇異人授以仙術修煉於安平鎮之眞武廟經旬不食雖隆冬單衣行乞於市氣體完粹雙目烱然言休咎皆應弘治甲子冬端坐而逝後有

人見於遼陽意其爲尸解云　按兗州府志任風子流寓張秋獨居一室自稱有修煉術隆冬不寒大雪落其居卽融客過張秋者多倚舟召之給以布帛風子受之下舟卽隨手分裂以予貧者其後不知所終

麩子李

按續文獻通考麩子李正德間太和山得道者以其辟穀但啖麥麩故名荊藩永定王慕之遣十校移文楚藩董是山者禮聘以至寓新武當宮衣破衲不食王屢迎入宮祈長生訣皆不對但云儒者修身齊家此長生訣也賜金帛甚厚皆委棄不顧已辭歸王仍遣十校送之令索書報命至漢口臥舟中忽不見校奔至山見李坐捨身巖險絕處誦經遙爲拜泣索書又不見後復遣校至山則云李尸解矣校於歸途又見李持鉢行如飛亡何王以千宗正條幾覆國始悟李語非漫然也　按武當山志麩子李在太和得道居大山中丞奉詔修太和嘗訪之山中

月光道人

按雲南通志月光道人正德間雲遊至郡結茅金鰲山麓兀坐不言日啖菜根少許如是數年不知

所在人往覓之見壁間書一絶云壺中夜夜種金蓮劍光飛過赤霞天蓬萊此去無多路只在山人拄杖前始知其僊矣

韓飛霞

按四川總志韓飛霞瀘人具㒞才爲諸生制行高雅試不第遂棄儒服黃冠出遊遇異人授以仙術尋得道名聞於朝正德間召見賜號抱一守正眞人

萬玉山

按續文獻通考萬玉山名福敦羅田人幼攻舉子業已厭棄投塔山寺爲僧法名道璣冥解禪宗邑令徐召與語大器之命畜髮訪道徧遊終南峨眉武夷天台懷玉王屋五嶽所遇緇衣羽客一語會心輒師事之迨歸已充然有得矣玉山善踵息鍛鍊不噉秫麪鹽酪旁通風角堪輿奇門符水而尤聖於醫繪竹蘭清逸有韻其他譜琴擊劍蹴踘蹤蹻雜伎種種入能品語人禍福多奇中人問以故曰太清無纖雲誠則明矣年六十始娶妻生子朴正德乙亥往居霍山明年庚辰四月十日謂其主人江曰靈鶴夜且至倘余假寐幸亟呼出戶也是夜風聲驟至瓦甓盡鳴主人舉炬視之則羣鶴集

竹梢仆壓牆屋呼玉山不應入戶窺之正襟趺坐而化矣年九十二嘉靖間陶仲文以其術獻世宗官三孤封眞人上詢其師以玉山對壬寅夏六月誥贈清微神霄演法眞人玉山子朴以椽史授牒吏部上命仲文引入將授太常官懇以疾辭

董仙

按陝西通志董仙不知其名往來城市言皆徵驗夕宿咸寧金華落土洞中冬夏不著衣惟裹牛皮人又呼爲牛皮董云僵死洞中身首俱另鄉人瘞之嗣後又見在王渠濛溪菴裹牛皮如前正德間遍辭鄉人中午鶴至遂跨鶴昇去

蔣鏊

按陵零縣志蔣鏊號湘厓領正德癸酉鄉薦嘗出宰扶溝以清潔著聞致政歸得遇異人授以服食之術棄家構一椽於山中曰寄寄巢修煉數年遂遨遊名山足跡嘗在天台雁宕間山陰徐淮文長之兄也好辟穀乃師事之文長嘗記之以詩先生歸而貧甚飲食常不給意泊如也其妻偕隱亦能安貧除夕之日不能具朝餔笑謂先生曰歲已暮何以度之先生不應作詩示之曰柴米油鹽醬醋

茶七般盡在別人家惟有老夫無計策閑憁獨坐看梅花遂假寐王孫菊坡者與先生友善先生出神謁王孫談及及於此備物送之先生寤則種種具矣其幻跡多如此類如是者數十年而先生死死之日道逢鄉人授以鑰寄其家家人駭之舉其棺輕甚蓋尸解云後數年又有人遇之於蜀峨嵋山中先生著有證道歌及湘厓文集傳於世

好了道士

按荆州府志好了道士不知何許人亦不知姓氏貌體古怪椎結芒履性嗜酒飲數石不醉善爲巧法言禍福奇中能使鬼正德間常往來宜都山中叩其姓氏笑而不答但點首曰好了人以故呼爲好了道士居無幾大疫道士遍詣諸疫者呼曰爾曹急去毋困此一方人也疫遂止道士亦去莫知所之

邋遢

按雲南通志邋遢正德間人住獅子山土婦鳳氏往謁不爲禮且曰汝不修當爲廁蟲矣鳳怒夜遣人刺之至則爲巨人所縛雞鳴更使往視亦被縛懇請於遢乃以法釋之因拂衣去鳳又使人邀之

業渡金沙江矣遂顧使者曰若主眞當變鼎俄失所在

劉偉

按高坡異纂劉知府偉朝邑人初以鄉舉令文水擢御史所至皆不嚴而治以厚德稱父喪廬墓三年人稱其孝生好神仙比疾病命其子曰卽死毋埋葬我及死其鄉人有自遠方還者多從道中見之寄問及其家其子因不敢葬今都御史韓公邦奇劉氏甥也獨不信屢促其子襄大事其子亦未忍違父命久之韓公爲山西僉事方視事忽閽人持偉名紙入報韓驚起憲使張公璉問之韓公備言舅氏死已久人傳仙去某未之信今適名紙者卽其人也憲使問狀閽人言此人戴古氈笠青絹袍一童子扶之肩布囊立門外遂命延入從中道緩步而前韓公遂識之遽起迎候於是同僚悉下階揖入起居無異平生但簡言問之則對坐定手接茶而不飮坐中亦莫敢先發言韓公起邀就旁室中相勞苦答曰久別特遠來視汝語及家事頗作悲泣之狀韓留不可卽起別去謂韓曰汝弟邦靖可速令歸矣出門復攜童子步行去僚友相視駭愕令人蹤蹟之至一遠寺中止明日韓公訪之寺僧曰昨暮有劉知府寄居方丈中早言進謁韓公去矣求之竟不見邦靖不久養病歸卒劉氏聞

之發棺視惟一履在焉　按山西通志偉正德間爲文水知縣有政績擢監察御史尋轉兗州知府得仙術尸解後隱平定山中爲人推命多奇中甄給事成德李知府愈爲諸生時皆從之遊至省陳中丞琳嘗與同臺卒竟時巡按其地親弔之後識於市使家僮呼與俱來笑迎曰人謂公僊去今果然能飲否應曰能能燒酒否笑曰君疑爲鬼物以燒酒相苦耶出一瓿輒盡後寓韓總兵家省臺聞而造焉內有韓玉泉者甥也呼曰舅拂以手曰錯認方據牀縋麻以手指某公某公皆若素識後不知其所往

賀長

按德安府志賀長不知何許人正德間憩南門外年約百餘歲日以鬻糖爲業糖未售輒已醉卽笑渾無一語明日復如是久之或叩其賣糖何資買酒何錢亦不答而笑凡三十年人莫測其端倪一日謂鄰人曰明日死矣詰朝啟戶視之莫知所在

周休休

按南康府志周休休正德間常寓建昌隆道觀東白樓往來十餘年後因觀主爲糧繫獄乃出橐中

藥如黍粒者點銅十餘金濟之自是絕跡

孔師居

按廣德州志孔師居正德間白鶴觀道士也生而靈異常遇異人授以祕籙能呼吸風雲驅役鬼神禁蛟召鶴斬魃禳星無不奇驗年八十尸解僊去

彭小仙

按畿輔通志固安縣南十八里之彭村明武宗初忽一童子詣村長者言彭姓爲長者牧牧三十年猶童也嘗日中忽驅牛歸牧場甚曝俄則雨雨中忽拔欄放牛出俄則晴故村人漸問童子以旱澇歲所宜畜植已漸涉休咎徵號之曰彭小仙有以妖聞於都者捕者至童子謂其家無恐自爲具食供給捕者甚衆覩者莫測所從致則就縶別其村人曰百年兵來白旗下者生矣去中道拾縶草間於項身首異焉捕者以狀報人迺收瘞村北頭曰彭小仙墓歲清明十月朔人輒鼓樂聲出墓下十年後有村人見小仙金陵道中叩所由生笑不言歸驗其藏一履耳仍封而像祀之雨晴禱焉崇禎己巳歲固安有兵變人憶小仙言望白旗下竄旗書白旗都三周滿機云周衙人凡所掠無敢殺比

去則縱還之言卒以驗

李子眞

按東昌府志李子眞濮州人通政著之子正德辛未著知平涼府子眞隨之任遇洪道士授以異術後偕如濮每言禍福輙應嘗語鄉人曰旄頭星見山東分野境內其有變乎無何霸州盜起殘破城邑以十數道士辭行子眞曰老師獨行無依奈弟子何洪取小葫蘆放出山蜂萬餘曰是足衛矣後子眞月下閉門臥鄰人張氏見子眞行葵藿上蹤迫視之不見及即門子眞方睡熟未起也數年尸解顏面如生葬之日郡人宋氏見跨白驢西去

大瓢李

按續文獻通考大瓢李先朝太和人有僊人三四大瓢李其一焉鄖中守閩人李公某其曾孫按家譜知其年百三十餘屢欲謁祖未能後以檄往入洞中稱孫拜牀下不休仙人不令止亦不言世系曰非是已令李公坐下李公欲屣襞袍笏拄搭相從仙人曰不可公貴人也自此皆榮擢第記吾言大司馬命不可拜後果累擢及拜大司馬公棄其官歸代者爲丁公汝夔庚戌之變喪元東市不然

禍在李公矣

邵道人

按李夢陽邵道人傳邵道人者蜀人也至慶陽年七十餘矣道人不欲言凡所頤指色授故莫究所自哉然見之者率知其異人道人館於鐘樓街周家築土被衲無晝夜露坐郡中諸弟子少年爭來事道人道人凡所頤指色授之諸弟子少年無不當道人意者道人喜看病病者家請往乃令病者張目又令其噓即可活道人則目諸弟子而諸弟子即置飯病者前道人出其袖中鐵尺橫飯上誦大悲呪已起尺摩痛者曰瘥矣脫不活道人則趨而出病者家以死日請道人則出其指示日數如其指數然道人不取錢每歲自正月始活一人取其布尺補衲完弗取也病者家脫有見飯飯道人以椀列諸案無問多少道人食之若卌飯更以椀列之不食也若見飯是草惡食道人即喜食之曰更為造美食則不食其見飯或雜葷物道人曰第撐去葷物終不欲更造也道人喜飲水鄉野人鬪之爭來願覯道人飲水道人微笑頷然之弟子前置水道人目弟子令鄉野人自置水亦以椀列諸案無問多少道人飲之若冬月水冰則聞道人齒間瀺瀺聲頃之眉湧面紅汗簌簌下若雨也道人

與予世父同時世父患脛瘍久不愈以問道人道人曰此祟也若往聘於某氏乎謂其女陋也將更聘之女慚而縊死此其祟也世父大驚伏地頓首曰奈何道人曰今遇我三日解矣三日瘍果瘥居十餘年忽謂諸弟子曰吾將歸歟諸弟子曰先生福慶之人慶之人無敢慢先生者何遽言歸耶道人不應一日道人令設几三脣而坐其上諸弟子始悟其歸謂死也環守之夜有登几而伺其息者道人猶揮肱遂爲夜半霹靂隱隱起屋脊若戈士甲馬戰鬬之聲諸弟子震慴伏地天明起視道人死矣贊曰子不語怪若道人者何急人之難毙而後已嗚呼是所謂逃於墨者非耶

卷終

神仙部列傳三十五

明三　羅碧陽

按武進縣志羅碧陽嘉靖倭亂時客新塘龔氏龔一日早起見碧陽立內樓前雞冠花下主訝之出則碧陽方酣寢醒曰人疑我矣遂去平日所食筯碗不與人共去時棄一破衲有異香有叩其道答曰太陽移入月明中人無解者又一道人寓夾山王氏數往來其家主人有弟暴卒道人曰幾何時矣主人曰五更至今未收也道人急趨以一足蹈其腹頃之復生云若火炭炙於腹間主人謝以金帛道人却其金尺裂幅布盡散於家人而去

李鐵篐

按武進縣志李鐵篐頭帶鐵篐故名善行氣治病從學者戒不得觀婦人觀即叱之曰此偷陽賊也嘉靖丙辰寓天寧寺僧房坐化三日不傾化時留偈曰老漢九十九今日騎牛走拍手上青霄乾坤如雷吼後一載人見賣藥於陽湖之東關橋

金宗周

按浙江通志金宗周字歸儒正德間爲玉樞道院道士徧遊名山訪道歸卽棲居日坐榻上寒暑一裘不事櫛沐常有鼻筯下垂須臾復上遇大雪時趺坐庭中纖毫不染人皆奇之呼爲金仙凡里人叩休咎悉中唐中丞順之微服叩問侍坐七日贈以詩文而別及倭寇傾城闔閭逃避惟仙獨坐倭寇持刀立視良久相顧錯愕而去一日謂弟子曰來月二日吾別去矣至期沐浴更衣端坐朗吟云元鶴當頭唳塵寰七十年白雲歸去好明月在中天吟畢卽化時嘉靖乙丑臘月二日也

明法仙

按饒州府志明法仙浮梁明溪朱姓人生嘉靖辛巳在胎及乳母不受葷四歲偶逢大龍山一僧便稱師遂出家大龍山屢屢預占未來人已神之十四歲終先言終之月日囑火化死後頗顯神江湖間救人人屢尋跡來謝又鄉村禱雨輒應至今香火本山爲明法眞仙焉

荀氏

按湖廣通志荀氏陳文盤妻嘉靖中偕母拾菜觀國山遇老嫗食以野草荀氏吞之自是不饑日惟

飲水啖果遂於山頭結菴棲止不火食者殆三十年鄉人呼仙娘

李赤肚

按黟縣志赤肚者徽之黟人或稱徹度少負奇特遊酒人聲伎之間揮金無所惜年四十挾妓王鳳仙客鳩茲病羸瀕死日有丐者呼門外鳳仙召之入丐者以手摩赤肚頂曰從吾言可治不則死赤肚伏枕首肯丐者索鳧蛋五十枚酒一甕以右手援赤肚摟膝上左手且剝且啖初摟時赤肚肢骨砉然有聲徐徐抱之凡坐七晝夜而所苦霍然赤肚跪請其姓名曰吾乃丘長春十代孫清淨邀蓬頭也遂掃室焚香稽首稱師卒為弟子悉教以還丹修煉之術而更名一了居三年與遊天目山忽語赤肚曰善守而道黃白男女皆旁門惑世罪業滔天汝其戒之言訖而去赤肚尋別築石南菴於萬年縣居鳳仙為道姑而雲遊海內初入全州湘山更入太和山散髮長嘯遇閻道人見如夙識閻道人即弇州所記閻蓬頭者之茅山屏居一室忽出投清涼澗中見者驚救赤肚方泛泛若鳧捧腹大笑遂不著衣嚴寒大雪尤見眉頰間汗簌簌下已入終南山與銅帽道人為侶銅帽者年亦數百不知何許人以戴銅帽故名又十年出遊廬山住三年再入茅山訪閻閻已先一年尸解茅山故多

遊衲赤肚更著衣履混諸衲中少試功行始相顧而噱已少試治病病立愈相顧而驚稍稍有和尙奉爲師者自是名熾遠近問病者絡繹千里王公巨卿爭致饋供赤肚皆謝去治病不假藥餌視色行法如其師法以七日爲期重者再七日又重者用符呪僵者立起或叩以仙術輒閉目搖手曰不知不知每坐足輒叩齒塞兌含液漱漉漉而咽之以後摩面梳髮一日能九食亦能九日一食飲一升醉或數十斤不醉葷蔬俱適口不擇太原王公荆石云師得度世術今春秋八十九矣貌若四十許人眉宇嘗有氣出如雲烟師適出二像屬題彷彿若張果邢和璞忽老忽少變幻不常贈以詩云三度逢君鬢未星從知大藥九還成煙霄路迴翔黃鵠參井捫來下赤城彩筆行吟高意氣青谿市隱足生平相期五嶽朝眞去爲問何人向子平

赤肚子

按續文獻通考赤肚子自言晚唐時人年已六百餘歲嘉靖間隱於北京西山

宗婆婆

按涇縣志宗婆婆涇人嘉靖中給事中太平周怡以直諫忤旨廷杖罷官訪道嵩高或過之曰此間

有宗婆婆者汝鄉人也盍就而問焉至則身坐甕巖中顏色如玉談論往事甚悉大都宋末元初事計其生四百餘年矣

楊布袋

按汝陽縣志楊布袋不知姓名汝陽人稱為仙師丰格綽約類處子蓬頭跣足冬夏掛一衲若布袋嘉靖戊戌坐平輿市為人療病第手撫摹患處扯衲敗絮令焚吞之病即愈浮遊虛空頃刻數百里懷慶府有怪為祟王延為驅逐設醴款謝袖出珍異果瓜佐王飲王喜命長子師之亭午晏坐遍體現小紅蟲芳香盈室居數月西去太和山

萬鳳

按光州志萬鳳上油岡人性至孝二親既終出家遠遊得異人授元元之旨能以氣傳人腹解人病隱銀山洞賊刦之縛鳳曰傳以黃白燒煉術則解鳳曰深山中惟有米布錢各負些去安知黃白術已而鳳縛自解賊皆縛伏賊哀告叩頭得去一日語童子掃門明日有高人來既而劉元子至也世宗差御史訪天下異人商城令以鳳應鳳謝刦之鳳臨解時有白雲滿洞雙鶴徘徊雲中所著有中

陽子三篇

王道人

按太平縣志王道人不知何處人與涇陽曹某有夙因故來居曹山絕頂山高十里餘每上下直從薪莽中不依徑曲嘉靖某年冬大雪至新正稍霽某念道人高居攜杖呼僕擔果蔬薪火上視之彼已懷壺漿候半山中察其雪跡亦自項直下不曲或寒不衣或無酒常醺或開戶連臥數十日不覺或大旱禱雨周其境或倏忽來往黃華間赴齋供如此三年遂辭去去之日某留宿倉舍同寢被彼境數里內受一飯一茶者一時槩往謝之次早決然長往諸受謝者至門問道人去處并說昨暮槩謝狀某追道挽留道人不應與一破衲而別別後某有寒暑疾一被其衲即愈故某得年九十餘無恙而卒後有孫媳苦難產幾斃婢竊破衲蓋之一加身即娩母子俱全但衲不靈矣

余道人

按廣西通志余道人不詳名氏家劍峯石下自幼入道士巖誦黃庭經精符術嘗用口咒桃符治病立愈禱雨逐疫咸應年九十餘一日午眠無病而逝洞南有梁姓者同日暴病亦歿二日復生家人

驚問其故曰昨遇紅衣二人縛至壇林社公社母罵曰向日戊祭未陳設先盜肉食擬杖一百解鄰都值一官乘白騾來金冠繡服鼓吹仗踴近前視之識是余道人余問社公所執何爲社公告以故余曰愚民犯輕即命社公釋回事在嘉靖間

卓晚春

按閩書卓晚春莆人生嘉靖間自號無山子亦曰上陽子人呼爲小仙幼孤無資行丐於市八歲善算籌指掌上雖千萬不爽言休咎事皆奇中初不識字十四能詩十六善草書當道聞其名召見之輒與抗禮每有得以施人時有善衣脫卸下旁人持去不問也或邀請之少拂其意雖華筵不往矣少時蓬跣履霜著黑麻布裾背加青紗帕子而已及長冬寒或贈之縕矣顧雖霜夜必露宿石上或日走浴溪渼飲水十數甌曰漂我紫金丹也有問陽何不用七而用九陰何不用八而用六者曰合九與六十之有五也問天有時壞否曰天安能壞故日者陽也日出而天地闢又曰天亦能壞子時一陽始生自子至寅陽氣始全自寅至午陽氣始盛自午至酉陽氣漸微自酉至亥陽氣復生又曰無極者如年之十月也太極者如年之十一月也有問日之烏月之兔曰此卯酉之說也或問海水

曰此天地之精也而水之淡者餘氣耳諸談論皆此類鮮知其解解者惟林子兆恩故小仙與林子結方外遊時莆中寇疫頻仍有問郡中事者小仙口占謂當大厄甲寅歲託言北征過江橋謂人曰我去後橋石折莆陽變矣丙辰橋石果折戊壬遂有陷城之變其先知如此後蛻化於杭州淨慈寺小仙所為詩曰天上逍遙卓晚春桃源深處老乾坤倒騎黃鶴歸滄海脚帶青天幾片雲唐順之作小仙草書歌有瓌詭東海黃公符萬古太廟姬王瑑藤纏老樹千尺掛鷹攫寒厓百鳥悞之句

按江西通志小仙蜀人善書好吟咏舉止異常嘉靖間寓番士大夫喜與之遊或納片石於口須臾成銀永豐王召小仙書其屏曰披衣兼跣足開口笑王侯千年渾是醉一世不梳頭言人禍福事後輒驗

邋遢仙

按休甯縣志邋遢仙者不知何許人嘉靖間寄跡西郭鎮橋廊露宿門外日遊城市溽暑衣破衲暴日中冬則跣足踐霜雪塵垢遍體不事浣濯觸之無纖穢問其姓名笑而不答咸稱為邋遢仙又號無心道人築室齊雲半山中顏曰洞天福地居之日惟一食或數日不食扃關寂坐遊屐登齊雲者

輒往瞻禮仙罕與人接田按臺生金叩以休咎搖手不答叩急即瞪目曰做汝自家的事再問之曰忠孝是也兩臺登山祝釐多題贈之生平絕不作書一日忽書偈示徒景岳致和鶴林蛩遂端坐而逝

邢風子

按江甯府志邢風子自云高淳人嘉靖中來縣騎虎食蛇放蕩不覊咸以風子呼之安遠柳公送居茅山天心塢死葬塢側方羽化時適柳公遣使遺一衲衣因焚於墓側而去使回遇風子於山下著所焚衲使驚問曰何以復命乃舉手以所執麈尾授之乘雲而去

張皁皁

按南陽府志張皁皁不知何許人敝衣垢面遍體瘡痍嘉靖間依裕州仙靈宮住持邢道人不爲禮一日邢病思杏食之時十二月初旬皁皁持紅杏一枝進始知其有道術明年辭邢去指階前隙地曰此地來春生草可療諸症至春果有異草醫病奇驗

孫寶西

按鳳陽府志孫齊西嘉靖間遊客寓許衛趙豫來潁十餘載嘗為遊戲之術人咸異之後欲去衆留之不可乃扃其室把其衣齊西忽隱身於壁隙力扯餘衣不能住頃刻不見

張落魄

按浙江通志張落魄不知其籍或曰錢塘人嘉靖中寄黃谷山下自稱張落魄云嘗飲酒數斗不醉出入莫測一日持磁碟入市擊之以指叢壁若有所識後數日大水浸壁到所叢處人始悟玉山呼碟為點打點避水也去之日口吐三棗以啖道人王道陵道陵穢之私以與道童瞬息不見道陵駭其為仙令道童追之甫一日即至抗州遇諸途問曰爾何能至此告之故挽道童背出棗化為雙蝶飛去

裴慶

按續文獻通考裴慶蘇人初龍虎山二十七代天師張進香武當預戒道士曰必我先焚香明晨闕門未啟然三辰皆有香先焚天師怒繫道士將治之忽神座下一穢人出曰香自我焚道士何罪天師視其神采異常下拜之命釋道士穢人不顧而去曰我裴慶也當與君會姑蘇天師視其足不在

地益異之過追求之不可得抵姑蘇求裴仙皆曰此癲人常宿狗竇豬圈中臭不可聞且出乞食久矣天師遂登途忽纔夫中慶在焉天師長跪延之慶浴於泥淖中天師跪不已慶躍起踞上席大噱曰子何以有知耶故撓以臭穢天師直舐之相與談終夜天師長跪涕泣願以瓢笠相從慶曰未也三年後俟我於廬峯頂上遂別去越三年慶果歸攜棄履數石壘一洞自入塞其門火自內發焚訖烈燄中人猶見慶白鶴昇天天師俟於廬峯頂慶果至攜手並去莫知所之　按蘇州府志慶業彈絮姓落魄嗜酒每臥人戶外日無醒時市兒侮之不為意居大石頭巷用缸一承一覆恆處其間每日午時至盤門外吳門橋中看東逝水波無間陰霽時或唱攀桂步蟾宮詞末二句即已妻頗姿潔叱令復嫁去而又來數詈之乃以青竹杖擊其肩背妻泣以辭人饋以清齋精鑿不食也惟汙宿者則御焉偶至人家飲酒值老嫗病即扯衣帶煎湯療之其臥處無雪大學士夏言過此候之慶堅不應夏遣人扶出慶呼殺人蓋諷之也夏不悟後果不免嘉靖間張眞人應朝與請至舟中稱以裴仙而拜之遂延住龍虎山

方燧

按閩書方燧郡庠生早孤事母至孝嘉靖三十三年元旦遇異人於庠之泮橋授以祕書燧歸閱之遂棄儒業一日欲爲子娶而無貲其友王止庵知之拾碎金往市鎔之成錠出心一大孔相透匠貿曰某一生不能鎔兩錠公必爲善也王躬往遺之至則晚燧曰予欲留君恐妨君讌晚行無伴奈何然予已遣人相送矣王出心疑之行數步見前隱隱有燈光遇友吳姓者邀之道曰候公已久公何來晏也王唯唯就席第見呼盧擲骰靡不如意若有助者至半夜辭去而王家忽有呼門聲起視寂然頃之王至詰其門闌僕曰適有扣門者闢之又不見王入室異香襲人乃始悟燧之遣人不虛耳建昌有游生者慕仙若渴偶夢仙導見一人儒冠道服年可七十童姿鶴髮丰神飄然囑之曰汝師也覺甚異之萬曆六年燧偶游益藩游偶於途卽夢中所見者遂拜而師事焉時益王蹶折臂痛甚世子求燧治至則已知之矣授之祕術痛卽止不數日愈王甚喜召之讌賜金帛不受王築壇別院待之世子朝夕執弟子禮居九年世子從壇中見紫光結聚異香滿座謁壇視得紫珠數十顆鮮明五彩進之王曰此寶也以遺燧燧館王所一十四年一日遺書游生三日後召諸友賞雪如期至果大雪酒半酣起囑衆曰予叨王祿養久無以報今辭王歸矣遂端坐逝逝之時人有見燧儒冠道服

曳杖逍遙從府中出北門去

佾陽子

按重慶府志嘉靖末年間有一道士自號佾陽子主於賣酒李長春之家館穀者閱三年敬禮不倦適值庚寅除夕夜酒家時乏鹽道人言欲需鹽此易易耳但能隨我行便可得也酒家以當除夕更難他往道人曰子試閉目隨踵而行酒家從之忽如醉夢但聞耳中颯颯風聲及開睫視之已在樂溫壓子巖邊矣便隨道人偕止定慧寺語賣酒者曰子能隨我渡江否賣酒者見水勢甚猛驚愕不敢行道人遂乘白羊踏浪渡龍舌灘而去少頃即攜鹽一塊回約有半觔許付之子曰攜歸用之可足三年之資並授齋藥之方採百草煎之以治諸症無不瘥者授方訖遂一揖而別賣酒者目覩道人行步如飛冉冉騰空而舉仰頭惟見白雲在天而已嘆異者久之乃裹其鹽並藥方而返里每朝夕用以給饔飧之三年終不減半觔之數迄三年期滿而盤中不見鹽矣其藥方當年最驗邑中人多賴之以療病賣酒家因之饒富所以酬三年禮意也所授藥方後因兵燹遺失已久

頭陀劉五

按江甯府志頭陀劉五北人嘉隆間來金陵居城之西北數日不食面無饑色赤脚履冰雪中無寒態劉誠意夫人病乳癰甚危頭陀取紙筆畫一石一水吹氣一口命縛額上越宿而乳潰嘗過毛百戶家飯飯竟解腰間繩欲自縊毛懇止之乃笑曰爾不與我死數年後定有一道士死於此遂走大倉後縊死死之日人有見其浮江者亦尸解也及閱希言於百戶家坐化人益異之

徐道人

按南康府志徐道人即天池所祀四仙之一也常修煉於登雲寺

劉任

按鳳陽府志劉任字功甫號繹紘隆慶中河南鄉舉脫略世法篤好神仙居平招致雲遊客家人頗厭之而任自若年五十二預刻死日覽仙籙懷袖中曰吾將與諸仙期海上矣約某日吾與諸仙當反家庭預戒其家設供以待賦詩而終至期婦子慢不設供而笙聲鶴唳繞屋上者數刻方去後十五年有客遊西山見僧持一扇贈跡方新題曰繹紘居士任手跡也驚詢之僧云一先輩曩居寺中數日前所贈耳

林道人

按閩書林道人莫知其姓名得仙家煉合之術以救濟貧乏為主有貪人求其術不得恨之告之守守怒急捕之林已在門矣遽召入秀眉美髯姿出格外守望見已心異之詞色稍和試之術命取水銀一大錠計重二鎰付之林因請水一器投水銀其中用木揉之少頃澄水已成好銀守命銀工就地為爐依法燒煉果不變也乃禮而遣之而雲閒董翰林元宰來閩就請焉曰憑學士取一物為驗董取盌中梧子授林方茶次林便投入茶盌隨手所指立變為銀舉座駭愕董曰梧化銀矣銀可返梧乎林接取再納茶盌食久出之故是梧子也如此者三林曰此眞銀矣五百年後不復變也因從容謂董曰某之術通天地役鬼神非其人不授觀學士有些道分故不覺技癢但某常以陰功救人及物須藉學士高文流傳人世董許之中夜思維為道人文吾能之萬一事敗則吾文悞人明日遣家人持輕毳二端織履一緉送林林已先覺之迎謂曰乃公昨許我傳夜半生疑然遺幣致敬終不失為長者敬拜乃公賜但少留贄道亦欲附壽乃公卽拾斷瓦重可十二鍰取紙包裹曰途中毋發也至館發之則金色燦然宛斷瓦狀董從容叩其大要曾煉一神不委何名欲呼之用右掌食指書

神姓名於左掌中指背止二字神立至矣自言讀黃庭內景別有指歸每於靜夜密呼五臟神姓名其神自出宛若人形並長寸許行動如常衣色精彩其分明者容髮皆具是神無病如或一臟受病則此臟之神颯萎不振急召使入忙用工夫巡還呼出便不復爾銀楂子上有星點類楂子異人就奩取以揉捋小餅金所揉亦多異兒咸言神仙點金也奩嘗爲人述說其事焉

提脚道人

按雲南通志提脚道人姓名不傳萬曆初至滇住北郭外龍王廟以繩提左足趾而行佯狂笑謔人不能測天明入城乞食晚歸其所有門卒忠窺之日未晡即欲閉門道人已至嘗披一衲終歲不滌亦無垢又時至蓮花池吐腸出洗一夕至塚間化去葬廟側滇人有遊武當者遇於南巖宮衣服顏貌如舊云

林癸午

按廣東通志林癸午不知何許人年十餘投陽江北寶中爲人牧豎每出牧止以簫管一枚箕踞自適牛有逸者取簫畫地中牛不敢踰晚歸所吹簫東高篁中篁俯地受寄若有神伺之者既長乍乃

忽習巫求神治病應口而愈河畔一巨石狀如犬午每浴必坐嘯其中或至移日忽一日謂其徒曰余當以來日昇矣其徒嗤其誑比往候之迄不見人傳與石俱飛事在萬曆初年

余仲宇

按辰州府志余仲宇不知何許人萬曆初至辰溪善風鑑更善醫皆用針奇疾瀕死一針即活性嗜酒日向士大夫家索飲遇無有則任取地下瓦石等物用氣噓之即成白金易酒得酒即醉醉即嘔吐滿室然無惡氣人强與之錢帛則姑受之隨卽給散貧丐人冬月衣葛夏月露宿蚊蚋不敢近談未來事奇中寓辰溪數年忽一日遍覓諸相知者約曰某明晨遠去君輩可同來一餞衆如期至則已逝矣爲具棺葬之數日後有人來言親見公賣藥他所

松陽道人

按桂陽州志松陽道人不知何許人無姓名咸稱爲松陽道人云明神廟初雲遊至桂與樵豎雜遝自南來一衲一蒲團外無他物倏暴雨如注淋漓透體至南郊雷電雨止樵取枏柮爇火圍烘道人取蒲團趺坐氣蒸如炊不移時而衲之內外皆燥樵者之衣猶濕咸錯愕歎異問之曰吾體有眞火

非焚薪所及問能療疾乎曰吾療人疾卽取藥於臟腑雖瀕危者可活非金石草木之比也時北廂劉東陽咯血伏枕聞道人有活人秘授遣迎之道人往視令以舌餂紅紙取視之曰幸脾未絕可療也扶起環抱而坐以己華池水飲劉數日遂能起坐乃傳刀圭旨於劉之僕命並坐以華池水與劉咽之劉神氣漸旺東陽弟子矜也嗔道人不授之己道人曰吾令役代爾兄耳若欲之乎未幾劉體平而僕已尫羸尋登鬼錄矣一日遊街市聞盈室環哭問其鄰曰某人屬纊矣道人强至榻前以手按視猶有一縷氣往來脅臆間道人曰可活以湯灌之稍甦道人扶之坐浹旬氣體漸復足不能步乃撫摩其支體漸能布武數日道人與緩步至鹿峯復靜坐彌月氣已壯遽欲歸不可止道人搯其兩膝復不能步俟其氣血旣充乃命歸蓋道人之活人其起白骨而肉之者類如此後竟去不知所終松陽授之劉東陽東陽授之譚楚田楚田少善病卒年八十餘其全活尤衆云

閻希言

按江寧府志閻希言不知何許人頂一髻不巾櫛豊頰重頷腰腹十圍盛暑暴日中不汗窮冬則鑿冰而浴所至人皆異之有奉之幘者則幘奉之衣則衣予金錢則亦寘袖中轉盼卽付之貧人絕不

頤也出則童子噪而從之人有以為二百歲或云止可五六十則亦隨答之問其所繇得及延年沖舉之術則不應萬曆初年嘗過金陵土街口毛百戶家飯畢沐浴趺坐而化顏色如生浹旬不變蓋尸解云　按鎮江府志閻道人無名號皆曰希言不知何許人或自言家山西年二十七八時成瘵幾死遇師傳導引法得無恙嘉靖乙未丙申間去家學道後從太和至鬱岡時似六十許人或曰已百餘歲或曰元時嘗為某路總管希言皆漫應之終不測其何如人也頂一髻不巾櫛人因稱為閻蓬頭身著粗布夾衫有褶襬而無裙服履而不襪絕不為人道其所由或叩以延年沖舉之術不應惟勸人行陰騭廣施與勿淫勿殺勿嗜勿恚勿多思而已初至山乾元故址僅有門及丙舍道人遊金陵公卿間稟貲成諸殿閣山徑左右皆植桃李春時若錦繡叢斥南畔田引山泉溉之成稻田數十畝住觀五十餘年一日過毛百戶俊家飯畢索湯浴三浴後移茵蓐地上坐似欲解去狀其徒問所欲言曰我何言窮理盡性以至於命齊家治國平天下而已遂瞑趺坐不僵浹旬猶有煖氣色休休然汗沾鬢若璣移龕入乾元觀萬曆戊子十月也

大腹子

按建昌府志大腹子不知何許人自稱其名萬曆乙亥丙子嘗遊盱中日乞食城市言人禍福多中夜不知所止每便溺以物接取飲不使遺地言多拓落不羈乞錢米隨手轉施羅近溪先生知其非常人亦禮敬之後不知所終

韓野雲

按貴州通志韓野雲不詳其自萬曆間止大道觀能知人隱善飲不醉既盡數斗運於周身骨節珊然人攜酒就之每於袖中出殺核以啖客無不遍者恆攜一鐵笛飲則吹之響徹雲表郡人程文彌楊師時輩恆與遊後不知所往

窰僊

按建昌府志窰僊臨川人不知名姓嘗居窰中萬曆己卯雲遊麻姑洞三月草衣不食人有叩之者輒大棒逐之每云我乃無知乞人何故苦苦纏我人施錢布不受後有人於廬山見之

祝海章

按德安府志祝海章山東人萬曆中過郡車騎甚都爲郡守所禮今府署黃堂題額其手書也鄉先

正廿餘暨永陽楊忠烈漣皆師事之惟司李某目以爲誕一日偶與司李值卽耳語曰君家人旦晚至十餘年某事今諧矣請朝得家報果然蓋司李自爲諸生時卽有所覬於大姓亦秖借未來事供窮愬一噱卽妻子亦未告語也自是亦隸門下

李存忠

按閩書橋仙李存忠性沖和善笑寡言縫衣餬口每得食必懷以貽母母死寄食於兄而以母事嫂嫂狠妒不相容譖兄逐之忠罄身出居昇仙橋之鵲梁下單衣敝席外無長物飢惟就飲者而止之戴長冠袖手不言卽與言但嘻笑而已市中三尺童子皆呼橋仙歷寒暑數十年其口嘿然其容莞然其體充然如一日也或日一往市或三日一往市餘惟濃睡而已時隆冬有好事者往觀其狀祼體縮足兩手互攀足心熟臥其煖氣猶蒸人人大異之自是往市中無不予者忠亦不受惟酒則飲之一日大雪忠出有飲者見而招之飲畢去衆問曰如此盛寒君第單衣何以堪之忠笑不言衆強之曰內不足故寒卽逕去衆愕然未幾而逝逝之日有人自武夷來者見於其處或又見在白渚橋云時萬曆之二十五年

朱癡

按蘇州府志朱癡不知名居高橋鎭負擔爲生一日爲勢家所虐發狂久之得祕授寄臥大雪中所棲無少沾每浣衣濯足天必雨或數日不飮勺水已復飮啖如初好事者爲結茆於鎭東界溪之側太倉王文肅錫爵病中恍見蓬首跣足若丐者狀稱爲朱仙覺而異之詢知高橋有異人圖其形與所見無異因偕子衡訪之與之言多隱語授之酒辭屏語家事亦不答於是三吳諸訪者接踵而至朱癡自此頗厭見人每掩龕默息或旬日不出如是數年人習爲常一日啟龕視之已僵脫矣蓋尸解也歲餘人有遇於當湖武林間鶉結如故忽憶其亡蹤迹之已失所在矣時萬曆三十六年也

劉黑黑

按蘇州府志劉黑黑本山東人萬曆壬寅由泰州渡江至常熟棲泊無定衣冠極敝不爲整或時啖生魚狀若狂途人因目爲垢仙遇縣令導從箕踞不顧令怒笞而逐之遂入郡城危坐華陽香花二橋八年餘晝夜暴露無間寒暑或風雪連旬市人慮其必死迫視之則氣蒸汗流如故有織戶沙某媳投繯死沙求救對語如平時頃閒厲聲曰汝媳活矣可歸視之蓋遊神用藥丸活之也華亭紳朱

國盛中年無子令家人持信香祈嗣黑黑贈橘一枝枝上有二實朱悟曰仙人許我有二子矣果連生二子後不火食者累月忽一日不知所往諸信奉者徧迹之見其坐瀏灘上眾挽之黑黑折蘆掠水而去眾咸異之因建堂於齊婁兩門之間中供老子像而仙像即塑於旁

破腹道人

按蘇州府志破腹道人萬曆時人腹中有一隙可洞見腸臟嘗云仙景沙洪乃崇明中心界死當葬我於此時崇沙星羅俱隔洪濤今盡成一脈其言果驗

陳孝子

按湖廣通志陳孝子江西人往來江漢間不知其名字但肩一畫像云其母形著麻衣孝服所到處即卜卦伺其母之喜怒喜則留不喜則去飲食笑啼皆在焉尤與漢上李給事宗魯善謂有夙因館於李嘗用足拈筆大書宏養厚植四字匾額大如斗至今存焉又善屬對熊石門督學嘗出雲臺將名即以雲臺將對之遂對而上文從字順如夙構萬曆中告李曰吾當解去玉柱雙垂曰吾心頭若熱吾當返至期果返歎曰大道之難言也如此遂瞑後七日李使自劉家隔來過之以扇書七言絕

句附謝給事始知其尸解也

仙桐道人

按兗州府志仙桐道人不知何許人明萬曆辛卯遊曹縣定淸寺敝衣垢面恆如醉狂寺有枯梧一株爲僧所伐止存朽根道人手持木尺作禮佛前趺坐根上曰此樹由我再生索水噀之寺僧莫顧也夜半聞道人歌曰木有根兮根無枝人有眼兮眼無珠我來梧樹活我去人不識人不識眞可惜上天下地遊八極翻身跨起雲間鶴朗吟飛過蓬萊側旦起視之已失所在越三日枯樹中頓發萌芽逾月枝葉扶疎圍大五六尺許遂成茂樹縣令錢達道勒石記之士大夫遊覽多所題詠云

李虛菴

按廬州府志李虛菴廬江人住六安鼓樓下馬神廟行導引術虎皮張眞人嘉靖閒召不起於萬曆閒至六安見虛菴遂密度之眞人自言出西域轉北洲還中國止度得虛菴一人而已

三休

按三峯客傳三休往來之破衲道人也晝趺市中夜眠古刹隨一奚僮募以給食一日與僧雛爭席裂

裾人見衣履中皆晤綴碎金叉時摸索與僮沽酒謂善內外丹術為蹤跡之輒避去嘗居靈巖之僧室下屋月餘攤書夜讀不燃燈燭手持一珠照行間字光達屋外僧衆怪訝之每私相覺採時獨坐或不復見形唯龍首崚嶒在几案間雲霧滿室也叩之徐笑曰草為螢鷹為鳩人獨不化耶吾恐淪沙蟲猿鶴間聊復爾也不斷酒與之飲自出懷中杯三爵而罷强之雖王公貴人不能相勉亦稱詩詩間有逸句有唐六如沈石田之風相人應舉義卜其貴賤夭壽如響江淥蘿先生其所嘗賞識士後遁去不知所終　按桃源縣志三休明萬曆時寄寓本縣蹤跡奇幻人莫能測竊見其詩有閶闔排雲氣自豪辱君懷我過臨皐暨紛紛車馬彤庭客誰念當初折檻人之句始知為逃名貴顯云

彭幼朔

按列朝詩集幼朔名齡不知何許人也萬曆丙戌丁亥間遊寓蜀之潼川州自稱鄒長春常熟人顧雲鳳為州守從諸生得其塡詞異而物色之戴高簷帽乘輿以來守與語滶詭多奇因而稍規之遂徒步往還多談容成御女之術又七年甲午來吳中稱江鶴號曰甌瓶子攜其妻寓雲間常出遊旬月妻蓬髮閉戶迨其歸始櫛沐交士大夫多言其居官時事皆有端緒每及正嘉間鉅公輒曰某某

吾門生也人扣之莫知其所以已而往長安妻死爲發喪乃知爲二陳太監妹也又數年遊楚中又自稱祝萬壽號海園諸生從之學舉業爲諸生評點課義應山楊漣少落拓不肯習程文諸生皆心薄之每詢祝何人會中祝云楊二會中諸生咸噪之以爲欺我漣爲其父卜葬勞劇成疾不食數月將屬纊諸生聚而哭之及其未絕也致奠焉諸生有陳愚者會哭而歸祝從光黃間來抵愚家問楊二好否愚曰楊二病不可爲矣諸生已設生奠聚哭而歸矣祝曰楊二那得會死捉愚臂往視之撼之不動頫其面大呼楊二者三聲微張曰猶可爲也袖中出藥一粒以箸啟其齒下之氣息惙惙夜分而甦明日諸生就漣家攜酒殺享祝漣從牀上躍出飲噉兼坐人承德間人皆云祝老能生死人也癸卯元旦試諸生批漣文後云但得三人同一口九霄之上便飛騰漣以是科鄉薦主考曰孫如游董復亨房考曰劉文琦三人同口之徵也漣爲常熟令爲余語祝事甚悉又曰祝今更姓名曰彭齡字幼朔即吳中所謂江甌甎也越二年彭從楚中來余與之遊先後四五年用服氣法授人鬧傳永銀法談百餘年朝野事歷歷如指掌與人言依於長者好爲人排難解怨妻少婦亦中貴家女長齋誦金剛經翁亦從其侫佛時時作有爲功德其語音似江楚間人又常言與某某同朝然亦竟

莫知爲何許人也天啟中楊漣以給諫論劾魏閹大獄連染翁大出橐中裝助其家又懼禍改馮姓往依涿相以居丙寅歲還金陵依李沮修卜壽藏於金陵之龍泉山經營甫畢集友朋告別談笑而逝既殮其妻闔戶自經沮修爲合葬焉葬後兩月有人乘馬夜扣沮修門授尺書而去發之則彭翁手書也言化後事甚詳且云黃腸一具極其完美法當以絨繩自縊云云手跡如生平字稍楷而墨加濃與翁孝先書亦然託致問於余後一年有人見之登萊山中僕從車馬甚盛自是不復見矣余嘗問翁何故數更姓名曰此古人逃刦法也陰府勾攝用無常鬼鬼智力短不能出五百里外刦數將到變姓名遁五百里外鬼無從攝我又過一刦矣酒闌語熟引杯看劍若有不能舍然者嘗語余近有人入青城山中見老人跨白鹿曰我三國徐庶也世豈有英雄不爲神仙者乎幼朔之爲英雄爲神仙吾不得而定之也吾知其爲異人而已矣幼朔有女嫁膠州高太守鏘其詞翰高氏多有之

鞋幫子

按陝西通志鞋幫子住鳳棲原金滹沱村時村民陳師館之甚勤日飲酒醉臥街衢人觸之卽大罵日與兒童嬉戲爲樂以舊鞋幫百衲爲衣冬夏服之有與新衣輒與貧人人問其姓名自云鞋幫子

萬曆時一日往城乞黃紙錢百餘自糊於身遍體咸具是夜卒鄉人醵錢爲棺瘞焉後陳氏貿易於蜀道路遇之談笑詈罵如故回語鄉人咸異之衆謀發棺惟餘鞋帽衲衣紙錢而已

田守忠

按懷慶府志田守忠濟源人萬歷間棄妻子學道於金爐山得含身摩性之術乃擕木毬二圓白晝自山下蹦躑於上夜則擲於下崩崖欹樹中必摸索得毬乃已常裸裎佯狂於市人呼曰瘋子一日辭衆自言某日當仙去至期果然

孫氏女

按鄖陽府志萬歷四十五年八里川有農婦孫氏素悍一日有魔道募食孫卽予之道若有祕語狀旣去婦忽發狂每夜擊魚大叫夫厭甚欲挺孫孫覺抱一雄雞奔騰如雲不移時至小八里懸巖壁上往來如登平地雞亦鳴啼不已人報於夫夫至仰視孫大叫曰爾去孫娘不食人間煙火矣若不相忘可於丁巳年三月十五日收我骸骨於此巖第三窟中言訖不見至今窟外露匣一半風雨不壞

一瓢道人

按袁中道一瓢道人傳一瓢道人不知其名姓嘗持一瓢浪遊鄂岳間人遂呼為一瓢道人道人化於澧州澧之人漸有得其蹤跡者語予云道人少讀書不得志棄去走海上從軍時倭寇方盛道人拳勇非常從小校得功至裨將後失律畏誅匿於緑林盜出沒吳楚間久乃厭之以貲市歌舞妓十餘人賣酒淮揚間所得市門貲悉以自奉諸妓更代侍之無日不擁艷治食酒肉聽絲竹飲食供侍擬於王者又十餘年心復厭之亡去乞食湖湘間後至澧澧人初不識既久出語顛狂多奇中發藥有效又為人書牛信口作詩有異語人漸敬之饋好衣服飲食皆受而棄之人以此多延款道人道人棲古廟中一日於爐炭裏取金鋌付廟祝云為我召僧來禮懺懺畢買一棺自坐其中不覆令十餘人移至城市上手作拱揖狀大呼曰年來甚擾諸公貧道別矣雖小巷間無不周遍一市大驚復還至廟中乃仰臥命衆人曰可覆我衆人不敢覆視之已去矣遂覆而埋之舉之甚輕不類有人者予聞而大異焉

劉邋遢

按漢陽府志劉邋遢漢川周陂鄉人一日竟陵人就試武昌不利遂佯狂市中忘飲食寒暑忽遇異人授以祕訣漸能知未來事自飲其溺兼曉識測江夏人奇之爭就謁爲弟子獻遺財帛悉却不受於貢院側聚板爲屋以居坐臥惟一片石與人談輒及忠孝經史遇人即罵詈人顧媿伏中其隱且以劵後事無一虛語也諸生有應選才試問題者大罵曰一部四書從頭至尾都是題目那來問我及試命題果大學之道二句然而無有乎爾二句癸卯鄉試有問場屋題者譏之曰好一個文質彬彬的關題果文質句萬曆己酉科諸生有問中式者詈之曰舉人都是王孫公子古來那中到你開榜果中王家賓孫世恪其奇驗率類此崇禎初有盜犯解審來問吉凶惡語激之爲群盜亂毆遂得癖瘍之疾屬纊之際鼻孔玉柱雙垂自題於板屋云我也不是仙我也不是佛我也飲酒我也食肉劈破天門翻身跳出我若不死孔脈誰續呵呵原來三教同是一族弟子以磁甕合之未幾有人在仙聚亭漢口遇之如故

翟道人

按無爲州志翟道人遼人無字號故某將軍步卒其貌魁然塞上男子不知其道術所由得嘗從將

單出行邊路半忽失之凡物色數日而後得則入定於馬上萬曆年間吳少司馬光義攜自陝西寓本州西城外謝家莊者二年居恆或數日不食或盛夏據大石臥暴赤日中至七八日處暗室未嘗需燈以水漱口飲病者輒愈與人語在顯密之間州人從遊者數輩忽於衆中指一人曰汝不能過某日矣其人少且健怫色去至期人往詢之已死矣司馬嘗語道人汝當何時死曰欲死則死隨意早晚耳至崇禎丙子聞其人尚在燕西山中司馬遣使迎之答曰我不來即有書來旬日間正陽門道上忽小僮投一札司馬自輿中開視之止知足不辱四字司馬乃挂冠而歸

廖孔說

按湖廣通志廖孔說字傅生衡州人從父宦留都爲應天諸生博學強記漉甕策蹇日遊谿山間每過酒家酣飲賦詩常與諸名士分韻孔說先成曰春雨霏霏濕酒卮滿堂紅燭對彈棋主人先醉非無意欲見更闌客散時識者知其有物外之意已而棄妻子參禪元宗旨天啟間示寂臨終持佛號不絕後人有見之茅山者以爲尸解去孔說常有采藥詩云采藥秋山萬木疎霜吹瘦骨倦鉏餘雲多忽訝寒峰失僧少常逢古屋虛扣石杖聲驚睡鹿臨溪笠影亂遊魚翠微十里無人到時過巖西

閒讀書

丘了顛

按和州志丘了顛和州人著異明泰昌天啟時相偉特鼻柱直貫頂目光如電生而喪母甫數歲聞有哭母者曰吾母何往由是朝夕思憶兀兀如癡壯業屠賣肉不論價多寡惟其所割人咸以顛目之無何有鉏地得佛像者即棄屠請其像戴於首夜誦佛號持準提咒脅不至席後遇異僧過歷陽為之剃染字之曰了顛行腳齊魯閩粵數年歸顛益甚語無倫次多中人隱每食必盡二三升或數日不食亦不饑人召之飯飯畢以餘粒呼鼠羣百餘來就食麾之即去金陵城北鼓樓踞高阜軒牕四豁顛坐臥其上時鐘樓有胡瘋子佯狂飲啖無所擇顛仙相與語每達旦從而問道者不知其何語也顧鄰初太史以其疾詢默不應惟指園中太湖石曰好一塊石可惜枯了太史喻其旨民間女子將于歸忽染蠱脹顛仙以兩手握其乳女腹中熱如紅輪遂利黑水斗餘而愈張侍御初抵任進三山門顛仙於輿中擎出大喝曰等汝久矣左右辟易侍御榜之十送西城獄顛仙喜曰好了還他了獄囚病疫臥纍纍命汲井水一桶至以土攪水中呼囚各飲病如脫歡聲雷鬨司城謂以為刦獄

也詢而異之乃申臺釋之去是年天中節辭衆入江送者數百人顚仙合掌趺坐水面高吟曰浩水茫茫百歲悠悠無煩無惱度春秋世人不識丘顚子魚躍鳶飛浪裏遊至中流波濤簇湧縹緲猶見其端坐云後月餘人有遇之丹陽者旁淇曰丘仙以忠母而顚以顚而仙去從古無不忠孝神仙信哉河村戴敬夫爲予言顚仙事甚詳至其療人病及隱語中禍福事多怪予不具述述其行之大者以付其姪孫悅之藏於家俾采風者覽觀焉

卷終

神仙部列傳三十六

明四　唐風子

按雲南通志唐風子瀘人知書事父孝朝為人傭暮則歌詠父亡走山中妻饋食不顧好與兒童戲人以風子呼之嚴冬大雪臥石上蒸汗如雨衣敝以繩綴牛馬骨披焉或食鐵及瓷瓦齒聲楚楚好事者趨謁叩禍福皆不答有時謾語又切中其隱微一日取刀刈草頃之客有乘騎來者唐取草飼馬且曰不聽吾言故至此馬為淚下崇禎末嘗與人云滿眼皆沙又云水來矣沙難留矣乙酉以後始悟所謂沙者指定洲水指流寇耳丁亥間為卒所執逼令殺之刃至其頸白氣湧出

姚二仔

按廣西通志姚二仔崇禎年間人生不茹葷年十五登火焰巔架片蓬種菜芋充腹所居有池蓄二鯉旁有桃熟而取啖值旱司李唐邦教延至印山亭不食烟火著人表河干限以尺水果雨三日河水盈尺而止謝以金不受還山後數日覓之則僅片蓬而已

萬用

按疑僊傳萬用者常牽一黃犬遊岐隴間人或以酒飲之即飲而不食好與僧徒道流談每至夜即宿於郊野道士王泰敬仰焉忽謂泰曰可共乘此犬一遊也泰曰此犬可乘耶用曰此犬能行也因共乘之此犬忽然躍身有如飛者頃刻之間出中華之外約萬餘里至一山峯巒奇秀風景澄靜有殊人間也俄共下犬攜手入一洞中見奇樹交陰名花爛然峻閣高臺多臨綠水俄又入一朱戶有三女子出迎之韶玉麗質實世希有皆宛若舊識既延之登一樓俯翠欄搴珠簾設碧玉牀命以瓊漿共酌三女子仍雜坐須臾之間彈箏吹簫盡去形迹及將日暮皆已半醉用乃謂泰曰此三女子者皆神仙之家也偶會於此山我知之故與爾一詣今既共懽飲當復歸此若久留不可不慮妨他女伴自遊戲也遂與泰俱出洞其三女子亦送之於洞門用顧謂女子曰明年今日再相見既與女子別復共乘犬回至岐隴間已三載矣用又謂泰曰我一來遊耳君當住此言訖而不見爾後不復至矣

蒲州賣藥翁 附蒼頭

按疑僊傳蒲州賣藥翁者於蒲州手攜一藥囊賣藥不顯其姓名人皆呼爲賣藥翁人買藥不得者其疾必不愈蒲州富人王諭者性恬靜好道復長於醫術見此翁賣藥有異常流因具酒炙邀之欲問爲賣藥翁既至諭家不揖諭而反揖一蒼頭諭以爲山野性不怪訝之因酌一杯酒自起獻之賣藥翁大笑而接飲之訖乃謂諭曰君欲問我便問勿待多禮也諭因問翁曰翁不顯姓名何人也翁曰天覆地載之人也既稟天地之氣爲人卽姓人也名人也又何妄爲姓名也諭曰攜一囊藥而治衆病何藥也賣藥翁曰人之病一也何衆病也人假氣託體而生氣和則體和體和卽無病氣不和卽體不和體不和卽有病病本爲一也世人强名之是不達也我藥一也蓋達人之病由一也故但以一治之諭曰有買不得者何也翁曰人之生實難死實易常救之卽生待病而救已難矣復又病久方救焉得生也我每人買藥不與之者蓋救之不及也夫我之藥人間之藥也生發於人間而欲餌之長生久視卽不可不察也知生死能治人之病卽亦有功矣亦我自幼好餌藥故頗識藥之性藥之性識卽可使不識卽必反害人諭知其異因復問曰適者翁不揖我而揖蒼頭何也翁曰蒼頭是我輩之人也我見我輩故不覺揖也諭曰今便以此蒼頭奉君爲弟子可乎翁曰若能捨之與我

我亦與君一卷書論因受此書令蒼頭隨賣藥翁去蒼頭欣然而去尋皆不知所在論讀此書大達醫術後有一道人詣之堅求此書一覩論既與覩之道人與此書忽然俱滅

草衣兒

按疑僊傳草衣兒者自稱曾人也美容儀年可十四五冬夏常披一草衣故人號爲草衣兒於泗水邊垂釣數年人未嘗見其得魚尤異之或問曰魚可充食乎對曰我不食魚但釣之也又或問其姓氏即對曰我自幼不識父亦猶方朔也故亦不能作一姓氏也泗水邊皆潛察其舉止草衣兒知之逃往漢江濱又垂釣江濱人初以爲漁者及又不見獲魚雖炎燠凜冽但一草衣數年不易亦甚疑之又有問之者曰爾何姓名也爲釣在江濱已數年寒暄但一草衣又不見得魚何釣也草衣兒曰我是草衣兒人呼我爲草衣兒來垂釣也釣不必在魚也況我自得之又焉知我不得也我既爲號草衣兒又安能更須姓名也江濱人亦潛察之草衣兒知之又逃往渭水垂釣水濱人見其容貌美又唯披一草衣深以爲隱者後見其不獲魚乃疑之又有問之者曰君何隱也來渭水何也欲繼呂望之名邪草衣兒對曰我性好釣魚自幼便以垂釣爲樂嘗亦釣於數水皆不可釣故來此水人亦

見我披草衣呼我爲草衣兒呂望者是他見紂不可諫欲佐西伯來此而待非釣魚也方今明主有天下無西伯可待又何繼呂望之名也問者曰爾不待西伯待何人也草衣兒曰我待一片石耳其人笑而不復問後數日有一片白石可長丈餘隨渭水流至草衣兒見之忻喜踴躍謂水邊人曰我本不釣魚待釣此石也數年間一身無所容今日可容此身也乃上此石乘流而去不知所之

東方元

按疑僊傳東方元者荆州人也結一茅廬於南山下居之與其妻范氏俱好道忽因一道流過於山中元與妻俱請至茅廬中元乃削竹爲脯汲水爲酒以禮待道流道流甚驚之范氏又叱一竹杖爲大飛禽乘之而飛俄頃間復至擕一棊局來謂道流曰我欲與元對棊道流大怪因問曰何處去取此棊局邪范氏曰我往南海邊女伴家取此棊局來道流曰女伴何人也范氏曰此女伴亦有小術往往來與我戲吾師能暫伺之卽當至矣道流因又問元曰此皆何術也君與妻何得此事元曰我昔偶娶得此范氏爲妻傳我以其術卽終不知此范氏始自何傳之也道流方與元語空中有絲竹之聲須臾見一女子容質佳麗自空而下笑謂范氏曰何又招他俗流也范氏曰此道流過於山前

我偶命之不似東方元也其女子曰何未對碁也元乃曰女伴但自去遊戲我且與此道流談論其女子卽便於面前以手畫地變爲一大池周圍皆長松翠竹隈其岸卽芰荷芬郁中有一畫舸其女子卽自登之范氏卽以一隻屐投於池中又變爲一畫舸各自游泳仍自鼓棹而歌其歌聲淸切甚傷感人道流乃泣下而歎曰我學道來十有餘年遊山訪道未嘗敢怠終不遇人豈知此女郎皆有此神僊之事邪女子與范氏見之俱出畫舸而登岸似有不悅之色相顧良久其女子乃叱其池其池與松池芰荷及畫舸皆應聲不見便仍與范氏俱各乘一竹昇空而去元笑謂道流曰吾師且歸勿久住此道流乃謝而去之及來年道流又過此因訪焉山下人皆曰東方元已移家入遠山也

景仲

按疑僊傳景仲者鄭人也幼好道但遊諸山以採藥服之未嘗蹔處後過陝州欲西訪藥爲陝州有一老父問之曰君何遊也仲曰我平生好服餌神僊之藥常遊名山以採藥今欲西訪藥也老父曰君不知神僊之藥在十洲也非人間之山內有之也奚訪之仲曰老父自不知古昔有餌朮餌黃精而得道者朮與黃精豈自十洲採得也夫人間諸山之內神僊之藥無限但人自不識復又不能一

其志而服之且十洲之地爭如中華也中華在天地之中有天地中正之氣故萬物華而人不蠻夷中華之人得道世世有之且不聞蠻夷世世有得道之人也是以知十洲之事是漢武之時人妄說也又何信哉我誓於中華諸山內採藥餌之耳遂西行訪藥後二十年復至陝州仲已鬢髮斑白未獲靈藥又有一老父問之仲曰我前西行過此一父問我採藥之事今復有老父欲問我耶老父曰前老父問爾之藥今老父欲問爾鬢髮斑白又何怪仲曰我自幼好道爲天地間人四十九年矣訪山尋藥力倦心疲未能出人間故鬢髮斑白老父又奚問耶乃不顧而東行入秦山餌茯苓十餘年不出一夜忽鬢髮俱黑又體輕殊常因出山西行不覺一日至陝州乃復訪二老父尋皆遇之二老父俱笑曰訪藥老人已復少也仲方欲言遠不見二老父亦遠遊不知所之

何盜

按疑僊傳何盜者西蜀富人之子也少好道棄家遠訪天台山學道十餘年復來家人問曰學得道耶何復來耶盜曰我自入天台山方悟道故不學而得之家人曰眞可悟耶盜曰道不可學我今知之道止在悟我今亦知之矣道本在人之性也人之性有道卽終得道人之性無道卽終不得道我

性有道故得之也既復在家唯食鮮果飲酒焉其後每至木葉落塞雁來風悲日慘卽歎曰人間須有此時以傷悽人也乃策杖而去及其春至景和紅花綠葉堆林積藪卽又復來後因鄰人有死者聞哭之哀以問家人家人白之盈遽起於杖頭取一藥甕出一丸丹急使家人令納在死者口中鄰人死者得藥尋復蘇盈乃辭家人曰我今復遊天台不來矣爾各當自愛又出甕中藥普與家人謂之曰且可百歲既去人有郊野見之乘一虎去者果不復還得藥者後皆及百歲焉

姚基

按疑僊傳姚基者魏人也性奢逸不拘少好道因遊洞庭逢一道人謂之曰爾奢逸不自檢束又好神僊之道何也基拜而言曰我好奢逸者身好道者心我終求奢逸之事以樂我身亦求神僊之道以副我心道人曰我今俱授之與爾爾當俱勿授人基再拜之道人因袖中取一小玉匣內有書一卷以授基曰讀此盡得之也基因跪以讀見轉神丹之法復有燒金之術基問道人曰神丹服之得道信有之變銅鐵爲金有之耶道人曰銅鐵皆可爲金者亦猶人之賢與不肖皆可爲僊況銅鐵純一之物也君但鍊藥服餌以燒金焉基因復魏以居鍊藥燒金數年間家大富仍却老而少每至花

時月夜卽以旨酒佳殽命賓侶狂歌醉舞或選幽景以出遊卽乘駿馹以女妓絃管後隨盡興而方返至於家人亦披輕暖厭百味矣後因出遊復遇昔洞庭之道人基拜而問之曰吾師何久不來耶道人曰爾之奢逸未息固不來適過此偶覩君之面基曰我奢逸不見吾師來故未息道人曰今當息之基笑而與道人俱至家廣陳錦繡出珍寶命酒有絲竹盡其懽醉明日道人與基皆不知所在家人無以求尋焉

姜澄

按疑僊傳姜澄者不知何鄉人也常策一杖杖頭惟有一卷書客長安近一年每與輕薄之流遊處自稱得道人葉靜先生知之訪而責曰君何自稱得道人旣不潔其身滌其神而又塵雜其遊處爲何哉澄曰我身無穢又奚潔也我神無撓又奚滌也不得道稱之旣非得道稱之又何非也葉靜曰何謂身無穢何謂神無撓何謂得道耶澄曰夫荆玉温潤自然也雖與衆石同處故不穢又何異我身也濟水澄清本異也雖與濁河共流亦不撓又何異我神也大道也固無欺詐我旣得道言之卽達大道也葉靜又曰何謂達大道澄曰可道之道非常道也常道卽大道也我若以貴者爲貴以富

者爲富以賤者爲賤以貧者爲貧即非道也我知天地間人自區別殊不識道之本也道之本而生一氣一氣而生天地人及萬物今三才備萬物覩其由道也我達之是以抑富貴不以爲尊處塵雜不以爲卑但兀然混同而在人間此豈不謂達也葉靜笑曰我以爲君久在人間不復能論道矣君出其塵寰不出寰君之迹澄曰我出塵寰非待君之言我已出之三百年也葉靜曰君既出塵寰何在塵寰也澄曰我暫來塵寰非不出也葉靜揖而退澄牽其衣而謂曰君與今天子友也而友爲人主君不教人主之道而反以僊家之事誘之必欲使不治人而好僊也君之非故不得以我之爲非也葉靜復笑曰休飾狂詞澄曰君休信狂迹我當休飾狂詞焉言罷俱笑而分手後數日不知所在人有見之乘鶴度關而去者

彭知微女

按疑僊傳西川彭知微者卓鄭之流也家累千金惟生一女自幼好道嘗白知微求讀道書乃欲奉道之教知微不聽至年十六忽有一童兒乘一白鶴飛入知微家謂其女曰我是道家人聞爾好道故來教爾女驚喜見之且又聞欲教焉乃密藏此童兒及白鶴後數日一侍婢知其事問女曰何妖

也事可密藏設或父知其事得不以爲私乎女曰但勿泄我當速問道後遣之因至深夜齋戒捧香以禮童兒童兒謂曰爾好道之心不退必當得道女謂童兒曰夫人學道必先讀道書授法籙我且處閨閫閒父不容如何也童兒曰爾能以心好道自然與好道之迹不殊也至於自古白日昇青天者又豈關讀道書授法籙也夫神僊之道本必在自然之神性亦在自然之骨氣故昔西王母言漢武非仙骨而神慢也女又問曰處人之世衣人之衣食人之食欲歸神僊之道不亦難也童兒曰不然但能以心慕神僊之道其心一則以感動神僊也旣感動而必錄之錄之者神仙錄其名氏焉知此則必潛有命故有餌朮却粒而得之者苟修仙之侶深入空山遠離人寰草爲衣裳日夜勤苦於焚修而其心乍進而乍退不一焉雖餌朮却粒亦何望哉女復禮而言曰然如是當何以教我童兒曰爾之神性已達神仙也爾之骨氣又非凡俗也爾今心若誓死而一必不久昇仙童兒言訖乃起辭曰神僊之道盡在此言也恭敬修之我今却去乃乘鶴飛去其女謂侍婢曰我達道也當得道耳尋絕滋味去鮮華常默然而坐忽一日失之不知所在

楊燧

按畿輔通志楊燧保定左衛人得異術祈雨遣將無不徵驗正月十六日邀同妻弟楊州看燈使閉目駕席雲須臾而至又遺下妻弟沿路乞食半年始至家告以妖術害人燧即瞑目而死形骸臭爛其妻具棺埋葬傍人有見其行走者開墳視之空棺而已

郝僊姑

按保定府志郝僊姑安州人幼時癡憨若無知者蓬頭跣足父母早亡兄嫂惡之嘗有一丐者病顛垢污藍縷人不敢近直造女所索水飲女撒與之兄嫂見之怒女猶禮待之與藥數粒女吞之有雲氣起乘而去莫知所終今廟祀祭頭村

朱橘

按江南通志朱橘號華陽望江人母嚴氏夢吞一星如斗已有娠十五月母嘗憂焉遇道人持物如橘謂其母曰食此子生矣母受之問名氏道人出扇示之上有嬾君子三字言訖不見移時而誕因名橘聰慧精易數兩領鄉薦喜閱道釋諸書後因臨池顧影驚悟乃薄名利慕修煉忽道遇一人手握一橘歌曰橘橘橘無人識惟有姓朱人方知是端的橘有所感隨至郊外拜問曰眞人非嬾君子

乎道人默不答楄涕泣請乃授以九鼎火符之訣五雷三篆之文令往皖山築室修煉楄拜謝道人乘雲冉冉去楄修於皖公山後有登山者見一小兒如玉洗手菴前水上行如流星隨入菴蝕之惟楄儼然端坐後至惠之博羅忽謂人曰吾將去矣翌日坐化於旅館中殯埋者甚衆乃復趣越數日入城又謂曰吾當立化化後用泥塑之聚觀者千餘人忽博羅醉吏呼曰前日假坐化今日假立化鞭之惟見堆泥墮地其尸已解矣後有弟子鄭孺子云

武蓬頭

按江盜府志武蓬頭年未二十如老人性與俗忤不知時務不冠不履披髮鬅鬙因號爲武蓬頭一日走鎭江何氏習太素脈七日得訣歸診人脈決生死悉驗往往語未來事無不應者自言死期人以爲顚至時微笑曰吾與君等別矣始知僊去

潘爛頭

按江盜府志潘爛頭江盜人不知其名爲朝天宮道士能行掌心雷法會於東嶽上召神取紙神怒雷火燒其頭遂病創後居驍騎倉營中每出遊羣兒以錢索雷則以手染頭創書雷字兒掌中令握

固行數武開手即雲氣蒸起霈然雷聲人有疾病以頭創書符與之或懸於門或焚其灰而飲病輒愈後不知所終云

孫寒華

按蘇州府志孫寒華吳人孫奚之女師杜契受元白之要容顏日少遊吳越諸山十年乃得僊道而去一云吳太常孫女於芳山得道沖虛而去因名其山曰華姥山

曹太初

按蘇州府志曹太初嘗寓止諸觀中哆口蹙額深目髭髯嗜酒日就酤市中啖不輟口而時時瞑目語若有所對接者人或謂顛又或閉門臥累日其徒呼起之或儼然坐不食亦不傾踦弟子事之久終不見其所爲若以間叩焉則叱之適旱雩禱不應太初笑曰待我求衆因謁焉與期旦當來迨明雨果大澍不止人往窺之則方大鼾及醒而笑曰雨足乎由是祈者遂衆或有物祟則至其所默坐叱咤詈之若有所考掠者既獲利賴愈益嚮之乃語弟子曰吾不敢私其力爲人者然以此幾落吾事吾奉召命不可俟矣吾少讀內景經有悟遇僊師授以至眞要道爾輩精一其心齋潔奉戒爲之

不憐上眞鑒爾當有簡命不然無益也遂逝

朱蒲包

按松江府志朱蒲包者上海界浜沈氏僕也十八爲寶山募兵行遊遇異人授藥一丸嚥嚥有光服之覺腹中熱氣分湧遂不覺寒暑饑渴身衣破衲嘗以蒲包與之酒飲輒醉醉輒笑呼當街臥人呼蒲包僊云行必挾四竿竹自隨夜宿則植竹於途不施苫蓋露臥其中大雨無沾濕霜雪裂膚鼻息齁如也市人釀酒敗朱挾竹攪甕輒變爲甘夏月裸坐赤日中不浴而淨冬月河冰合以竹敲冰冰輒解裸坐水底振衣而起生平不爲人談禍福或無意吐一語必奇中後無疾而化

周打氈

按江陰縣志周打氈名不傳備身氈帽肆養母常遇二道人於江岸曰若欲僊乎曰欲之道人卽挈至鵝鼻山指水之湍急處謂曰第聳身入此吾能度若周如言躍水已身躋君山之顛先二道人所在嗣是往還千里若飛忽晨起至白門值鄉人持其家信歸猶朝食後也其家發書見時日大驚曰聞若遇二道人得毋已僊乎周遂恍然悟歸與母哭別死及舁棺葬人怪其輕過橋棺中喀喀作聲

啟視惟斂時一竹枕在

曹蕭

按鎮江府志曹蕭名家子少不識字好放鷹鼓刀破產結客遺家難愈益無賴及壯之曠野遇異人納一丸口中醉七日諸少年邀蕭遊忽忽無意往人咸怪之後春月隨衆禮茅君於茅山至乾元觀松鶴寂歷但聞泉聲愀然改容曰此吾故宅也不復還家結茅巉巖下瞑目趺坐百日時閻蓬頭李徹度皆來指示道書蕭一日便記識不忘執筆作書形如鸞鳳殊有翔翥之勢有以往事問者恍隔世矣然聞朝野不平事則鬚眉奮掀議論風起一日有玉立丈夫從旁叱曰狂奴尚復爾耶已忽不見迺遂自悔責掩關寂坐後頂門闢闢訇然有聲現疊橋於腦中蕭自知幻妄復鎮以混沌號混成子所著有道德陰符悟眞參同諸經并警歌百首皆談內丹晚年歸掃丘墓指塘左土曰可瘞吾骨向者結胎茅山今者遺蛻爾祖之旁出世住世兩無負矣年九十有三端坐瞑目而逝子弟哭其尸張目叱之者三蕭長髯人因多稱爲髯仙蓋與八紘道人同時云

羅維

按鎮江府志羅維字八紘少遇異人指維有僊骨遂改號夢覺子丹經靈文一讀輒了聞有名師千里必訪中年爲子衿已遂厭去芒鞋竹杖肆意冲舉城南蝸牛廬祕形煉氣大變遂成自後和光同塵嚼大肉飲濁酒狡童妖姬過眼不涉性至孝幼哭二親得瘵疾暮年走若飛目有紫光射人註有道德經參同契悟眞篇皆力掃外事以清淨自然爲宗人有以黃白男女請者叱曰獨不畏火鈴將軍耶年八十四忽一夕飲酒數升曼聲歌朝遊北海暮蒼梧而逝歿三日體氣溫香識者以爲尸解矣

劉尙羔

按安慶府志劉尙羔字質明懷寧人少奇穎年三十遠遊訪異人至江西龍虎山晤正乙張眞人云此山有洞吾祖封識數百年止待劉姓者來羔啓戶而入見石案符籙果有己姓名在上懷歸而讀之遂豁悟祕要築宮名碧虛危樓三級常凝目靜坐於上或手著道書値旱里人祈禱之羔每登臺符咒畢大雨如注又能擊妖物魔忽一日自言欲蛻去沐浴端坐作詩云劍掛元壇魔鬼服書藏石洞列眞傳寄語時師高著目人間難住大羅僊書畢坐逝

何公冕

按安慶府志公冕灊人少好雲游遇異人授符籙二卷曰熟此可呼風雨役鬼神習之得其妙初置田於亂墩山磽确無水路冕每於暑旱時取手巾瀝水畦町盈溢人咸異之會歲旱郡守呼令祈雨冕對差役笑曰吾非汝可呼者但汝往來烈日良苦吾於汝手書符當有片雲覆頂可固握之馳至府堂乃開手役至郡守怒曰術士胡爲不來役告以故郡守令其開掌則雷電交作莫不驚慴失色郡守躬往迎之登壇越二日告守曰上帝封雨部吾當取揚子江水暫解酷熱雨澤可及五十里耳不踰時果大雨如注雜魚蝦齊下爲常行路迷津問者皆不答冕取柳葉布田盡化鯽魚者競取之田苗踐蹈無存及登岸視之皆柳葉也

擔簑老者

按安慶府志擔簑老者不知何許人也太湖劉議常與友人出山谷中雨阻思爲送春之句一欲拈風一欲拈雨持論不決適一老者擔簑笠至卽占一首釋之云言風言雨總皆非風雨不來春自歸蜀魄啼殘花影瘦吳蠶食盡柘陰稀枝頭綠軟梅初熟口角黃乾燕學飛我亦欲歸歸不得擔頭猶

挂蓑衣咏罷兩人心醉老者因邀至家隨行一大麓中紆徐委曲睨若無窮其傍皆怪石奇木不可名狀遂折而東清流一灣縈絡異卉殆非人間近岸泊二小艇老者揖登而兩人神骨寒淒不能耐遂失老人所在惘然而歸但見秋水寒堤已易涼燠矣

戚無何

按安慶府志戚無何者方外士也多僊術亦通文學百家之書其初至太湖短褐不完狀甚穢性嗜酒宿古廟中廟主拒之無何夜伸一臂遂傾廟之一角廟主怒欲執之無何笑曰無礙明旦有代葺者次日邑令果至捐金修之自是聞無何名多與遊者或邀之飲一日可數十家處處有無何在嘗遊龍潭客思魚作膾無何即從容拔一金搔首投潭中旋巨魚躍出取烹而搔首在魚腹間楚中有太守知爲異人欲識之遂不知所往

萬一無

按安慶府志萬一無江西羽士也還丹成出游名嶽至安慶偶憩佑聖觀見殿角頹圯重新之至桐邑又鼎建碧霞宮成而一無卒卒後三日有見其乘驢入龍眠山者佑聖惟遺鐵鼎後有黃冠者攜

去莫知所之

甘露僊

按休寧縣志甘露僊里安鄉人葉里汪氏女自幼潔身奉道不嫁入金山焚修歲久道成莫知其終時有歙縣石主簿者至山見其遺蹟及得道遺跡至今四方禱雨輒應旁有甘露井四時不竭人立菴祀之

林道人

按合肥縣志林道人永貞觀羽客也蹤跡詭祕人莫能測每得錢與數丐傳瓢而飲終日酣醉箕踞而已同輩惡之莫與爲伍後白日沖舉至今名其橋曰昇僊云

王玉山

按鳳陽府志王玉山不知何許人癯面疲形殊無他巧來潁半載辭去知燹爲治裝送之侶坐月下玉山曰今將別矣某有小技敢爲諸君奏之隨於耳後取二黑丸擲之空中化爲兩劍盤舞如龍寒光萬道令人毛髮俱竦明晨不別而去徧訪已不可物色矣人疑爲劍僊云

張古山

按鳳陽府志張古山潁州人幼端重出家迎祥觀以道高召爲武當提點能預言未形事後入山採藥不知所終

水簾洞僊

按滁州志水簾洞仙叟老相傳昔有人居洞中秀目脩眉三月不舉煙火一日有傳書者云是金華牧牛客所寄至洞則寂然無蹤傳書者徘徊去之遇有揖者詢其故食以麥飯且曰餘留再進不數步閒揖者蔑跡矣取袖中麥飯視之珍珠纍纍然後有人見傳書者於洞門山下步走如飛蓋亦得道僊去

齊志剛

按滁志州齊志剛生平慕修養術得栽祓之法服氣餐霞吐納導引年八十面如童入武當採藥相傳僊去

楊玨

按滁州府志楊玨白鶴觀道士志行清潔得異人傳以符水驅疫有人失金圈請玨問之曰此必鼠竊也吾召使來已而羣鼠皆至惟竊圈者留不敢去杖而遣之其鼠銜圈而出人咸神之嘗遊溧陽句容間有巨姓延諸羽流建長生醮壇玨入齋掀簾甚褻視主客皆厭之徐云我能爲翁召鶴請立竹鶴可如數主人故多立竹百餘竿以試之兒方發則果一竿一鶴也翩躚上下翔舞庭院間諸羽流乃翻然謝曰神師神師傾動江南

張逍遙

按江西通志張逍遙居西山虎洞虎嘗環繞左右不去夜臥傾崖下星月離離覆面霜雪凝若春醪之溢士大夫聞而過訪與之談休咎率多奇中或問以金丹不答辛丑歲一夕尸解去

呂貧子

按廣信府志呂貧子未仙時嘗止街舍中一燒鍋恐爲小兒汚出則捽破之入則仍取作炊有酒家夫婦爭者呂適至乞錢其人以一文擲之墮街石上呂以脚搓之而去及他人來拾則止能推移而不能取又嘗以青竹截兩圈作連環貨賣於市人有以一文錢買之者即善啼小兒得之亦竟日不

啼矣神仙幻化若此而一時卒無物色之者第曰此乞能戲術耳

祝小山

按浙江通志祝小山粵人寓藕花居高公儀訪之小山指其地曰汝臥此後文端果葬於此李中丞天寵之遇禍亦先知之小山黃頰通頤後尸解三聖橋復有遇諸粵者曰我爲寄聲武林諸公各自珍重云

唐秩

按浙江通志唐秩得大梵斗母五雷法禱雨祈晴觀運旗麾空雲轉如輪倏忽雨如注偶被疾恍見幢蓋來迎遂化去已歸其蜕三年矣忽市鑪中從褚幼文索所借書幼文語其弟子李一正大駭異又有拯四孝廉溺水之事

周文興

按杭州府志文興江郞山人登進士官至符卿不樂也築室清平山下每辟穀至百日許羣鳥翔繞其旁嘗受古猿養氣訣獨守山門氣凝而首重捫則以拳擊腦百乃能起有五通僊來試之興不顧

仙乃飛行離上而去後尅死期別友生蜺胡少保宗憲爲建高士坊實仙眞也少保獄中麥飯亦預言之

陸瓚

按金華府志陸瓚蘭谿人少有仙風道骨碧眼蒼髯長九尺餘闊步紆徐頃刻數十里性格不凡耽於修眞斷緣息念雖處家庭紛沓若不見聞每閉戶冥坐旬月不食人莫窺其際有士人叩之曰聞先生得道之眞果內歟抑外歟徐答云獨言其外不可以言道獨言其內不可以言道士人甚爲嘆服三十後徧遊京師及諸遠方人稱爲陸長僊云後自外間一歸家絕口不問家事坐臥一小樓歷旬日復去竟不知其所終

曾質

按嘉興府志曾質揚淮村民每食餅糗輒碎以飼蟻千家窰多蚊質往居三年夜不設帷裸以受嘬蚊害頓滅一日詣所親客至乏魚質探袖中出魚既而語人曰鶴來我卽往矣一日俄有鶴翔其上火從口出自焚

張高

按偃師縣志張高邑人字崇瞻自稱西淵道人少攻岐黃術好遊歷匡廬奇秀甲天下遂裹糧往嵩三楚三岳諸勝采芝天柱峯頭三觀日出尋走嶺表遇王映子授以八素訣有得已而居梁園會大疫人延之視一指霍然又精談星射覆奇中一日忽張具召客酒闌有紫氣繞几道人笑曰余與諸公從茲別矣怡然尸解

了機

按湖廣通志了機形類僧自云從終南山來初居崔家洞一年及遊鹿苑見招偃巖洞居之歲餘忽謂人曰吾閉關幸爲塞垣穴七七日土人如其言一日巖穿濃雲鬭門洞開衆大駭乃相與鑿巖開垣穴入洞視之不見唯蒲團草履存焉

張君

按湖廣通志張君不知何許人石門縣桃花洞硃砂橋有壇相傳爲張君修煉飛昇之所

朱風子

按荊州府志朱風子不知何許人狀類顛者居清谿言人禍福多奇中時行乞有餘咸給衆乞一日謂土人曰吾且死幸瘞吾衆允之無何果死衆爲瘞之居歲餘復有見風子荷擔而行者衆大駭共發塚空穴而已

雷九功

按荊州府志雷九功彝陵人生有異相手可過膝少不慧一日有張道人呼其小字遂從之遊引入高樓飮食歌舞非人間有一日欲之長陽令功閉目耳中但聞風聲俄頃至歸過石門洞道人以土書月峽張僊數字至今猶存久之道人辭去遺功以詩功輒歸逆知來事曰吾以某日行矣至期卒年弱冠大風拔木道人所遺詩忽失所在卒後三十五日室有火光視之得功手書別家詩人以爲尸解云

王越

按武當山志王越字世昌安陸人登進士爲人英爽磊落有經略才以邊功封威寧伯後僊去蹤跡多在太和山屠大山中丞曾訪之不遇其子本晙作中丞年譜云某月日訪故威寧伯王越於山中

即日遁去耆舊相傳今尚有見之山中者

廖半僊

按閩書廖半僊失其姓名泰寧人家赤貧傭耕養母一日出樵採遇二老人山中食之二桃半僊不食置懷中欲以遺母老人曰速食之語未畢桃自懷中墮遂滾入石半仙逐而啖之啖僅半起視二老人忽不見自是有力善負常爲人築田埂取巨石數十人不能扛者手掇之裕如也平疇無水插秧須雨族人謂之曰何不取水灌田乃袖手望天旋荷鋤往將鋤柄撞入石壁中大呼曰水來矣水來矣拔柄泉湧汩汩不絕灌田數十頃一鄉賴之人呼爲半僊

葉繆

按福建通志繆字叔粹號衍冠道人本廣信人爲貢生遭亂棄家以詩書遊歲辛亥過順昌寓正識寺丁巳四月十九日飄然不知所之啟其戶見留札數行有時日已至吾水解之語越二日泛舟從之見道人拱立水中不欹不側衆訝異舉而火之藏其骨於獅峯塔

通公

按延平府志通公不知何名清流縣人按僊錄云王公傳藍公藍公傳通公幼爲永安曹嚴張家傭一日耕田衆拔秧公坐田畔不事事俟衆秧畢用手一揮數畝田卽栽訖又能反水上田令田不涸間撒樹葉溪中成魚衆趨觀魚時卽坐化鄉人飾其體於寶輪山祀之祈晴禱雨輒應

吳守一

按山東通志吳守一蘭陵人早爲黃冠師後從淵然劉眞人授以鍊度祕術入琅邪神峯山之陽棲霞辟穀有年忽有道士入庵與語須臾袖中出茶一包遂烹與共啜出戶少頃道士不見年逾九十鶴髮童顏羽化之夕奇香滿室白鶴繞空者移日云

王綱舉

按濟南府志王綱舉號蘭谷歷城諸生素好修養臨終預知時日戒家人治道裝正襟坐化先是瘡疾及歿瘡痂盡落宛如童子危坐數日異香不散

劉棟

按濟南通志劉棟淄川人有道之士也布衣緇巾詐爲愚憒無知之狀養母甚孝所居臨池一旦忽

扶其母登山是夕大水平地丈餘人始疑而異之其後去城數里作窟室以居別築小室以居其母朝暮出視母寢食訖復還窟室中默坐如是十餘年士大夫欲見者入窟室中相對不交一談問亦不對但云速修速修而已母卒營葬訖一旦翻空棄去不知所在見列僊通紀避水似鹿皮翁但淄城漂沒於史無考然往時城中建坊者掘地下至丈餘數見故竈儼然則漂沒之事亦誠有之矣

葆眞

按濟南府志葆眞陽信人修仙九十餘年居恆閉戶闃若無人坐臥不起動則足跡遍天下嘗寓董僉事琦長春園一日出遊人莫知其所之咸疑爲僊去云

赤腳王

按登州府志赤腳王碧目蒼顏髮明如鑑戴一笠非布非氈其光如漆其質如灰每自以爲始冠時物不知其幾千年嘗爲人力田隨意耘耔不問人知隆冬不履冰澤腹堅蹈其上如平地行步如飛騾馬追之不及人爭異之以長生之術求則厲色嗔詬俚不可解八九十歲老人曰童時屢見其貌正如今日嬰兒病疾邀拊摩之立瘳間有調笑之者下其褻童身稚膚乃共驚傳其爲全眞子也爭

師事之早已遁去杳不可尋以其四時徒跣遂名為赤脚王云

顛倒李

按登州府志顛倒李依萊陽郭外墓所晝乞夜豎雙足於樹上而頭向下人稱為顛倒李有從之遊者輒叱曰毛嘴底求婦去先立人道後圖僊道三年許至五沽河遇群盜盜曰吾輩何時死曰即死盜怒詰曰爾何時死曰亦即死盜毆殺之沙洲中無何官兵追盜擒之居人舁李屍具棺葬之沽水側後有見之者發墓惟空棺云

班仙

按登州府志班僊不知何許人居招遠螺山最高峯石洞巉險人跡罕到黃邑一孝廉應公車班與別曰公此行必捷南宮令某邑予當過而問焉孝廉行後班呼常供薪米者數十人告之曰余當去矣洞中數年無以為報惟期諸公以清浮為心不爭為福言畢長逝人遂葬之山上孝廉果成進士授令兩月班造訪焉盤桓數日辭歸迨入覲過里始知班久化去開壙視之止空棺雙履而已後建祠山巔曰覺覩名其洞曰班僊洞

耍子

按登州府志耍子幼從師修眞於郡之萬壽宮遇異人止宮之寮師不爲禮耍子私食之異人授以術點鐵成金師覺異人遯去耍子沐浴趺坐而化遺一履是日城西三十里有人見其赤一足逐一鵝行曰煩寄吾師吾尋異人去矣

趙麻衣

按萊州府志趙麻衣其名不傳冬夏恆衣麻隱膠州大珠山石室辟穀得仙其門上勒朝陽庵三字至今人呼先生庵

李眞人

按萊州府志李眞人不知何許人在雲臺觀修養日久後坐化於石巖下二十餘年皮骨不朽尙書趙煥題曰李眞人蟬蛻處雲臺觀在平度州東四里

孔道士

按山西通志孔道士自言宣聖五十幾代孫寓平定多年冬夏破葛一領褴褸穿漏好飲酒詭浪人

不能測嘗夜行仆石上怒而蹴以足石遂血流不止又試噓銅鐵卽爲金人以爲能點化有朱生求術不得毆以拳辱駡不休旁有叢棘卽赤身偃臥其上朱異而舍之其語雖若詭然多中人隱衷未幾卒或言死後有見之者

大陳小陳

按山西通志大陳小陳猗氏大淸觀道人叔姪也得顚術蹤跡詭異後漸雲遊人於萬里外遇之至閭則常在也一日忽題壁間曰蟠桃又報熟瓊殿璃觴開阿母慇懃意披雲靑鳥來後止留空室莫知所終

劉僊

按陝西通志劉僊頤養處在富平石甕山巔之陽石洞上題曰碧烏島洞前石砌山田數畝傳僊種蔬所但不知何代人亦不知何名

孫樂庵

按河南通志樂庵採藥商山偶於市化柴薪至邑東南崇國寺後山之巔坐柴薪中吐火化身小

閃裂合掌端凝肺肝燎灼後有遇於途孫曰吾已脫身去言畢不見　按商城縣志欒庵火化紳士多往觀之有孝廉王津曰此火遁也至今有僊塔人在焉

許氏子

按開封府志許氏子居宣平坊鹽賈家宰讚同宗也逸其名性好飲賭身多癩日乞於市夜臥東嶽廟廊廡一夕見二鬼掃地云八仙來拜俄而仙至如畫中像嶽神盛飾出迎許氏子牽湘子衣湘子與書一卷後歸家晝出夜入擁呼如王者像父怪之且恐禍及用醇醪醉之以石壓死殮而葬棺出門漸輕開視之止有一敝箒戴氈帽覆白衣尸無存矣

張子明

按彰德府志張子明涉人居符山麓修眞一日忽題詩於壁尸解僊去

李偉

按汝州志李偉郟人少落魄不羈曉七聖法相傳有若冷謙入瓶事

田道人

按商城縣志田道人失名採藥金剛臺有田道人廟旁有洞蛻跡其內後有人於道旁遇之見離地數尺飛身而去

趙南

按遂平縣志趙南邑人幼勇力過人頗讀書好異術杖策從軍有血戰功經拜參將卒於家後人遇於天津橋上則道服雲巾問之不答笑而去

周僊葫

按四川總志周僊葫名子興成都人居五塊石一日遇道士李丹陽於青羊宮因師事之丹陽每至興家必索飲達旦不醉人莫測其所以且授以酒方釀成香徹數家後人效其方多不驗興家架上植藥葫蘆丹陽手挽一結於細腰處如出生成遂摘而藏之不以示人數年丹陽辭去興治具款之臨行納熟肉一盤於袖而去明年有自楚歸者云某月日遇丹陽於誕聖坊登樓共飲出袖中熟肉曰此周君贈我物也興計其日時甫踰刻耳因悔不與俱去乃取丹陽所遺書讀之獨臥一小室久之棄家佩葫蘆往湖湘尋道士人稱之曰周僊葫莫知所終

江老軍

按四川總志江老軍名拯富綿州人嘗從軍盛夏遇異人授以修養要訣髮白反黑齒落復生能一食斗米鄉人每請禱雨必驗暴風雨中歷日不動冬寒則剖冰而浴壽至九十九尸解

楊汝眞

按四川總志楊汝眞揚州人自幼刻苦修全眞之道後遇異人授以奧理遠遊於彭來往葛僊陽平二觀蜀藩聞其道嘗敬禮之壽一百二十一歲於丹景山尸解

譚子

按四川總志譚子家天池山側生而穎悟一日行池上歸辭父母曰今日遇吾師當相隨去遂不見父母哀思作室池上望而招之後數年譚子復歸省辭又不見里人爲祠祀之故又名天池曰譚子池

鄭本

按四川總志鄭本昭化縣人至河北見雲端雙鶴聯翩而下及至則兩道人也因尼之二人顧問本

蹤道所以牽挽不捨二人曰吾被汝窺破因授以修煉法遂歸絕意進取棲隱山林年九十尙作小楷無疾趺坐而逝人以爲尸解云

張顚僊

按四川總志張顚僊名道凝古夜郎侯裔顚僊其自號也弱冠遇異人授洞天法律能役使鬼神後與熙眞子於紫霞石室論三教一原之理洞晰精微誨人忠孝僊去莫知所終

高娘

按雲南通志高娘趙州白崖川張會勝家婢嘗以一白猪自隨一日猪化爲象乘雲上升

陶眞人

按雲南通志陶眞人名浚瀾滄人性廉勤精道術祈禱神驗不受人財忽語人云上帝召我爲三天門置簿都吏遂端然而逝

姚成

按雲南通志姚成臨安人少孤磊落不喜章句慨然慕冲舉術人勸之娶不應俄遇異人飲以酒香

氣馥郁仰觀天表若有所見遂能言風雨陰晴及休咎事雜以滑稽人咸異焉手搴一芭蕉葉四時皆有青色又晨起戲爲人致書燕邸比暮持手札而歸居無何失其所在

東華道人

按貴州通志東華道人睢州人隱姓名遊黔省歷諸處蓬頭跣足雖隆冬惟衣一單袷晝夜危坐不飲不食饔飧烏梅數枚時取些微嚙之謂之梅子金丹與人言頗雜詼諧問修養術輒云無他奇不必學也懇之則曰爾輩尚未能舍家室何言僊道歲餘去之峨嵋山云

夏孟昌

按貴州通志夏孟昌廣順州人素有道術金筑司土官金振武赴京遇天師張眞人問振武曰夏孟昌好否昔晤我於南天門外今有一物爲我致之

吳鉉卿

按貴州通志吳鉉卿黃平州人世傳先天教鉉卿道行純備家設雷壇凡妖祟幻惑之家求符咒者悉除禱雨甘澍立降遠近奉之如眞僊年九十五無疾死葬時舉棺甚輕中若無物人謂尸解

黃冠道士

按貴州通志黃冠道士郡人徐可大幼讀書觀音閣偶回見道士與父坐談不揖而入道士問此子爲誰父答曰小兒道士曰好箇舉人但榜首未生耳時可大年已二十爲郡名士聞言甚怒後數科至四十三歲中庚子鄉試榜首張文星亦同里人年二十二歲追昔榜首未生之言始信道士爲僊也

張懷陽

按貴州通志張懷陽四川綿竹人雲遊至黃平黃冠野服有道術未幾入山披剃淨修年餘移居寶珠寺有以病來告者即知生死可療者與以藥立愈其不可救者百計懇求終不與藥人咸異之自捐數百金修寶珠寺未嘗募化蓋知黃白之術但人求之絕口不道門下從學弟子甚衆或授方脈或傳針灸或別傳技藝隨其才授之年八十三將卒前三日謂門弟子曰某日某時吾當逝矣至期談笑而終且戒弟子曰我身後切勿妄言我如何得道如何坐化也

石三泉

按貴州通志石三泉三清觀道士蹤跡詭異獨居無侶雙鶴來巢久而不去時人神之後不知所終

梁可瀾

按廣東通志梁可瀾字元叔順德人博學能詩性耽山水隱居羅浮慕葛稚川修煉故事自號三十二峯太狂長嘯偃署邑令連公繼芳高其人常訪諸山中酬和竟日所著有狂仙詩修眞要語行世卒年八十顏色如生舉屍入棺輕若空衣人皆異之葬白鶴峯其後十年其姪丞楚遇一黃冠躡其門曰太狂仙約返羅浮果行否言訖不見人益信其爲仙矣子夢陽工詩書篆法爲諸生亦不求仕進

勞眞人

按廣東通志勞眞人名勳四會人年二十二妻歿不再娶乃學道教遂精其術治邪魔符咒立應言吉凶皆驗及卒鄉人往往遇於途其語無異平生弟子私號曰勞眞人

吹角老兵

按廣東通志吹角老兵不知何許人亦不詳其年代姓氏一日於電白城樓題詩云畫角吹來歲月

深譙樓無古亦無今不如歸我龍山去翠竹青青何處尋後不知所終

李子長

按廣西通志子長懷集人遨遊羊城間放浪不羈師新會陳白沙及歸白沙送以詩云春櫂去江門泝流焉汲汲點筆烟外山歸來看懷集又勸其謁張太守詩云不問端別駕敬士如子長問道蒼梧下登歇刺史堂其後或往或來蹤跡奇幻相傳以為僊去

宋眞人

按廣西通志宋眞人宣化宋村人也嘗攜一龍頭刻取生椒為魚膾書符咒能逐疫激電道家之靈寶懺書一宗傳言皆其創筆

李賤子

按廣西通志李賤子永淳人幼孤育於陽氏長傭於龍家性善臥田野不治龍氏責之賤子結草為大牛置田間一日而耕犁蒔插俱遍龍懼遣歸為人卻邪祛疫不假符咒立驗年八十餘卒葬時舉棺甚輕妻覃氏亦有異術

馮克利

按廣西通志馮克利貴縣東𨚗村人嘗往北山採香遇八仙對奕分得僊衣一襲無縫線痕及回則子孫易世矣聞之官赴省勘問將利與僕馮達覆洪鐘內繞以薪焚之及啟惟利端坐而馮達則灰化矣遂信爲仙表聞敕封遊天得道三界眞人比回至蒼梧江口遂羽化

全用誠

按廣西通志全用誠靈川人少隨父入蜀娶於蜀生二子一日遇異人授以僊術會父卒即扶櫬歸事母最孝及母死即傾家所有畀妻子令歸母家結庵於北障山中名如佛巖嘗夜行山頂誦經虎豹皆伏客來尋訪所遺物自某地來悉能知之持行二十餘年立化不仆弟子葬北源山中

皇清

生生道人 附韓天木

按漢陽府志生生道人不知其姓名或曰家本武昌或曰漢陽人也少與黃冠韓天木輩遊多遇異人得異書後常之黃安寓耿副使應衡家耿性耽奇多招方外士講求六壬太乙之術遂

令道人天木及他同遊者三人居山館鍊丁甲四十二晝夜後薄暮微雪忽有光自上而下羣起視之光及門而止則有物如虎踞門前目睛突射毛色瑩然蓋甲寅之年值日時神將也三人者心知為神而膽已內奪乃握固步訣極力收召之神不應如是者三日卒無可如何神始去三人乃相顧謂法未精姑舍是可也道人遂別其侶而南渡江行符水方藥於咸甯蒲圻間最為奇驗數百里內外仰之如神師崇禎癸酉孝廉郭翘中家有一室東邊地忽軟如泥不可下足視之如平土也壁落搖動屋瓦欲傾而其室之西獨如故羣駭異不得其由乃請於道人道人漫應之已而思曰此地非妖非鬼吾將何法治之乎計惟用六丁符耳乃如郭氏罡步植符符下而地復常矣時益奇之未幾亂起道人遂去

國朝順治初年蒲圻周生者就試於武昌小立長街鼓樓下見一道士負葫蘆行賣藥心疑其狀追視乃道人也生問師兵火後何從在此道人曰吾偶跡仙棗亭明晨可相訪乎生唯唯次日登亭竟無所謂道人焉天木名機常寓金口丁亥之歲與丁給諫時魁相遇於衡湘間嘉魚任御史在丁坐上識之語丁留天木共事因與御史述生生道人狀始知其為同侶也天木後亦

不知所之

郭靜中

按山西通志還陽子姓郭名靜中修武人方髫時夜夢驅龍爲行雨狀及長則厭薄世故慨然欲與安期黃石遊嘗過華陰遇異人劉授以金丹之術及五雷法由是往來晉楚燕趙間嘗祈雨遇旱則各省院司及州縣之長吏輒走書數百千里迎還陽爲禱禱時亦無他異但結一壇登壇以掌中雷印拊手一拍則霹靂隨起大雨如注或求之者衆則第書一符以付之持者方入境而雨已集矣蕤邑數苦河患還陽爲作法以鎭之河徙數里蕤人至今祠祀後過壽陽之太安鎭語人曰此去西北里許當有吾容足處人如言卜築卽今五峯山龍泉菴也時晉藩慕其名特於會柏園中創建道院延居之未幾辭歸還陽於書博通尤精於易其所交必天下第一流如趙南星郭之屏皆其友也明末傅山避地龍泉以師事之

國朝順治初還陽年幾百歲顏色如童一日呼門人具沐浴畢端坐而化肢體宛如生者

丘駝

按嚴州府志丘駝桐廬人風病駝因以名家貧操舟濟渡不責其直隔岸有處士暮夜呼渡駝急就之無所見頃之又呼繼往又無所見拔篙將行蹉跌而仆亦無怨言迨起則身已直矣時人異之越數載死舟中家人收殯久之鄉人至衢州見駝與處士同行款洽若平時囑寄所穿鞋以歸又與之以屣令著之則行步如飛不日至家以鞋付其妻視之故斂時物也啟塚惟竹櫬在焉回看所貽屣化為雙鵲冲天而去始知其遇僊而尸解云

馮吉

按廣西通志馮吉貴縣人克利九代孫順治己亥得道康熙庚子僊去鄉人為之立祠祀焉

卷終

神仙部總論

莊子　齊物論

王倪曰至人神矣大澤焚而不能熱河漢沍而不能寒疾雷破山風振海而不能驚若然者乘雲氣騎日月而游乎四海之外死生無變於己而況利害之端乎

大宗師

知天之所爲知人之所爲者至矣知天之所爲者天而生也知人之所爲者以其知之所知以養其知之所不知終其天年而不中道夭者是知之盛也雖然有患夫知有所待而後當其所待者特未定也庸詎知吾所謂天之非人乎所謂人之非天乎且有眞人而後有眞知何謂眞人古之眞人不逆寡不雄成不謨士若然者過而弗悔當而不自得也若然者登高不慄入水不濡入火不熱是知之能登假於道也若此古之眞人其寢不夢其覺無憂其食不甘其息深深眞人之息以踵衆人之息以喉屈服者其嗌言若哇其耆欲深者其天機淺古之眞人不知說生不知惡死其出不訢其入

不拒翛然而往翛然而來而已矣不忘其所始不求其所終受而喜之忘而復之是之謂不以心捐道不以人助天是之謂眞人若然者其心忘其容寂其顙頯淒然似秋煖然似春喜怒通四時與物有宜而莫知其極故聖人之用兵也亡國而不失人心利澤施乎萬世不爲愛人故樂通物非聖人也有親非仁也天時非賢也利害不通非君子也行名失己非士也亡身不眞非役人也若狐不偕務光伯夷叔齊箕子胥餘紀他申徒狄是役人之役適人之適而不自適其適者也古之眞人其狀義而不朋若不足而不承與乎其觚而不堅也張乎其虛而不華也邴邴乎其似喜乎崔乎其不得已乎滀乎進我色也與乎止我德也厲乎其似世乎謷乎其未可制也連乎其似好閉也悗乎忘其言也以刑爲體以禮爲翼以知爲時以德爲循以刑爲體者綽乎其殺也以禮爲翼者所以行於世也以知爲時者不得已於事也以德爲循者言其與有足者至於丘也而人眞以爲勤行者也故其好之也一其弗好之也一其一也一其不一也一其一與天爲徒其不一與人爲徒天與人不相勝也是之謂眞人死生命也其有夜旦之常天也人之有所不得與皆物之情也彼特以天爲父而身猶愛之而況其卓乎人特以有君爲愈乎己而身猶死之而況其眞乎　夫道有情有信無爲無

形可傳而不可受可得而不可見自本自根未有天地自古以固存神鬼神帝生天生地在太極之先而不為高在六極之下而不為深先天地生而不為久長於上古而不為老狶韋氏得之以挈天地伏羲得之以襲氣母維斗得之終古不忒日月得之終古不息堪坏得之以襲崑崙馮夷得之以游大川肩吾得之以處大山黃帝得之以登雲天顓頊得之以處元宮禺強得之立於北極西王母得之坐於少廣莫知其始莫知其終彭祖得之上及有虞下及五伯傅說得之以相武丁奄有天下乘東維騎箕尾而比於列星南伯子蔡問乎女偊曰子之年長矣而色若孺子何也曰吾聞道矣南伯子葵曰道可得學邪曰惡惡可子非其人也夫卜梁倚有聖人之才而無聖人之道我有聖人之道而無聖人之才吾欲以教之庶幾其果為聖人乎不然以聖人之道告聖人之才亦易矣吾猶守而告之三日而後能外天下已外天下矣吾又守之七日而後能外物已外物矣吾又守之九日而後能外生已外生矣而後能朝徹朝徹而後能見獨見獨而後能無古今無古今而後能入於不死不生殺生者不死生生者不生其為物無不將也無不迎也無不毀也無不成也其名為攖寧攖寧也者攖而後成者也南伯子葵曰子獨惡乎聞之曰聞諸副墨之子副墨之子聞諸洛誦之孫洛誦

之孫聞之瞻明瞻明聞之聶許聶許聞之需役需役聞之於謳於謳聞之元冥元冥聞之參寥參寥
聞之疑始

天道

老子曰夫道於其大而不終於其小而不遺故萬物備廣廣乎其無不容也淵乎其不可測也形德仁義神之末也非至人孰能定之夫至人有世不亦大乎而不足以為之累天下奮棅而不與之偕審乎無假而不與利遷極物之真能守其本故外天地遺萬物而神未嘗有所困也通乎道合乎德退仁義賓禮樂至人之心有所定矣

刻意

刻意尚行離世異俗高論怨誹為亢而已矣此山谷之士非世之人枯槁赴淵者之所好也語仁義忠信恭儉推讓為修而已矣此平世之士教誨之人游居學者之所好也語大功立大名禮君臣正上下為治而已矣此朝廷之士尊主彊國之人致功并兼者之所好也就藪澤處閒曠釣魚閒處無為而已矣此江海之士避世之人閒暇者之所好也吹呴呼吸吐故納新熊經鳥伸為壽而已矣此

導引之士養形之人彭祖壽考者之所好也若夫不刻意而高無仁義而修無功名而治無江海而閒不導引而壽無不忘也無不有也澹然無極而衆美從之此天地之道聖人之德也故曰夫恬淡寂漠虛無無爲此天地之平而道德之質也故曰聖人休休焉則平易矣平易則恬淡矣平易恬淡則憂患不能入邪氣不能襲故其德全而神不虧故曰聖人之生也天行其死也物化靜而與陰同德動而與陽同波不爲福先不爲禍始感而後應迫而後動不得已而後起去知與故循天之理故無天災無物累無人非無鬼責其生若浮其死若休不思慮不豫謀光矣而不耀信矣而不期其寢不夢其覺無憂其神純粹其魂不罷虛無恬淡乃合天德故曰悲樂者德之邪喜怒者道之過好惡者德之失故心不憂樂德之至也一而不變靜之至也無所于忤虛之至也不與物交淡之至也無所于逆粹之至也故曰形勞而不休則弊精用而不已則勞勞則竭水之性不雜則清莫動則平鬱閉而不流亦不能清天德之象也故曰純粹而不雜靜一而不變淡而無爲動而以天行此養神之道也夫有干越之劍者匣而藏之不敢用也寶之至也精神四達並流無所不極上際於天下蟠於地化育萬物不可爲象其名爲同帝純素之道惟神是守守而勿失與神爲一一之精通合於天倫

野語有之曰衆人重利廉士重名賢士尚志聖人貴精故素也者謂其無所與雜也純也者謂其不虧其神也能體純素謂之眞人

達生

列子問關尹曰至人潛行不窒蹈火不熱行乎萬物之上而不慄請問何以至於此關尹曰是純氣之守也非知巧果敢之列居予語汝凡有貌象聲色者皆物也物與物何以相遠夫奚足以至乎先是色而已則物之造乎不形而止乎無所化夫得是而窮之者物焉得而止焉彼將處乎不淫之度而藏乎無端之紀游乎萬物之所終始一其性養其氣合其德以通乎物之所造若是者其天守全其神無郤物奚自入焉夫醉者之墜車雖疾不死骨節與人同而犯害與人異其神全也乘亦不知也墜亦不知也死生驚懼不入乎其胷中是故遻物而不慴彼得全於酒而猶若是而況得全於天乎聖人藏於天故莫之能傷也復讎者不折鏌干雖有忮心者不怨飄瓦是以天下平均故無攻戰之亂無殺戮之刑者由此道也不開人之天而開天之天開天者德生開人者賊生不厭其天不忽於人民幾乎以其眞

田子方

肩吾問於孫叔敖曰子三爲令尹而不榮華三去之而無憂色吾始也疑子今視子之鼻間栩栩然子之用心獨奈何孫叔敖曰吾何以過人哉吾以其來不可卻也其去不可止也吾以爲得失之非我也而無憂色而已矣我何以過人哉且不知其在彼乎其在我乎其在彼邪亡乎我在我邪亡乎彼方將躊躇方將四顧何暇知乎人貴人賤哉仲尼聞之曰古之眞人知者不得說美人不得濫盜人不得劫伏羲皇帝不得友死生亦大矣而無變乎己況爵祿乎若然者其神經乎大山而無介入乎淵泉而不濡處卑細而不憊充滿天地既以與人已愈有

天下

彭蒙之師曰古之道人至於莫之是莫之非而已矣其風窢然惡可而言常反人不見觀而不免於魭斷其所謂道非道而所言之韙不免於非彭蒙田駢愼到不知道雖然概乎皆嘗有聞者也以本爲精以物爲粗以有積爲不足澹然獨與神明居古之道術有在於是者關尹老聃聞其風而悅之建之以常無有主之以太一以濡弱謙下爲表以表以虛空不毀萬物爲實關尹曰在己無居形物

自著其動若水其靜若鏡其應若響芴乎若亡寂乎若清同焉者和得焉者失未嘗先人而常隨人老聃曰知其雄守其雌爲天下谿知其白守其辱爲天下谷人皆取先己獨取後曰受天下之垢人皆取實己獨取虛無藏也故有餘巋然而有餘其行身也徐而不費無爲也而笑巧人皆求福己獨曲全曰苟免於咎以深爲根以約爲紀曰堅則毀矣銳則挫矣常寬容於物不削於人可謂至極關尹老聃乎古之博大眞人哉寂寞無形變化無常死與生與天地並與神明往與芒乎何之忽乎何適萬物畢羅莫足以歸古之道術有在於是者莊周聞其風而悅之以謬悠之說荒唐之言無端崖之辭時恣縱而不儻不以觭見之也以天下爲沈濁不可與莊語以巵言爲曼衍以重言爲眞以寓言爲廣獨與天地精神往來而不敖倪於萬物不譴是非以與世俗處其書雖瓌瑋而連犿無傷也其辭雖參差而諔詭可觀彼其充實不可以已上與造物者游而下與外死生無終始者爲友其於本也弘大而辟深閎而肆其於宗也可謂調適而上遂矣雖然其應於化而解於物也其理不竭其來不蛻芒乎昧乎未之盡者

孔叢子　陳士義

魏王曰吾聞道士登華山則長生不死意亦願之對曰古無是道非所願也王曰吾聞信之對曰未審君之所聞親聞之於不死者耶聞之於傳聞者耶君聞之於傳聞者妄也若聞之於不死者今安在在者君學之勿疑不在者君勿學無疑

揚子法言　君子

或問龍龜鴻鵠不亦壽乎曰壽曰人可壽乎曰物以其性人以其仁或問人言仙者有諸乎曰吁吾聞伏犧神農歿黃帝堯舜殂落而死文王畢孔子魯城之北獨子愛其死乎非人之所及也仙亦無益子之彙矣或曰聖人不師仙厥術異也聖人之於天下恥一物之不知仙人之於天下恥一日之不生曰生乎生乎名生而實死也或曰世無仙則焉得斯語曰語乎者非囂囂也歟惟囂囂能使無爲有或問仙之實曰無以爲也有與無非問也問也者忠孝之問也忠臣孝子偟乎不偟或問壽可益乎曰德曰回牛之行德矣曷壽之不益也曰德故爾如回之殘牛之賊也焉德爾曰殘賊或壽曰彼妄也君子不妄有生者必有死有始者必有終自然之道也君子忠人況己乎小人欺己況人乎

風俗通　論淮南王安神仙事

俗說淮南王安招致賓客方術之士數千人作鴻寶苑祕枕中之書鑄成黃白白日昇天謹按漢書淮南王安天資辨博善為文辭孝武以屬諸父甚尊之招募方伎怪迂之人述神仙黃白之事財殫力屈無能獲成乃謀叛逆刻皇帝璽丞相將軍大夫已下印漢使符節法冠趙王彭祖列侯讓等議曰安廢法行邪僻詐偽心以亂天下熒惑百姓背叛宗廟春秋無將將而必誅安罪重於將反形已定圖書印及他逆無道事驗明白丞相弘廷尉湯以聞上使宗正以符節治王安自殺太子諸所與謀皆取夷國除為九江郡親伏白刃與衆棄之安在其能神仙乎安所養士或頗漏亡恥其如此因飾詐說後人吠聲遂傳行耳

王充論衡　道虛篇

儒書言黃帝採首山銅鑄鼎於荊山下鼎既成有龍垂胡髯下迎黃帝黃帝上騎龍羣臣後宮從上七十餘人龍乃上去餘小臣不得上乃悉持龍髯龍髯拔墮黃帝之弓百姓仰望黃帝既上天乃抱其弓與龍胡髯吁號故後世因其處曰鼎湖其弓曰烏號太史公記誄五帝亦云黃帝封禪已仙去羣臣朝其衣冠因葬埋之曰此虛言也實黃帝者何等也號乎謚也如謚臣子所誄列也誄生時所

行為之謚黃帝好道遂以昇天臣子誄之宜以仙昇不當以黃謚謚法曰靖民則法曰黃黃者安民之謚非得道之稱也百王之謚文則曰文武則曰武文武不失實所以勸操行也如黃帝之時質未有謚乎名之為黃帝何世之人也使黃帝之臣子知君使後世之人跡其行黃帝之世號謚有無雖疑未定黃非昇仙之稱明矣龍不昇天黃帝騎之乃明黃帝不昇天也龍起雲雨因乘而行雲散雨止降復入淵如實黃帝騎龍隨溺於淵也案黃帝葬於橋山猶曰羣臣葬其衣冠審騎龍而昇天衣不離形如封禪已仙去衣冠亦不宜遺黃帝實仙不死而昇天臣子百姓所親見也見其昇天知其不死必也葬不死之衣冠與實死者無以異非臣子實事之心別生於死之意也載太山之上者七十有二君皆勞情苦思憂念王事然後功成事立致治太平太平則天下和安乃升太山而封禪焉夫修道求仙與憂職勤事不同思道則忘事憂事則害性世稱堯若腊舜若腒心愁憂苦形體羸癯使黃帝致太平乎則其形體宜如堯舜堯舜不得道黃帝昇天非其實也使黃帝廢事修道則心意調和形體肥勁是與堯舜異也異則功不同矣功不同天下未太平而升封又非實也五帝三王皆有聖德之優者黃帝不在上焉如聖人皆仙仙者非獨黃帝如聖人不仙黃帝何為獨仙世見黃帝

好方術方術仙者之業則謂帝仙矣又見鼎湖之名則言黃帝採首山銅鑄鼎而龍垂胡髯迎黃帝矣是與說會稽之山無以異也夫山名曰會稽即云夏禹巡狩會計於此山上故曰會稽夫禹至會稽治水不巡狩猶黃帝好方伎不昇天也無會稽之事猶無鑄鼎龍垂胡髯之實也里名勝母可謂實有子勝其母乎邑名朝歌可謂民朝起者歌乎

儒書言淮南王學道招會天下有道之人傾一國之尊下道術之士是以道術之士並會淮南奇方異術莫不爭出王遂得道舉家昇天畜產皆仙犬吠於天上雞鳴於雲中此言仙藥有餘雞犬食之幷隨王而昇天也好道學仙之人皆謂之然此虛言也夫人物也雖貴為王侯性不異於物物無不死人安能仙鳥有毛羽能飛不能昇天人無毛羽何用飛昇使有毛羽不過與鳥同況其無有昇天如何案能飛昇之物生有毛羽之兆能馳走之物生有蹄足之形馳走不能飛昇飛昇不能馳走稟性受氣形體殊別也今人稟馳走之性故生無毛羽之兆長大至老終無奇怪好道學仙中生毛羽終以飛昇使物性可變金木水火可革更也蝦蟆化為鶉雀入水為蜃蛤稟自然之性非學道所能為也好道之人恐其或若等之類故謂人能生毛羽毛羽備具能昇天也且夫物之生長無卒成暴起皆有浸漸為道學仙之人能先生數寸之

毛羽從地自奮升樓臺之陛乃可謂昇天今無小升之兆卒有大飛之驗何方術之學成無浸漸也毛羽大效難以觀實且以人鬚髮物色老少驗之物生也色青其熟也色黃人之少也髮黑其老也髮白黃爲物熟驗白爲人老驗物黃人雖灌溉壅養終不能青髮白雖吞藥養性終不能黑黑青不可復還老衰安可復耶黃之與白猶肉腥炙之燋魚鮮煮之熟也燋不可復令腥熟不可復令鮮鮮腥猶少壯燋熟猶衰老也天養物能使物暢至秋不延之至春吞藥養性能令人無病不能壽之爲仙爲仙體輕氣彊猶未能昇天令見輕彊之驗亦無羽毛之效何用昇天天之與地皆體也地無下則天無上矣天無上昇之路何如穿天之體人力不能入如天之門在西北昇天之人宜從崑崙上淮南之國在地東南如審昇天宜舉家先從崑崙乃得其階如鼓翼邪飛趨西北之隅是則淮南王有羽翼也今不言其從之崑崙亦不言其身生羽翼空言昇天竟虛非實也按淮南王劉安孝武皇帝之時也父長以罪遷蜀嚴道至雍道死安嗣爲王恨父徙死懷反逆之心招會術人欲爲大事伍被之屬充滿殿堂作道術之書發奇怪之文合景亂首（一本作齊首）八公之傳欲示神奇若得道之狀終不成效驗不立乃與伍被謀爲反事事覺自殺或言誅死誅死自殺同一實也世見其書深冥奇

怪又觀八公之傳似若有效則傳稱淮南王仙而昇天失其實也　儒書言盧敖游乎北海經乎太陰入乎元闕至於蒙穀之上見一士焉深目元準鴈頸而戴肩浮上而殺下軒軒然方迎風而舞顧見盧敖樊然下其臂遯逃乎碑下敖乃視之方卷然龜背而食合梨盧敖仍與之語曰吾子唯以敖爲倍俗去羣離黨窮觀於六合之外者非敖而已敖幼而遊至長不倫解周行四極唯北陰之未闚今卒睹夫子於是殆可與敖爲友乎若士者勃然而笑曰嘻子中州之民也不宜遠至此此猶光日月而戴列星四時之所行陰陽之所生也此其比夫不名之地猶突屼也若我南遊乎罔浪之野北息乎沉薶之鄉西窮乎杳冥之黨而東貫須懞之先此其下無地上無天聽焉無聞而視焉則營此其外猶有狀有狀之餘一舉而能千萬里吾猶未能之在今子遊始至於此乃語窮觀不亦遠哉然子處矣吾與汗漫期於九垓之上吾不可久若士者舉臂而縱身遂入雲中盧敖目仰而視之不見乃止喜心不怠悵若有喪曰吾比夫子也猶黃鵠之與壤蟲也終日行而不離咫尺而自以爲遠豈不悲哉若盧敖者唯龍無翼者昇則乘雲盧敖言若士者有翼言乃可信今不言有翼何以昇雲且凡能輕舉入雲中者飲食與人殊之故也龍食與蛇異故其舉措與蛇不同聞爲道者服金玉之

精食紫芝之英食精身輕故能神仙若士者食合蜊之肉與庸民同食無精輕之驗安能縱體而昇天聞食氣者不食物食物者不食氣若士者食物如不食氣則不能輕舉矣或時盧敖學道求仙遊乎北海離衆遠去無得道之效慚於鄉里負於論議自知以必然之事見責於世則作誇誕之語云見一士其意以爲有求仙之未得期數未至也淮南王劉安坐反而死天下並聞當時並見儒書尙有言其得道仙去雞犬昇天者況盧敖一人之身獨行絕跡之地空造幽冥之語乎是與河東蒲坂項曼都之語無以異也曼都好道學仙委家亡去三年而返家問其狀曼都曰去時不能自知忽見若臥形有仙人數人將我上天離月數里而止見月上下幽冥不知東西居月之旁其寒悽愴口飢欲食仙人輒飮我以流霞一杯每飮一杯數月不飢不知去幾何年月不知以何爲過忽然若臥復下至此河東號之曰斥仙實論者聞之乃知不然夫曼都能上天矣何爲不仙已三年矣何故復還夫人去民間昇皇天之上精氣形體有變於故者矣萬物變化無復還者復育化爲蟬羽翼既成不能復化爲育能昇之物皆有羽翼昇而復降羽翼如故見曼都之身有羽翼乎言乃可信身無羽翼言虛妄也虛則與盧敖同一實也或時聞曼都好道默委家去周章遠方終無所得力倦望極默復

歸家慚愧無言則言上天其意欲言道可學得審有仙人已殆有過故成而復斥昇而復降　儒書言齊王疾痟使人之宋迎文摯文摯至視王之疾謂太子曰王之疾必可已也雖然王之疾已則必殺摯也太子曰何故文摯對曰非怒王疾不可治也王怒則摯必死太子頓首強請曰苟已王之疾臣與臣之母以死爭之於王必幸臣之母願先生勿之患也文摯曰諾請以死為王與太子期將往不至者三齊王固已怒矣文摯至不解屨登牀履衣問王之疾王怒而不與言文摯因出辭以重王怒王叱而起疾乃遂已王大怒不悅將生烹文摯太子與王后急爭之而不能得果以鼎生烹文摯爨之三日三夜顏色不變文摯曰誠欲殺我則胡不覆之以絕陰陽之氣王使覆之文摯乃死夫文摯道人也入水不濡入火不燋故在鼎三日三夜顏色不變此虛言也夫文摯而烹三日三夜顏色不變為一覆之故絕氣而死非得道之驗也諸生息之物氣絕則死死之物烹之輒爛置生息之物密器之中覆蓋其口漆塗其隙中外氣隔息不得洩有頃死也如置湯鑊之中亦輒爛矣何則體同氣均稟性於天其類一也文摯不息乎與金石同入湯不爛是也令文摯息乎烹之不死非也令文摯言言則以聲聲以呼吸呼吸之動因血氣之發血氣之發附於骨肉骨肉之物烹之輒死今言

烹之不死一虛也旣能烹煮不死此眞人也與金石同金石雖覆蓋與不覆蓋者無以異也今曾文摯覆之則死二虛也置人寒水之中無湯火之熱鼻中口內不通於外斯須之頃氣絕而死矣寒水沉人尙不得生況在沸湯之中有猛火之烈乎言其入湯不死三虛也人沒水中口不見於外言音不揚烹文摯之時身必沒於鼎中沒則口不見口不見則言不揚文摯之言四虛也烹輒死之人三日三夜顏色不變癡愚之人尙知怪之使齊王無知太子羣臣宜見其奇奇怪文摯則請出尊寵敬事從之問道今言三日三夜無臣子請出之言五虛也此或時聞文摯實烹而輒死世見文摯爲道人也則爲虛生不死之語矣猶黃帝實死也傳言昇天淮南坐反書言度世世好傳虛故文摯之語傳至於今世無得道之效而有有壽之人世見長壽之人學道爲仙踰百不死共謂之仙矣何以明之如武帝之時有李少君以祠竈辟穀却老方見上上尊重之少君匿其年及其所生長常自謂七十而能使老却老其遊以方徧諸侯無妻人聞其能使物及不老更饋遺之常餘錢金衣食人皆以爲不治產業饒給又不知其何許人愈爭事之少君資好方善爲巧發奇中常從武安侯飲座中有年九十餘者少君乃言其王父遊射處老人爲兒時從父識其處一座盡驚少君見上上有古銅

器問少君少君曰此器齊桓公十五年陳於柏寢已而案其刻果齊桓公器一宮盡驚以爲少君數百歲人也久之少君病死今世所謂得道之人李少君之類也少君死於人中人見其尸故知少君性壽之人也如少君處山林之中入絕跡之野獨病死於巖谷之間尸爲虎狐狼狸之食則世復以爲眞仙去矣世學道之人無少君之壽年未至百與衆俱死愚夫無知之人尙謂之尸解其實不死所謂尸解者何等也謂身死精神去乎謂身不死得免去皮膚也如謂身死精神去乎是與死無異人亦仙人也如謂不死免去皮膚乎諸學道死者骨肉具在與恆死之尸無以異也夫蟬之去復育龜之解甲蛇之蛻皮鹿之墮角殼皮之物解殼皮持骨肉去可謂尸解矣今學道而死者尸與復育相似尙未可謂尸解何則案蟬之去復育無以神於復育況不相似復育謂之尸解蓋復虛妄失其實矣太史公與李少君同世並時少君之死臨尸者雖非太史公足以見其實矣如實不死尸解而去太史公宜紀其狀不宜言死其處座中九十老父爲兒時者少君老壽之效也或少君年十四五老父爲兒隨其王父少君年二百歲而死何爲不識武帝去桓公鑄銅器且非少君所及見也或時聞宮殿之內有舊銅器或案其刻以告之者故見而知之今好事之人見舊劍古鉤多能名之可復

謂目見其鑄作之時乎世或言東方朔亦道人也姓金氏字曼倩變姓易名遊宦漢朝外有仕宦之名內乃度世之人此又虛也夫朔與少君並在武帝之時太史公所及見也少君有敎道祠竈却老之方又名齊桓公所鑄鼎知九十老人王父所遊射之驗然尙無得道之實而徒性壽遲死之人也況朔無少君之方術效驗世人何見謂之得道案武帝之時道人文成五利之輩入海求仙人索不死之藥有道術之驗故爲上所信朔無入海之使無奇怪之效也如使有奇不過少君之類及文成五利之輩耳況謂之有道此或時偶復若少君矣自匿所生之處當時在朝之人不知其故朔盛稱其年長人見其面狀少性又恬淡不好仕宦善達占卜射覆爲怪奇之戲世人則謂之得道之人矣

世或以老子之道爲可以度世恬淡無欲養精愛氣夫人以精神爲壽命精神不傷則壽命長而不死成事老子行之踰百度世爲眞人矣夫恬淡少欲孰與鳥獸鳥獸亦老而死鳥獸含情欲有與人相類者矣未足以言草木之生何情欲而春生秋死乎夫草木無欲壽不踰歲人多情欲壽至於百此無情欲者反夭有情欲者壽也夫如是老子之術以恬淡無欲延壽度世者復虛也或時老子李少君之類也行恬淡之道偶其性命亦自壽長世見其命壽又聞其恬淡謂老子以術度世矣

世或以辟穀不食為道術之人謂王子喬之輩以不食穀與恆人殊食故與恆人殊壽踰百度世遂為仙人此又虛也夫人之生也稟食飲之性故形上有口齒形下有孔竅口齒以嚼食孔竅以注瀉順此性者為得天正道逆此性者為違所稟受失本氣於天何能得久壽使子喬生無口齒孔竅是稟性與人殊稟性與人殊尚未可為壽況形體均同而以所行者異言其得度世非性之實也夫人之不食也猶身之不衣也衣以溫膚食以充腹膚溫腹飽精神明盛如飢而不飽寒而不溫則有凍餓之害矣凍餓之人安能久壽且人之生也以食為氣猶草木生以土為氣矣拔草木之根使之離土則枯而蚤死閉人之口使之不食則餓而不壽矣

道家相誇曰真人食氣以氣而為食故傳曰食氣者壽而不死雖不穀飽亦以氣盈此又虛也夫氣謂何氣也如謂陰陽之氣陰陽之氣不能飽人人或嚥氣氣滿腹脹不能饜飽如謂百藥之氣人或服藥食一合屑吞數十丸藥力烈盛胸中憒毒不能飽人食氣者必謂吹呴呼吸吐故納新也昔有彭祖嘗行之矣不能久壽病而死矣

道家或以導氣養性度世而不死以為血脈在形體之中不動搖屈伸則閉塞不通不通積聚則為病而死此又虛也夫人之形猶草木之體也草木在高山之巔當疾風之衝晝夜動搖者能復勝彼

隱在山谷閒障於疾風者乎按草木之生動搖者傷而不暢人之導引動搖形體者何故壽而不死夫血脈之藏於身也猶江河之流地江河之流濁而不清血脈之動亦擾不安不安則猶人勤苦無聊也安能得久生乎道家或以服食藥物輕身益氣延年度世此又虛也夫服食藥物輕身益氣頗有其驗若夫延年度世世無其效百藥愈病病愈而氣復氣復而身輕矣凡人稟性身本自輕氣本自長中於風濕百病傷之故身重氣劣也服食良藥身氣復故非本氣少身重得藥而乃氣長身輕也稟受之時本自有之矣故夫服食藥物除百病令身輕氣長復其本性安能延年至於度世有血脈之類無有不生生無不死以其生故知其死也天地不生故不死陰陽不生故不死死者生之效生者死之驗也夫有始者必有終有終者必有始惟無終始者乃長生不死人之生其猶水也水凝而為冰氣積而為人冰極一冬而釋人竟百歲而死人可令不死冰可令不釋乎諸學仙術為不死之方其必不成猶不能使冰終不釋也

博物志　辨方士

漢淮南王謀反被誅亦云得道輕舉　周日用曰漢書云淮南自刑應不然乎得道輕舉非虛事也

至今維揚境內馬迹猶存且曰與戊公同處皆上品真人耳既談道德背圖叛逆之事況恆行陰

德好書藝不善弋獵淮南內書言神仙黃白之術去反聘遠矣夫古今書傳多黜仙道者虛帝王

公侯廢萬機而慕其道故隱而不書唯老聃不可掩而云三百歲後西遊流沙不知所之庾書云

蜀有女道士謝自然白日上昇此外歷代史籍未嘗言也

鉤弋夫人被殺於雲陽而言尸解柩空　周日用曰史云夫人被大風拔樹揚沙揭石亦不云尸解

柩空

文典論云議郎李覃學郄儉辟穀服茯苓飲水中寒泄痢殆至殞命祭酒弘農董芬學甘始鴟視狼

顧呼吸吐納為之過差氣閉不通良久乃蘇寺人嚴峻就左慈學補導之術閹豎真無事於斯而逐

聲若此　又云王仲統云甘始左元放東郭延年行容成御婦人法並為丞相所錄問行其術亦

得其驗降就道士劉景受雲母九子元方年三百歲莫知所在武帝恆御此藥亦云有驗劉德治淮

南王獄得枕中鴻寶秘書及子向識而奇之言黃白之術可成謂神仙之道可致卒亦無驗乃以羅

罪也　周日用曰神仙之道學之非一朝一夕而可得黃白者仍須有分昇騰者應須有骨安可偶

然而得效也

劉根不覺飢渴或謂能忍盈虛王仲都當盛夏之月十爐火炙之不熱當嚴冬之時裸之而不寒恆山君以為性耐寒暑恆山以無仙道好奇者為之前者已迷焉

天隱子養生書　神仙

人生時稟得靈氣精明通悟學無滯塞則謂之神宅神於內遺照於外自然異於俗人則謂之神仙故神仙亦人也在於修我靈氣而為世俗所論折遂我自然勿為邪見所凝滯則成功也

易簡

易曰天地之道易簡者也天隱子曰天地在我首之上足之下開目盡見無假繁巧而言故曰易簡易簡者神仙之德也然則以何道求之曰無求不能知無道不能成凡學神仙先知易簡苟言涉奇詭適足使人執迷無所歸此非吾言學也

解神

齋戒謂之信解安處謂之閑解存想謂之慧解坐忘謂之定解信定閑慧四門通神謂之身解故神

之爲義不行而至不疾而速陰陽變通天地長久兼三才而言謂之易齊萬物而言謂之道德本一性而言謂之眞如入四眞如歸於無爲故天隱子生乎易中死乎易中修因萬物靜因萬物邪由一性眞由一性是以生死動靜邪眞我皆以神而解之在人謂之仙矣在天曰天仙在地曰地仙故神仙之道五歸一門

朱子全書　論在人鬼神

氣久必散人說神仙一代說一項漢世說甚安期生至唐以來則不見說了又說鍾離權呂洞賓而今又不見說了看將來他也只是養得分外壽考然終久亦散了　古時所傳安期生之徒皆是有之也是被他煉得氣清皮膚之內肉骨皆已融化爲氣其氣又極其輕清所以有飛昇脫化之說然久之漸漸消磨亦漸盡了渡江以前說甚呂洞賓鍾離權如今亦不見了

卷終

神僊部藝文一

十洲記序　漢東方朔

臣學僊者耳非得道之人以國家盛美特招延儒墨於文綱之內抑絕俗之道擯虛詭之迹臣故韜隱逸而赴玉庭藏養生而侍朱闕矣亦由尊上好道且復欲徜徉威儀也曾隨師之主履行北至朱陵扶桑之闕溽海冥夜之丘純陽之陵始青之下月宮之間內遊七丘中旋十洲踐赤縣而遨五嶽行陂澤而息名山臣自少及今周流六天涉歷八極於是矣未若凌虛之子飛眞之官上下九天洞視百方北極鉤陳而并華蓋南翔太丹而栖大夏東至通陽之霞西薄寒穴之野日月所不逮星漢所不與其上無復物其下無復底臣之所識始愧不足以酬廣訪矣

大人賦　司馬相如

世有大人兮在於中州宅彌萬里兮曾不足以少留悲世俗之迫隘兮朅輕舉而遠遊乘絳幡之素蜺兮載雲氣而上浮建格澤之長竿兮摠光耀之采旄垂旬始以爲幓兮拽彗星而爲髾掉指橋以

偃蹇兮又旖旎以招搖攬欃槍以爲旌兮靡屈虹而爲綢紅杳渺以眩湣兮猋風涌而雲浮駕應龍象輿之蠖略逶迤兮驂赤螭青虯之蚴蟉蜿蜒低卬夭蟜据以驕驁兮詘折隆窮蠼以連卷沛艾赳螑仡以佁儗兮放散畔岸驤以孱顏跮踱輵轄容以委麗兮綢繆偃蹇怵㚟以梁倚糾蓼叫奡蹋以艐路兮蔑蒙踊躍騰而狂趡蒞颯卉翕熛至電過兮煥然霧除霍然雲消邪絕少陽而登太陰兮與眞人乎相求互折窈窕以右轉兮橫厲飛泉以正東悉徵靈圉而選之兮部乘衆神於瑤光使五帝先導兮反太一而從陵陽左元冥而右黔雷兮前陸離而後潏湟廝征伯僑而役羨門兮屬岐伯使尚方祝融驚而蹕御兮清氛氣而後行屯余車其萬乘兮綷雲蓋而樹華旗使句芒其將行兮吾欲往乎南嬉歷唐堯於崇山兮過虞舜於九疑紛湛湛其差錯兮雜遝膠葛以方馳騷擾衝蓯其相紛挐兮滂濞泱軋洒以林離攢羅列聚叢以蘢茸兮衍曼流爛痑以陸離徑入雷室之砰磷鬱律兮洞出鬼谷之堀礨嵬磈徧覽八紘而觀四荒兮朅渡九江而越五河經營炎火而浮弱水兮杭絕浮渚而涉流沙奄息總極氾濫水嬉兮使靈媧鼓瑟而舞馮夷時若薆薆將混濁兮召屏翳誅風伯而刑雨師西望崑崙之軋沕洸忽兮直徑馳乎三危排閶闔而入帝宮兮載玉女而與之歸舒閬風而搖

集兮亢烏騰而一止低回陰山翔以紆曲兮吾乃今目睹西王母矐然白首戴勝而穴處兮亦幸有三足烏爲之使必長生若此而不死兮雖濟萬世不足以喜回車朅來兮絕道不周會食幽都呼吸沆瀣餐朝霞兮噍咀芝英兮嘰瓊華嬐侵潯而高縱兮紛鴻涌而上厲貫列缺之倒景兮涉豐隆之滂沛馳遊道而修降兮騖遺霧而遠逝迫區中之隘狹兮舒節出乎北垠遺屯騎於元闕兮軼先驅於寒門下崢嶸而無地兮上寥廓而無天視眩眠而無見兮聽惝怳而無聞乘虛無而上假兮超無友而獨存

列僊傳序　劉向

初武帝好方士淮南王招致賓客有枕中鴻寶祕密之書言神僊使鬼物及鄒衍重道延命之術世人莫見先是安先謀反伏誅何武爲武帝治淮南王獄獨得其書向幼而從之因得受讀及宣帝即位修武帝故事向與王章王襃等並以通敏有才進侍左右及見淮南鑄金之術上言黃金可成上使向典上方鑄金費多不驗下吏當死兄隱安成侯乞入國中戶半贖向罪上亦以其才得減死論復徵爲黃門侍郎講五經於石渠至成帝時向既司典籍頗修神僊之事乃知鑄金之術實有不虛

僊顏久視眞乎不謬但世人求之不勤耳遂緝上古以來及代秦漢博采諸家言神僊事約載其人及斯溥焉

四難　黃憲

今有採不死之藥者五遊方嶽十涉瀛洲窮合靈之竅掘產秀之英披羽服而履赤舄誦眞訣而煉丹砂或呼吸而漱精或偃仰而餐霞自以為安期羨門之倫松子王喬之屬天子不能爵諸侯不能祿寢跡於草野寄傲於流俗與浮屠並軌老子同轍趨而事之者若攀軒轅之逸駕徼彭聃之遐福也其名孰美焉然周穆馳而犬戎叛秦始遊而二世亡此二主者蘊無利於民而變身之不壽於義黃蘊無利於子孫而恥國之不延於陶唐卒有替羲黃之變後陶唐之恥意者力之不逮乎或虛詞詭術無徵於世無裨於身國乎何嗜之而不疲也晉王曰夫周之鑒秦所覩也而始皇不悟秦之鑒漢所覩也而武帝又不悟是以海內淫於方術而棄力穡者三十餘年然則元奚益於國哉

王子喬碑　蔡邕

王孫子喬者蓋上世之眞人也聞其僊舊矣不知興於何代博問道家或言潁川或言產蒙初建斯

域則具斯丘傳承先人曰王氏墓嗣續不繼荒而不祠歷載彌年莫之能紀暨於永和元年十有二月當臘之夜上有哭聲其音甚哀附居者往聞而怪之明則登其墓察焉洪雪下無人跡見一大鳥跡在祭祀之處左右或以爲神其後有人著絳冠大衣杖竹策立冢前呼樵孺子尹禿謂曰我王子喬也爾勿復取吾先人墓前樹也須臾忽然不見時令太山萬熙稽古老之言感神瑞之應咨訪其驗信而有徵乃造靈廟以休厥神於是好道之儔自遠來集或絃歌以詠太一或談思以歷丹田其疾病尩瘵者靜躬祈福即獲祚若不虔恪輒顛踣故知至德之宅兆眞人之先祖也延熹八年秋八月皇帝遣使者奉犧牲以致祀祗懼之敬肅如也相國東萊王章字伯義以爲神聖所興必有銘表昭示後世是以賴鄉仰伯陽之蹤關民慕尹喜之風乃會長史邊乾訪及士隸遂樹元石紀遺烈俾志道者有所覽焉詞曰伊王君德通靈含光耀秉純貞應大道羨久榮棄世俗飛神形翔雲霄浮太清乘螭龍載鶴軿戴華笠齎金鈴揮羽旗曳霓旌懽罔極壽億齡昭孝念所生歲終闋發丹情存墓塚舒哀聲遺鳥跡覺舊城被絳衣垂紫纓呼孺子告姓名由此悟感怵惕修祠宇反几筵饋餚進甘香陳時傾顧鑒明禋匡流祉熙帝廷祐邦國相黔民光景福耀無垠

辨道論

魏曹植

夫神仙之書道家之言乃云傅說上爲辰尾宿歲星降爲東方朔淮南王安誅於淮南而謂之獲道輕舉鉤弋死於雲陽而謂之屍逝柩空其爲虛妄甚矣哉中興篤論之士有桓君山者其所著述多善劉子駿嘗問人言誠能抑嗜慾闔耳目可不衰竭乎時庭中有一老榆君山指而謂曰此樹無情慾可忍無耳目可闔然猶枯槁腐朽而子駿乃言可不衰竭非談也君山援榆喻之未是也何者余前爲王莽典樂大夫樂記云文帝得魏文侯樂人竇公年百八十兩目盲帝奇而問之何所施行對曰臣年十三而失明父母哀其不及事教臣鼓琴臣又能導引不知壽得何力君山論之曰頗得少盲者一內視情不外鑒之助也先難子駿以內視無益退論竇公便以不鑒証之吾未見其定論也君山又曰方山有董仲君者繫獄佯死數日目陷蟲出死而復生然後竟死生之必死君子所達夫何喻乎夫至神不過天地不能使蟄蟲夏潛震雷冬發時變則物動氣移而事應彼仲君者乃能藏其氣尸其體爛其膚出其蟲無乃大怪乎世有方士吾王悉所招致甘陵有甘始廬江有左慈陽城有郄儉始能行氣導引慈曉房中之術儉善辟穀悉號三百歲本所以集之於魏國者誠恐斯人之

徒接奸詭以欺衆行妖慝以惑人故聚而禁之甘始者老而有少容自餘術士咸共歸之然始詞繁寡實頗竊有怪言若遭秦始皇漢武帝則復徐福欒大之徒矣桀紂殊世而齊惡奸人異代而等僞乃如此邪又世虛然有仙人之說仙人者倘猱𤢖之屬與世人得道化爲僊人乎夫雉入海爲蜃燕入海爲蛤當其徘徊其翼差池其羽猶自識也忽然自投神化體變乃更與黿鼈爲群豈復自識翔林薄巢垣屋之娛乎而顧爲匹夫所罔納虛妄之詞信眩惑之說隆禮以招弗臣傾產以供虛求散王爵以榮之清閑館以居之經年累稔終無一效或殁於沙丘或崩於五柞臨時雖誅其身滅其族紛然足爲天下笑矣然壽命長短骨體强劣各有人焉善養者終之勞擾者半之虛用者殀之其斯之謂歟

元俗頌　前人

元俗妙識饑餌神穎在陰倏逝即陽無景逍遙北嶽凌霄引領揮霧昊天含神自靜

許由贊　嵇康

許由養神宅於箕阿德貞體全擇日登遐

大人先生傳

阮籍

大人先生蓋老人也不知姓字陳天地之始言神農黃帝之事昭然也莫知其生年之數常居蘇門之山故世或謂之閒養性延壽與自然齊光其視堯舜之所事若手中耳以萬里爲一步以千歲爲一朝行不赴而居不處求乎大道而無所寓先生以應變順和天地爲家運去勢隤魁然獨存自以爲能足與造化推移故默探道德不與世同自好者非之無識者怪之不知其變化神微也而先生不以世之非怪而易其務也先生以爲中區之在天下曾不若蠅蚊之著帷故終不以爲事而極意乎異方奇域遊覽觀樂非世所見徘徊無所終極遺其書於蘇門之山而去天下莫知其所如往也

或遺大人先生書曰天下之貴莫貴於君子服有常色貌有常則言有常度行有常式立則磬折拱若抱鼓動靜有節趨步商羽進退周旋咸有規矩心若懷冰戰戰慄慄束身修行日慎一日擇地而行惟恐遺失誦周孔之遺訓嘆唐虞之道德惟法是修惟禮是克手執珪璧足履繩墨行欲爲目前檢言欲爲無窮則少稱鄉閭長聞邦國上欲圖三公下不失九州牧故挾金玉垂文組享尊位取茅土揚聲名於後世齊功德於往古奉事君上牧養百姓退營私室育長妻子卜吉宅慮乃億祉遠禍

近福永堅固已此誠士君子之高致古今不易之美行也今先生乃被髮而居巨海之中與若君子者遠吾恐世之歎先生而非之也行爲世所笑身無由自達則可謂恥辱矣身居困苦之地而行爲世俗之所笑吾爲先生不取也於是大人先生乃逌然而嘆假雲霓而應之曰若之云尙何通哉夫大人者乃與造物同體天地並生逍遙浮世與道俱成變化散聚不常其形天地制域於內而浮明開達於外天地之永固非世俗之所及也吾將爲汝言之往者天常在下地常在上反覆顛倒未之安固焉得不失度式而常之天因地動山陷川起雲散震壞六合失理汝又焉得擇地而行趨步商羽往者群氣爭存萬物死慮支體不從身爲泥土根拔枝殊咸失其所汝又焉得束身修行磬折抱鼓李牧功而身死伯宗忠而世絕進求利以喪身營爵賞而家滅汝又焉得挾金玉萬億祗奉君上而全妻子乎且汝獨不見夫蝨之處於褌中逃乎深縫匿乎壞絮自以爲吉宅也行不敢離縫際動不敢出褌襠自以爲得繩墨也飢則嚙人自以爲無窮食也然炎丘火流焦邑滅都群蝨死於褌中而不能出汝君子之處區內亦何異夫蝨之處褌中乎悲夫而乃自以爲遠禍近福堅無窮已亦觀夫陽烏遊於塵外而鷦鷯戲於蓬芠小大固不相及汝又何以爲若君子聞於予乎且近者夏喪於

商周播之劉耿亳爲墟豐鎬成丘至人來一顧而世代相酬厥居未定他人已有汝之茅土將誰與久是以主人不處而居不修而治日月爲正陰陽爲期豈希情乎世繫累於一時乘東雲駕西風與陰守雌據陽爲雄志得欲從物莫之窮又何不能自達而畏夫世笑哉昔者天地開闢萬物並生大者恬其性細者靜其形陰藏其氣陽發其精害無所避利無所爭放之不失收之不盈亡不爲夭存不爲壽福無所得禍無所咎各從其命以度相守明者不以智勝闇者不以愚敗弱者不以迫畏強者不以力盡蓋無君而庶物定無臣而萬事理保身修性不違其紀惟茲若然故能長久今汝造音以亂聲作色以詭形外易其貌內隱其情懷欲以求多詐僞以要名君立而虐興臣設而賊生坐制禮法束縛下民欺愚誑拙藏智自神強者睽眡而凌暴弱者憔悴而事人假廉以成貪內險而外仁罪至不悔過幸遇則自矜馳此以奏除故循滯而不振夫無貴則賤者不怨無富則貧者不爭各足於身而無所求也恩深無所歸則死敗無所仇奇聲不作則耳不易聽淫色不顯則目不改視耳目不相易改則無以亂其神矣此先世之所至止也今汝尊賢以相高競能以相尚爭勢以相君寵貴以相加驅天下以趨之此所以上下相殘也竭天地萬物之至以奉聲色無窮之欲此非所以養百

姓也于是懼民之知其然故重賞以喜之嚴刑以威之財匱而賞不供刑盡而罰不行乃始有亾國戮君潰敗之禍此非汝君子之爲乎汝君子之禮法誠天下殘賊亂危死亡之術耳而乃自以爲美行不易之道不亦過乎今吾乃飄飖於天地之外與造化爲友朝餐湯谷夕飲西海將變化遷易與道周始此之於萬物豈不厚哉故不通於自然者不足以言道闇於昭昭者不足與達明子之謂也

先生旣申若言天下之喜奇者異之慷慨者高之其不知其體不見其情猜耳其道虛僞之名莫識其眞弗達其情雖異而高之與向之非怪者蔑如也至人者不知乃貴不見乃神神貴之道存乎內而萬物運於外矣故天下終而不知其用也逍乎有宗扶搖之野有隱士焉見之而喜自以爲均志同行也曰善哉吾得之見而舒憤也上古質樸淳厚之道已廢而末枝遞華並興豺虎貪虐群物無辜以害爲利殞性亾軀吾不忍見也故去而處茲人不可與爲儔不若與木石爲鄰安期逃乎蓬山角李潛乎丹水鮑焦立以枯槁萊維去而逌死亦由茲夫吾將抗志顯高遂終於斯禽生而獸死埋形而遺骨不復反予之生乎夫志均者相求好合者齊顏與夫子同之於是先生乃舒虹霓以蕃塵傾雪蓋以激明倚瑤廂而徘徊摠衆變而安行顧而謂曰泰初眞人惟大之根專氣一志萬物以存

退不見後進不覩先發西北而造制啟東南以爲門微道而以德久娛樂跨天地而處尊夫然成吾體也是以不避物而處所睹則寵不以物爲累所適則成彷徉足以舒其意浮騰足以逞其情故至人無宅天地爲客至人無主天地爲所至人無事天地爲故無是非之別無善惡之異故天下被其澤而萬物所以熾也著夫惡彼而好我自是而非人忿激以爭求貴志而賤身伊禽生而獸死尙何顯而獲榮悲夫子之用心也薄安利以忘生要求明以喪體誠與彼其無詭何枯槁而適死子之所好何足言哉吾將去子矣乃揚眉而蕩目振袖而撫緌令綏轡而縱策遂風起而雲翔彼人者瞻之而垂泣自痛其志衣草木之皮伏於巖石之下懼不終夕而死先生過神宮而息漱吳泉而行廻乎適而遊覽焉見薪於阜者嘆曰汝將焉以是終乎哉薪者曰是終我乎不以是終我乎且聖人無懷何其哀夫盛衰變化常不於茲藏器於身伏以俟時孫朋足以擒龐睢折脇而乃休百里困而相嬴牙既老而弼周既顚倒而更來兮固先窮而後收秦破六國幷兼其地夷滅諸侯南面稱帝姱盛色崇靡麗鑿南山以爲闕表東海以爲門門萬室而不絕圖無窮而永存美宮室而盛帷帟擊鐘鼓而揚其章廣苑囿而深池沼興渭北而建咸陽離宮未及成材而荆棘已叢乎阿房時代存而迭處

故先得而後亾山東之徒虜遂起而王天下由此視之窮達詎可知耶且聖人以道德爲心不以富貴爲志以無爲用不以人物爲事尊顯不加重貧賤不自輕失不自以爲辱得不自以爲榮木根挺而枝遠葉繁茂而華零無窮之死猶一朝之生身之多少又何足營因嘆而歌曰日沒不周方月出丹淵中陽精蔽不見陰光大爲雄亭亭在須臾厭厭將復東離合雲霧兮往來如飄風富貴俯仰間貧賤何必終留侯起亡虜威武赫荒裔召平封東陵一旦爲布衣枝葉托根柢死生同盛衰得志從命升失勢與時隤寒暑代征邁變化更相推禍福無常主何憂身無歸推茲由斯道負薪又何哀先生聞之笑曰雖不及大庶免小矣乃歌曰天地解兮六合開星辰隕兮日月隤我騰而上將何懷衣弗襲而服美佩弗飾而自章上下徘徊兮誰識吾常遂去而遐浮肆雲轝興氣蓋徜徉回翔兮漭瀁之外建長星以爲旗兮擊雷霆之礧礚開不周而出車兮步九野之夷泰坐中州而一顧兮望崇山而迴邁端余節而飛旝兮縱心慮乎荒裔釋前者而弗修兮馳蒙間而遠逝棄世務之衆爲兮何細事之足賴虛形體而輕舉兮精微妙而神豐命夷羿使寬日兮召忻來使緩風攀扶桑之長枝兮登扶搖之隆崇躍潛飄之冥昧兮洗光耀之昭明遺衣裳而弗服兮服雲氣而遂行朝造駕乎湯谷兮

夕息馬乎長林時晻藹而易氣兮揮若華以照冥左朱陽以舉麾兮右元陰以建旄變容飾而改度遂騰竊以修征陽陰更而代邁四時奔而相逌惟仙化之倏忽兮心不樂乎久留驚風奮而遺樂兮雖雲起而忘變忽電消而神逌兮歷寥廓而遐遊佩日月以舒光兮登徜徉而上浮壓前進於彼逌兮將步足乎虛州擕紫宮而陳席兮坐帝室而忽會酬羣衆音而奏樂兮聲驚渺而悠悠五帝舞而再屬兮六神歌而代周樂啾啾蕭蕭洞心達神超遙遙茫茫心往而忘返慮大而志矜粤大人微而弗復兮揚雲氣而上陳召大幽之玉女兮接上王之美人體雲氣之逌暢兮服太清之淑貞合歡情而微授兮先艷溢其若神華姿燿以俱發兮采色燦其並振傾元髮而垂鬟兮曜紅顏而自新時曖曃而將逝兮風飄颻而振衣雲氣解而霧離兮靄奔散而永歸心惝惘而遙思兮眇迴目而弗晞揚清風以爲旟兮翼旋軫而反衍騰炎陽而出疆兮命祝融而使遣驅元冥以攝堅兮尊蓐收而先戈勾芒奉轂浮驚朝霞寥廓茫茫而靡都兮邈無儔而獨立倚瑤廂而一顧兮哀下土之憔悴分是非以爲行兮又何足以比類霓旌飄兮雲旂藹樂遊兮出天外大人先生被髮飛鬟衣方離之衣繞紱陽之帶含奇芝嚼甘華噏浮霧餐霄霞興朝雲颺春風奮乎太極之東遊乎崑崙之西遺轡隤策流

盼乎唐虞之都惘然而思悵爾若忘慨然而嘆曰嗚呼時不若歲歲不若天天不若道道不若神神者自然之根也彼勾勾者自以爲貴夫世矣而惡知夫世之賤乎茲哉故與世爭貴貴不足尊與世爭富富不足先必超世而絕羣遺俗而獨往登夫太始之前覽乎沕漠之初慮周流於無外志浩蕩而自舒飄颻於四運翱翔乎八隅欲從肆而彷彿浣瀁而靡拘細行不足以爲毀聖賢不足以爲譽變化移易與神明扶廓無外以爲宅周宇宙以爲廬强八維而處安據制物以永居夫如是則可謂富貴矣是故不與堯舜齊德不與湯武並功王許不足以爲匹陽丘豈能與比蹤天地且不能越其壽廣成子曾何足與並容激八風以揚聲躡元吉之高蹤被九天以開除兮來雲氣以馭飛龍專上下以制統兮殊古今而靡同夫世之名利胡足以累之哉故提齊而蹴楚挈趙而蹈秦不滿一朝而天下無人東西南北莫之與鄰悲夫子之修飾以余觀之將焉存乎於茲先生乃去之紛決莽軌沕洋深衍溢歷度重淵跨青天顧而適覽焉則有逍遙以永年無存忽合散而上臻霍分離蕩瀁洋洋飄湧雲浮達於摇光直馳騖乎太初之中而休息乎無爲之宮太初何如無後無先莫究其極誰識其根邈渺綿綿乃反復乎大道之所存莫暢其究誰曉其根辟九靈而求索曾何足以自隆登其

萬天而通覩浴太始之和風瀏逍遙以遠遊遵大路之無窮遺太乙而弗使陵天地而徑行超鴻濛而遠逝左蕩莽而無涯右幽悠而無方上遙聽而無聲下修視而無章施無有而宅神永太清乎翺翔崔巍萬山勃元雲朔風橫厲白雪紛積水若陵寒傷人陰陽失位日月隤地坼石裂林木摧火冷陽凝寒傷懷陽和徵竭隆陰竭海凍不流綿絮折呼吸不通寒傷裂氣并代動變如神寒倡熱隨害傷人熙與眞人懷太清精神甫一用意平寒暑勿傷莫不驚變患靡由素氣寙浮霧淩天恣所經往來徵妙路無傾好樂非世又何爭人且皆死我獨生眞人遊駕八龍耀日月載雲旗徘徊逌樂所之眞人遊太階夷原辟天門開兩濛濛風颯颯登黃山出栖遲江河淸洛無埃雲氣消眞人來眞人來惟樂哉時世易好樂隤眞人去與天回反未央延年壽獨敖世望我何時反超漫漫路日遠先生從此去矣天下莫知其何所終極蓋陵天地而與浮明遨遊無始終自然之至眞也鸊鵜不踰濟貉不渡汶世之常人亦由此矣曾不適區域又況四海之表天地之外哉若先生者以天地爲卵耳如小物細人欲論其長短議其是非豈不哀也哉

老子贊　前人

陰陽不測變化無倫飄飆太素歸虛反眞

神仙傳序

晉葛洪

予著內篇論神仙之事凡二十卷弟子滕升問曰先生云仙化可得不死可學古之得仙者豈有其人乎予答曰秦大夫阮倉所記有數百人劉向所撰又七十餘人然神仙幽隱與世異流世之所聞者猶千不得一者也故甯子入火而淩烟馬皇見迎於護龍方回變化於雲母赤將茹葩以隨風涓子餌朮以著經嘯父別火於無窮務光游淵以哺薤仇生却老以食松邛疏煮石以煉形琴高乘鯉於碭中桂父改色以龜腦女丸七十以增容陵陽吞五脂以登高商丘咀菖蒲以無終雨師鍊五色以屬天子先攀兩虬於元塗周晉跨素鶴於緱氏軒轅控飛龍於鼎湖葛由策木羊於綏山陸通匝遐紀於橐盧蕭史乘鳳而輕舉東方飄幘於京師犢子躡桃以淪神主柱飛行以餌砂阮丘長存於睢嶺英氏乘魚以登遐修羊陷石於西嶽馬丹廻風以上徂鹿翁陟險而流泉園客蟬蛻於五華子今復抄集古之仙者見於仙經服食方及百家之書先師所說耆儒所論爲十卷以傳知眞識遠之士其繫俗之徒思不經微者亦不强以示之則知劉向所述殊甚簡略此傳雖深妙奇異不可盡載

猶存大體竊謂有愈於劉向多所遺棄也

老子贊　孫綽

李老無爲而無不爲道一堯孔跡又靈奇塞關內鏡冥神絕涯永合元氣契長兩儀

莊周贊　張華

莊周曠蕩高才英儁本道根眞歸於大順妻亡不哭亦何所懽慢弔鼓缶放此誕言始矯其情近失自然

列仙賦　陸機

夫何列仙元妙超攝生乎世表因自然以爲基仰造化而閑道性沖虛以易足年緬邈其難老爾乃呼吸九陽抱一含元引新吐故雲飲露餐違品物以長盼妙群生而爲言爾其嘉會之仇息晏遊棲則昌客弄玉洛宓江妃覿百化於神區覲天皇於紫微過太華以息駕越流沙而來歸

淩霄賦　前人

挾至道之容徵狹流俗之紛沮颺余節以遠模風扶搖而相予俯陋跡於分丘省遊仙而投軌覬情

累以遂濟豈時俗之云阻判煙雲之騰躍半天步而無旅咏凌霄之飄飄永終焉而弗悔昊蒼煥而運流日月翻其代序下霄房之靡迄卜良辰而復舉陟瑤臺以投轡步玉除而容與

王子喬贊　　前人

遺形靈嶽顧景忘歸乘雲倏忽飄飄紫微

登遐頌　　陸雲

夫死生存亾二理之已然者也而世有神仙登遐之言千歲不死之壽其詳固難得而精矣列仙之道作者既集而登遐未有焉莊周有言我試妄言之子試妄聽之彼之有無蓋難以理求我之妄聽顧可以言寄之遂為頌云爾

郊間人　王子喬　元洛　孔仲尼　九疑仙人　大勝山上女

李少君　梅福　張招　左元放　劉根　黃伯嚴

費長房　何女子　焦生　鮮卑務塵　韓衆　東門子

林陽子　任化子　鬼谷子

淵哉郊間懷寶採薪媚茲伯陽常道是賓俯翼遊周攜手入秦遺物執一妙世頤神思我元流浩若
無津王喬淵嘿遂志潛輝遺形靈獄顧景忘歸變彼有傳與爾翻飛承雲倏忽飄颻紫微元洛妙識
饑餌神穎在陰儵逝郎陽無景逍遙北嶽凌霄引領揮霧昊天合神自靖孔丘大聖配天弘道風扇
元流思探神寶明發懷周興言謨老靈魄有行言觀蒼昊清歎先試丹書有造茫茫九疑登暉太素
有漢登閬神具爾顧發彼靈丘聿來戢步貽我則歌承揚遐祚大勝之娥厥猶翼翼降宮有和納符
帝側揮杖指辰絕音頹息藹藹元右在彼峻極少君善祠怡爾豐顏俯覲劉漢仰接姜桓式宴安期
巨聚為淪神光攸往後來其嘆在漢之褒頹火炎精梅公指景有皇遺形逝彼交辭胥此洞庭神輝
絕景豈外北冥張招澄精妙思元芒則是神物錯綜徽章乃幽乃顯若存若亡因形則變倏忽無方
生在清純放情元昧在物淵沉泝虛攸遂清酒一壺百朋具醉有命集止乘龍來萃載見君子言觀
其蔚劉根登嵩遁世盤桓形委服容口厭瓊蘭挹彼呼翕為爾朝餐景絕巖穴光茂雲端伯巖志道
翻飛自南北食中嶽練形嵩岑奔星凌顏朱光垂陰雲精九漢握耀盈襟長房有懷承師問道豪險
洪海睎心元浩將登蓬萊祚爾難老嘉命既錫如何勿考逝矣何女芳靈既彫安寢會丘逝魂清霄

喪魄載營大墓崇朝玉趾再步於焉逍遙焦生卜居在河之東皓襟解帶靡卉結容頤神太素淑思元沖在彼黃堂明道固窮北狄務靡在彼沙漠含神自頤靜居有恪自彼王庭聿來伊洛天子命之載見紫闕衛矣終化靈毛揚葩慎爾貞心神祉來衎靡靡夷門體道含眞餐茹靈卉淩雲頤神林陽餌朮明視聰耳壯子旣飡步睎千里任化凱入輕雲擁止移形善變載坐載起悠悠鬼谷永言潛止要終有集資無生始綢繆方平在彼二子芬馨蘭擁有來盈耳

東方朔畫贊有序　　夏侯湛

大夫諱朔字曼倩平原厭次人也魏建安中分厭次以為樂陵郡故又為郡人焉事漢武帝漢書具載其事先生瓌瑋博達思周變通以為濁世不可以富貴也故薄游以取位苟出不可以直道也故頡頏以傲世傲世不可以垂訓也故正諫以明節明節不可以久安也故詼諧以取容潔其道而穢其迹清其質而濁其文弛張而不為邪進退而不離羣若乃遠心曠度贍智宏材倜儻博物觸類多能合變以明筭幽贊以知來自三墳五典八索九丘陰陽圖緯之學百家衆流之論周給敏捷之辯支離覆逆之數經脈藥石之藝射御書計之術乃研精而究其理不習而盡其功經

目而諷於口過耳而闇於心夫其明濟開豁包含弘大陵轢卿相嘲哂豪傑籠罩靡前跆藉貴勢出不休顯賤不變戚戲蕩乘若寮友視儔列如草芥雄節邁倫高氣蓋世可謂拔乎其萃遊方之外者已謂者又以先生噓吸沖和吐故納新蟬蛻龍變棄俗登仙神交造化靈爲星辰此又奇怪恍惚不可備論者也大人來守此國僕自京都言歸定省覩先生之縣邑想先生之高風徘徊路寢見先生之遺像逍遙城郭觀先生之祠宇慨然有懷乃作頌焉其辭曰

矯矯先生肥遯居貞退不終否進亦避榮臨世濯足希古振纓涅而無滓旣濁能清無滓伊何高明克柔能清伊何視汙若浮樂在必行處淪罔變跨世陵時遠蹈獨遊瞻望往代爰想遐蹤邈邈先生其道猶龍染迹朝隱和而不同棲遲下位聊以從容我來自東言適茲邑敬問墟墳企佇原隰墟墓徒存精靈永戢民思其軌祠宇斯立徘徊寺寢遺像在圖周旋祠宇庭序荒蕪榱棟傾落草萊弗除肅肅先生豈爲是居是居弗形悠悠我情昔在有德罔不遺靈天秩有禮神監孔明彷彿風塵用垂頌聲

入道至人賦　　宋謝靈運

爰有名外之至人乃入道而館眞荒聰明以侀智遁支體以逃身於是卜居千仞左右窮懸幽庭虛
絕荒幌成烟水縱橫以觸石日參差於雲中飛英明於對溜積氤氳而為峯推天地於一物橫四海
於寸心超埃塵以貞觀何落落此胸襟

王子晉讚　前人

淑質非不麗難以之百年儲君非不貴豈若登雲天王子愛清淨區中實譁諠冀見浮丘公與爾共
續翻

褚先生伯玉碑　南齊孔稚珪

夫河洛摛寶神道之功既傳岱華吐祕仙靈之迹可覩蓋事詳於玉牒理煥於金符雖冥默殊源顯
晦異規測心覩古可得而言焉是以子晉笙歌馭鳳於天海王喬雲舉控鶴於元都有羽化蟬蛻觸
影遁形神翥帝宮迹留劍杖遊瑤池而不返宴元圃以忘歸永嘉惡道者窮地之險也歟發過日折
石橫波飛浪突雲奔湍急鬱先生擧迹蹄阻宿泄涉折而衡飆夜鼓山洪暴激忽乃崩舟墜壑一倒
千仞飄地淪高翻遊無底徒侶判其永碎舟子悲其苞散危魂中夜赴阻相尋方見先生恬然安席

銘曰關西丹妙洛右飛英鳳吹金闕簫鼓玉京絕封萬古乃旣先生先生浩浩惟神其道泉石依情烟霞入抱祕影窮岫孤栖幽草心闕上元志通大造

華陽陶先生墓誌銘　梁簡文帝

維大同二年龍集景辰兌明三月壬寅朔十二日癸丑巳時華陽洞陶先生蟬蛻於茅山朱陽館先生諱弘景字通明春秋八十有一屈伸如恆顏色不變有制贈以中散大夫諡曰貞白先生遣舍人主書監護喪事十四日巳時窆于雷平之山若夫眞以歸空爲美道以無形爲貴不知悅生大德所以爲生不知惡死谷神所以不死妙矣哉隱顯變化物莫能測旣而岫開折石天墜玉棺銀書息簡流珠龍箱九節飄於空中千和焚於地下仙官有得朋之喜受學振臨谷之悲余昔在枌壤早逢圯上之術今遵元旻屢稟浮丘之教握留符而惆愴思化杖而酸辛乃爲銘曰

無名曰道不死爲仙亦有元放兼稱稚川遁形解化自昔同然猗歟夫子受籙歸元梨傳苑吏書因賈船虎車照景蜺拂淩烟餘花灼爍春澗潺湲鬱鬱茅嶺悠悠洞天三仙白鶴何時復旋

隱居貞白先生陶君碑　蕭綸

夫夜光結綠非胠篋之恆珍逸羽翔鱗豈園池之近玩盜期心於遠大蓋不知其所以然也是以潁陽高蹈洗耳於唐朝漢陰貞栖滅跡於周代盛德流風有自來矣應期而曜質者其在茲乎先生名弘景字通明本冀州平陽人也其先自帝堯陶唐氏之後帝堯治冀州平陽故因居止龍馬見五色之符欽明表八彩之瑞光宅於天下允釐於庶職洪源夐遠系緒綿長漢興陶舍為高祖右司馬子青翟位至丞相後至漢末南渡始居丹陽七世祖濬仕吳為鎮南將軍荆州刺史祖降宋南中郎參軍事父貞寶司徒建安王國侍郎並立履清約博涉文史先生含元精之和氣稟陵飆之雅姿兼宣七善總修九德行仁蹈義獄峙淵渟牆仞無以覩清濁不能測道風與星漢同高勝氣與烟霞共遠六歲便解書能屬文七歲讀孝經毛詩論語數萬言晏倚幼習典墳公幹少誦詩賦方之於古彼有多慚是以九嶷流聲黃中著稱有鄉人得葛洪神仙傳見淮南八公諸仙事乃嘆曰讀此書便使人有凌雲之氣於是寢興諷誦晝夜不輟年二十七為宜都王侍讀總知管記事牓道求賢焚林招士朝難其選是曰得人阮瑀之書記不足扶衡孫楚之才辭何以捧轂齊代好治宮室方修苑囿青溪舊觀更就起築仍奏表上頌詞事兼美邈彼樂職之篇踰乎景福之製帝省覽久之益以為善除奉

朝請恪居官次夙夜惟寅春朝秋請是椷樸者也先生本不希榮常欲辭退乃與親友書曰疇昔之意不願處人間年登四十志畢山藪今三十六矣時不我借知幾其神乎無爲自苦明年遂拜表解職抽簪東都之外解組北山之陽同稷丘之栖眞慕留侯之却粒便具舟楫永言東邁朝廷錫問時賢餞別祖以二疏招兹四皓超然輕舉異世同符爾乃杖策孤征遊踐山嶽旣而到於句容登於茅嶺以此地神仙之宮府靈異之栖托往不能返遂卜居焉先生曰夫子云隱居以求其志行義以達其道吾聞其語未見其人我今義適無復其一請同求志之業故自稱隱居亦猶稚川之抱朴士安之元晏倚嵩栖隱依林遁跡夾柯結宇剗徑爲門懸崖對溜悲吟灌水深谿絶峭組織烟霞枕石潄流水禽無撓採藥耦耕野獸不亂逍遥閒曠放浪陵山嵺然若喪确乎難拔陶齊末道消天命旣否水闕谷浴地氣由辰先生靜思冥數預識徵兆於是近遠書問悉皆杜絶昔乃聞之夏甫今則見之先生我大梁休運應期受天明命三辰開朗四海寧謐先生奉表稱慶於是信問復通天監以來常有勑旨供給藥餌不乏歲時渥澤湛恩莫之與比先生七年暫遊南嶽兹山也嚳闓風之地軸若崑陵之天鎭八桂傍臨九純間設樹有琅玕草生車騎遺世獨往是用忘歸一十年有勑遣左右司徒

惠明徵還先生茅山別結廨宇軒后之降精天老漢帝之致禮河宗況於茲日弗能尙也養志山阿多歷年所攝生旣善冥祥亦降猛獸不振魑魅莫逢庭無荆棘遠同闕里階吐神泉遥動靈嶽於是羽人徘徊仙客上下鸞鳳遊集芝英豐潤大造佛像爰及寫經起塔招僧備諸供養自誓道場受菩薩法夢登七地又得嘉名具以啟聞蒙勅許可蒨元之夢見開士朱鸞之遠望尊儀何以擬茲通感匹此徵應以大同三年歲次丙辰三月壬寅朔日癸丑告別年化春秋八十有一天子嗟惜儲皇軫悼有詔稱舉追贈中散大夫謚曰貞白先生禮也以其月十四日窆於丹陽郡句容縣雷平山若軒轅之葬衣冠如王喬之藏劍爲比於茲日可得偶爲先生器宇凝深思識精贍含章貞吉不修廉隅年將中壽匪踰於矩眉目疎朗儀貌鮮潔寶亡勸沮多行德惠惱惜光景愛好墳籍篤志勵節白首彌至若乃淮南鴻寶之訣隴西地動之儀太乙遁甲之書九章歷象之術幼女銀鉤之敏允南風角之妙太倉素問之方中散琴操之法咸悉搜求莫不精詣爰及倕工卞射蘇卜管筮一見便曉皆不用心張華之博物馬鈞之巧思劉向之知微葛洪之養性兼此數賢一人而已門人桓法闓等蘖遙風於緱氏繪遺像於橋陽勒元碑而相質騰絳霄之流芳乃爲銘曰留爲表化棄劍凝神徘徊紫氣

照耀丹鱗厥跡猶在餘風可遵誰其嗣此淵哉淑人高行邁種盛德日新朗猶懸鏡鬱似貞筠身以弘道行不違仁昔遊纓綬頡頏縉紳脈乎匡救勞彼問津亦既解組乃襲山巾遠尋丘壑高蹈風塵情無緬世隱不隔眞結宇依嵩眞棲茂草水玉留年璿精却老乃有令聞兼斯壽考泉過危亭峯臨錦洞露凝蘭階雲生桂棟日斜欄席花落窗幾尙平未反王孫不旋海桑交易陵谷貿遷豐碑有樹遺烈無窮

水仙賦

陶弘景

淼漫八海汯汩九河中天起浪分地為波東卷長桑日竄西斡龍築月阿乃者滄關不壅石門已開導江出漢浮濟達淮障渠水府包山洞宮娥英之所遊往琴馮是焉去來或窮髮送鵬咸池浴日隨雲濯金漿之洴追霞採建木之實弄珠於淵客之庭織綃乎鮫人之室此眞覽矣至於碧巖無霧綠水不風飛軒引鳳遊蠏碣鴻上朝紫殿還覲青宮進歷八老顧拂四童拊洞陰之磬張元圃之璈酌丹穴之醑薦麟洲之餚安期黍粟王母送桃錦旌麗日羽衣拂霄又其英矣及秋水方至層濤架山各巡封隩來發王言還奇於河侯之府出寶於驪龍之川夜光燭月洪貝充轅亦其瓌矣若夫層城

瑤館縉雲瓊閣黃帝所以觴百神也塗山石帳天后翠幕夏禹所以集群臣也岷嶓交錯上貫井絡窮漢硱磳橫帶玉繩浸湯泉於桂渚涌沸鑿於金陵崩沙轉石驚湍走沫絕壁飛流萬丈懸瀨奔激芒碭之間馳鶩壺口之外逮乎璇綱運極九六數窮用謀西漢受事龍門小周姒後初會媯前平陰鉅鹿再化為淵清河渤海三成桑田撫二儀以惆愴眺萬兆以流連纔自安於蜉蝣無羨於鶴年皆松下之一物又奚足以語仙嗟乎術有生之造物固莫靈於在人盜不踰武於象帝入妙門而自賓荷淪形而無曉與蟣蝨而為塵亦有先覺之秀獨往之英竊若士於蒙轂求呂梁於石城從務光於砥柱索龍威於洞庭迎九元於金闕謁三素於玉清更天地之彌固終逍遙以長生

眞靈位業圖序　前人

夫仰鏡元精覩景燿之巨細俯盼平區見巖海之崇深搜訪人綱究朝班之品序研綜天經測眞靈之階業但名爵隱顯學號進退四宮之內疑似相參今正當比類經正讎校儀服埒其高卑區其宮域又有指目單位略說姓名或任同秩異業均迹別者如希林眞人為太微右公而領九宮上相未委為北宴上清當下親相職耶諸如此類難可必證謂其並繼所領而從高域纔事事條辨略宣後

章輒以淺識下生輕品上聖升降失序稀汲乖本懼貽謫元府絡咎冥司今所詮貫者實稟注之奧旨存向之要趣所祝跪請宜悉位序之尊卑對眞接異必究所遇之輕重雖同號眞人眞品乃有數俱目仙人仙亦有等級千億若不精委條領略識宗源者猶如野夫出朝廷見朱衣必令史句驪入中國呼一切爲參軍豈解士庶之貴賤辨爵號之異同乎

吳太極左仙公葛公之碑　前人

道冠兩儀之先名絕萬世之始者固言語所不得辨稱謂所莫能筌焉云何以文字述今云何以金石傳古其遂休也則日月空照遂嘿也則生人長昏是故出關導以兩卷將升摛其五文令懷靈抱識之士知杳冥之有情焉自時厥後奕代閒出雲篆龍章之牒炳發於林岫瓌辭麗氣之旨藻蔚於庭筵其可以垂軌範著謠誦者迄於茲辰昔在中葉甘左見駭於魏王象泰擅奇於吳主至如葛仙公之英才俊邁蓋其尤彰彰者矣公於時雖歷遊名嶽多居此嶺此嶺乃非洞府而跨據中川東視則連峯入海南眺則重嶂切雲西臨江滸北旁郊邑斯潛顯之奧區出處之關津半尋石井日汲莫測其源三足白麑百齡不異其質精靈之所弗涖神祇之所司衛麻衣史宗之儔相繼棲托後有孫

慰祖亦嗣居彌歲山陰滸洪字文盛少秉道性志力剛明前往餘姚四明與國為立觀直上百里㮇途險絕旣術識有用為物情所懷天監七年郡邑豪舊遂相率輿出制不由己以此山在五縣衝要舍而留止於茲十有五載將欲移憩壇上先有一空碑久已摧倒洪意以為蔭其樹者尙愛其枝況仙公眞聖之遺蹤而可遂淪乎乃復建新碑於其所願勒名跡以永傳隱居不遠千里寓斯石而鐫之仙公姓葛諱元字孝先丹陽句容都鄉吉陽里人也本屬瑯琊後漢驃騎僮侯盧讓國於弟來居於此土七代祖艾即驃騎之弟襲封僮侯祖矩安平太守黃門郎從祖彌豫章等五郡太守父焉字德儒州主簿山陰令散騎常侍大尙書代載英哲族冠吳史公幼負奇操超絕倫黨神挺標峻精輝卓逸墳典不學而知道術纔闚已了非復軌儀所範思識所該特以域之情理之外置之言象之表而已吳初左元放自洛而來授公白虎七變爐火九丹於是五通具足化遁無方孫權雖愛賞仙異而內懷猜害翻琰之徒皆被挫斥敬憚仙公動相諮稟公馳涉川嶽龍虎衛從長山蓋竹九多去來天台蘭風是為遊憩特還京邑視人如戲詭譎倜儻縱倒山河雖投危履墜叱羊石起蔑以加焉於時有人漂海隨風眇漭無垠忽值神島見人授書一函題曰寄葛公令歸吳達之由是舉代翕然號

爲仙公故抱朴著書亦云余從祖仙公乃抱朴三代從祖也俗中經傳所談云已被太極銓授居左仙公之位如眞誥并葛氏舊譜則事有未符恐敎迹參差適時立說猶如執戟侍陛豈謂三摘靈桃徒見接神投鬼安知止在散職一以權道推之無所復論其與同矣仙公赤烏七年太歲甲子八月十五日平旦升仙長往不返恆與鄭璧子等相隨久當授任元都祇秩天爵佐命四輔理察人祇瞻望舊鄉能無靈竅之嘆顧盼後學庶垂汲引之慈敢藉邦族承班仰述眞仙遺則云爾九垓夐絕七度虛懸分空置境聚氣搆天物滋數後化超象前命隨形轉神寄業傳霜野於褒竹柏翠微泉墟共往彭羨獨歸生因事攝年以學仙如金在冶如布在機仙公珪璧臨斷發穎褒童比跡項孺聯影濯質綺闇凝心綵縮虎變已摅龍輔遂騁摛來台霍偃蹇閬宮碧壇自肅玉水不窮巡芳沐道懷古測衷表兹峻碣永扇高風蘭風寓憩已勒豐碑此土舊居未鐫貞琰今之遠裔仰慕清塵敬思刊樹傳芳來裔

許長史舊館壇碑　前人

悠哉曠矣宇宙之靈也固非言象可傳文迹可詭然則後之人奚闇乎含吐萬有化育群生本其所

由義歸冥昧至於形域區分性用殊品事限覩聽理窮數識者倘或可論山之高海之廣夫何故以其有容焉大天之內復有小天三十六所並拓寓地空互涂水脉闢闔風岫通氣雲巘此山本號句曲其下是第八洞宮名曰金壇華陽之天周回一百五十里分置三府前漢元帝世有咸陽三茅君得道來掌此任故稱茅山具詳傳記至晉太和元年句容許長史在斯營宅厥迹猶存宋初長沙景王就其地之東起道士精舍梁天監十三年勅貿此精舍立爲朱陽館將遠符先徵定祥火曆於館西更築隱居住止十四年別創鬱岡齋室繼元洲之蹤十七年乃縈勒碑壇仰述眞軌眞人姓許諱穆世名謐字思元本汝南平輿人後漢靈帝中平二年六世祖光字少張避許相訣俠乃來過江居丹陽句容都鄉之吉陽里後仕吳爲光祿勳識字兆拔奕葉才明祖尙字元甫有文章機見吳中書郞父副字仲先器度淹通風格淸簡晉剡令盪胡將軍下邳太守西城侯長史副第五子也正生少知名簡文在藩爲世表之交起家太學博士朝綱禮肆儒論所宗出爲餘姚令勤恤民隱惠被鄰邑徵入凱闔納言帝側昇平末除護軍長史本郡中正外督戎章內詮茂序邦選肅律鄉采砥行太和中選給事中散騎常侍蟬冕輝華事歸尙德簡文踐極方優國老倏值晏駕於焉告退專靜山廬以

修上道君雖搢紱朝班諷議座壑而心標象外志結霞門弟兄達遊永和四年嘉遁不返君尙想幽奇歲月彌軫恆與揚君深神明之契興寍中衆眞降揚備令宣諭龍書雲篆奐然徧該靈模奧旨於茲必究年涉懸車遵行愈篤太元元年解駕違世春秋七十有二子姪禮逵虛柩於縣西大墓京陵之蹤未遠飛劒之禰在焉謹按眞誥君挺命所基緣業已久周武王世九官上相長里酵公之弟也兼許肇遺功復應垂祉後世故乘運托生因資成道玉札所授爲上淸眞人爵登侯伯位編卿司理仙撫治佐聖牧民矣眞傳未顯於世莫能具述長史第三子諱玉斧世名翽字道翔正生母陶威女先亡已得在洞府易遷宮中君淸穎瑩潔特絕世倫郡舉上計掾不赴糠粃塵務硏精上業郎弘景元中之眞師也恆居此宅繕修經法揚君數相從就兩遁眞感太和五年於茲告逝時年三十眞誥云後十六年當度東華爲上相淸虛君之侍帝晨受書爲上淸仙官與谷希子竝職君長兄揆世名甽次兄虎牙世名聯竝亦得道揆今有元孫靈眞在山勅立嗣眞館以褒遠祖之德皇上乘弘誓本力來君此土撫育蒼祇範鑄群品導法開俗隨緣啟教以隱居積蘊三眞經誥久栖華陽宜還舊宅供養修理乃勅工匠建茲堂構卽仰祇帝則兼闢大猷東位靑壇西表素塔壇塔之間通是基趾埋

瓴掩瓦投鋪便值紫煙白霧纏爲蔭蓋宅南一井卽長史所穿井南大塘乃郭朝遺製源出田公之泉路通姜巴之軌傍枕雷平前瞰下泊東濟連岡北橫長嶺柳汧陽谷俱會西垂四域之內皆謂之金陵地肺者也長史所居尤爲標勝方將駟雲虬而高騁駈犇鶴以追風望洪濤之浩汗睠故都以浸遠古人有言匪作奚傳敢刊石頌永厲來賢頌曰渾樞孳氣方祇吐靈依性分境傳識賦形化通八寓功浹四溟巡跡電滅測體淵停旋區岳立互海雲舒摶風泳水蹠寶憑虛亦有幽匠開石碣靂情高身遠天府地居縈巒巴由潜壤肺浮五岡面啟九途環周長隰旁嶺交汧比流乃稱龍伏寶爲金丘昔在西漢三茅來賓爰曁東晉二許懷眞栽基浚井栖道接神允膺輔聖錫茲侍宸參差年代絪緼名氏書誥具宣精華未弭甄鑿將淪沈階已毀拱樹霜摧修庭草蔓驛館華陽歲躔二紀永觀前猷聿遵洪軌帝曰懋哉爾爲斯止經之營之輪乎奐矣勝殿崇巒瀉概揚芬瑤宮碧簡緗采垂文璠函玉檢綺幕繡巾鬪釭迴燿金爐揚熏桐柏雙教方諸兼學竝證心清俱濟身濁離有離無且華且朴結號虛皇筌法正覺樂徵寶瑩禪感慧遊飛行欻悅捫景帶虹振古排鄷潤明返聰物言是力我見無功紛紜今古汗漫兩儀三相幻滅丹壑自移緣來則應不慮不爲式題龜錄人天鑒知

答朝士訪仙佛兩法體相書　前人

至哉嘉訊豈蒙生所辨雖然試言之若直推竹柏之匹桐柳者此本性有殊非今日所論若引庖刀湯稼從養溉之功者此又止其所從終無永固之期夫得仙者並有異乎此但斯族復有數種今且談其正體凡質象所結不過形神形神合時則是人是物形神若離則是靈是鬼其非離非合佛法所攝亦離亦合仙道所依今問以何能而致此仙是鑄煉之事極感變之理通也當埏埴以爲器之時是土而異於土雖燥未燒遇濕猶壞燒而未熟不久尙毀火力既足表裏堅固河山可盡此形無滅假令爲仙者以藥石煉其形以精靈瑩其神以和氣濯其質以善德解其纏衆法共通無礙無滯欲合則乘雲駕龍欲離則尸解化質不離不合則或存或亡於是各隨所業修道進學漸階無窮教功令滿亦畢竟寂滅矣

卷終

神仙部藝文二

黃帝見廣成子贊　北周庾信

治身紫府問政青丘龍湖鼎沒丹竈珠流疎雲卽雨落木先秋至道須極長生可求

老氏碑　隋薛道衡

自太極權輿上元開闢畢天維而懸日月橫地角而載山河一消一息之精靈上生下生之氣候固以財成庶類亭毒羣品有人民焉有君長焉至若上皇邃古夏巢冬穴靜神息智鶉居鷇飲大禮與天地同節非析疑於俎豆大樂與天地同和豈考擊於鐘鼓逮乎失道後德失德後仁皇王有步驟之殊民俗有淳澆之變於是儒墨爭騖名法並馳禮經三百不能檢其情性刑典三千未足息其奸宄故知潔其流者澄其源直其末者正其本源源本本其惟大道乎老君感星載誕莫測受氣之由指樹爲姓未詳吹律之本含靈在孕七十餘年生而白首因以老子爲號其狀也三門雙柱表耳鼻之奇蹈五把十彰手足之異爰自伏羲至於周氏綿祀歷代見質變名在文王武王之時居藏史柱

史之職市朝屢易容貌不改宣尼一覩歎龍德之難知關尹四箋識眞人之將隱乃發揮衆妙著書二篇率性歸道以無爲用其辭簡而要其旨深而遠飛龍成卦未足比其精微獲麟筆削不能方其顯晦用之治身則神清志靜用之治國則返朴還淳旣而煉形物表登迹方外蜺裳鶴駕往來紫府金漿玉酒讌衎淸都參日月之光華與天地而終始涉其流者則擯落囂塵得其門者則騰驤雲霧大椿凋茂非蜉蝣之所知溟渤淺深豈馮夷之能測盛矣哉固無德而稱也莊周云老聃死秦佚弔之三號而出是謂遁天之形雖復傲吏之寓言抑亦蟬蛻之微旨皇帝誕靈縱叡接統膺期照春陵之赤光發芒山之紫氣珠衡月角天表冠於百王明鏡徽綍聖德會於千祀周道云季多難在時九鼎共海水同飛兩日與洛川俱鬬天齊地軸之所蛇食鯨吞銅陵玉壘之區狼顧鴟跱黃延奸宄鄭阻兵禍大縱毒螫將遍函夏神謀內斷靈武外馳歷欃槍而掃除仗旄鉞而斬伐共工旣剪重立乾坤蚩尤就戮更調風雨寧制同造化之功生靈荷魂魄之賜萬方欣戴九服謳歌乃允答天人祗膺揖讓升泰壇而禮上帝坐明堂而朝羣后昔軒轅顓頊建國不同太昊少昊邦畿各異舜改堯都夏遷虞邑歷選前辟義存創造惜十家之產發兆民之力經始帝居不移天府規摹紫極仍據皇圖下

宇上棟務存卑儉右平左城事遵制度朝夕正殿不別起於鴛鸞升降靈臺豈更營於鳩鵲發勞庶績矜育蒼生念茲在茲發於寤寐棘林肺石特降皇情祝網泣辜深存寬簡草纓知恥畫服興慚天無入牢之星地絕城牛之氣延閣廣內考集墳典石渠璧水闡揚儒業綴五禮於將壞正六樂於已崩總章溺志之音太師咸功之頌承華養德作貳東朝外正萬邦內弘三善兩離炳曜重日垂明永固洪基克隆鼎祚重以維城磐石多藝多才匡佐寶臣允文允武爲王室之藩屏成神化之丹青致世俗於潤澤納蒸民於壽域旄頭垂象窮變成形獯玁作患其來久矣無上算以制之用下策而難服自我開運輝德戢兵感義懷仁柟落請朔稽顙款塞銜圖投掌牂牁夜郎之所靡漠桑乾之地咸被聲教並入提封閩越句吳不愆貢職夫餘肅慎無絕夷邸遐邇禔福文軌大同自三代之餘六雄競逐秦居閏位漢雜霸道魏氏則虐深華夏有晉則化成戎狄降斯以後粹駁不分帝迹皇風寂寥千載天命聖德會昌神道變億兆之視聽復三五之規模固以幽明贊協符瑞彪炳千年靈蔡著天性以效徵三足神烏感陽精而表質春泉如醴出自京師秋露凝甘遍於竹葦星光若月雲氣飛烟三農感銅爵之鳴五緯叶珠璧之度信可以揚鑾動蹕肆覲東后玉檢金繩登封岱岳而謙以自牧

爲而不宰倘襲馬卿之書未允梁松之奏在青蒲之上常若乘奔處黃屋之下無忘夕惕雖蒼璧黃琮事天事地南正火正屬神之職猶恐祀典未弘秩宗廢禮永言仁里倘想元極靜宮靈座麋鹿徒倚華蓋嚴壇風霜凋僘乃詔上開府儀同三司亳州刺史武陵公元胄考其故迹營建祠堂皇上往因歷試總斯藩部猶漢光司隸之所魏武兗州之地對苦相之兩城繞渦穀之三水芝田栩路北走梁國沃野平皋東連譙國望水濱勢揆景瞻星擬元圃以疏基橫玉京而建宇雕楹畫栱磊砢相扶方井員淵參差交映尊容肅穆僊衛儼而無聲神館虛閒滴瀝降而成響清心潔行之事存元守一之儔四方輻湊千里波屬知如在之敬申醮祀之禮顯神助於王者冥福賀於黎獻允所謂天大道大難幾者矣若夫名言頓絶幽泉之路莫開形器不陳妙物之功難著騰茂實飛英聲圖丹青鏤金石不可以已而在茲乎歲次敦牂律中姑洗大隋馭天下之六載也乃詔下臣建碑作頌其詞曰悠哉振古邈矣帝先四紀維地八柱承天叢生類聚盧谷大川至道靈運神功自然五精感應三微相繼樹以司牧執其象契帝迹悲皇王猷謝帝上德逾遠淳風漸替時乖淡泊俗異沖和倘賢飾智懸法張羅內修樽俎外事干戈魚驚網密鳥亂弓多眞人出世星精下斗龍德在躬鶴髮垂首解紛挫

銳去薄歸厚日角月角天長地久小兹五嶽險此九州逝將高蹈超然遠遊青牛已駕紫氣光浮元門洞啟神化潛流賴鄉舊里渦川遺跡古往今來時移世易靈廟凋毀神壇虛寂九井生祠雙碑碎石唯皇受命乃神乃聖靈發地鏡光華天鏡宇宙開朗妖氛蕩定曜魄同尊祭神取正流沙蟠木鳳穴龜林異類歸欽萬方宅心鴻臚納贐王會書琛青雲干呂薰風入琴化致鼎平家興禮讓永言柱下猶懺太上乃建清祠式圖靈狀原隰爽塏亭阜彌望梅梁桂棟曲檻叢楹煙霞舒卷風霧淒清仙官就位羽客來庭穰穰簡簡降福明靈至神不測理存繫象大音希聲時振高響遐邇贊頌幽明資仰敬刊金石永播天壤

昇仙太子碑　唐武后

朕聞天地權輿混元蘊於元氣陰陽草昧徵造化於洪鑪萬品於是資生三才以之肇建然則春榮秋落四時變寒暑之機玉兔金烏兩曜遞行藏之運是知乾坤至大不能無傾缺之形日月並明不能無虧盈之數豈若混成爲質先二儀以開元兆道標名母萬物而爲稱惟恍惟惚窈冥超言象之端無去無來寥廓出寰區之外驂鸞馭鳳昇八景而戲仙庭露月乘雲驅百靈而朝上帝元都迥闢

玉京爲不死之鄉紫府傍開金闕乃長生之地吸朝霞而飲甘露控白鹿而化青龍魚腹神符已効徵於涓子管中靈藥方演術於封君從鼃公而見玉堂召盧敖而赴元闕炎皇少女剩往仙家負局先生來過吳市或排烟而長往或御風而不旋既化飯以成蜂亦變枯而生葉費長房之縮地目覽遐荒趙簡子之賓天親聆廣樂懷中設餌標許彥之奇方座上釣魚呈左慈之妙技遂昇閣道遠睇平衢鼓琴瑟而駕輜軿出西關而遊北海登崑崙而一息期汗漫於九垓湘東遺鳥迹之書濟北致魚山之會拂虹旌於日路飛羽蓋於煙郊既入無窮之門還遊無極之野青虬吐甲爰披五嶽之文丹鳳銜符式受三皇之訣瀨鄉九井滌德水而澄漪淮南八仙著眞圖而闡祕自非天姿拔俗靈骨超凡豈能訪金籙於元門尋玉皇於碧落者乎昇仙太子者字子喬周靈王之太子也原夫補天益地之崇基三分有二之弘業神宗啟胄先承履帝之祥聖考興源幼表靈髭之相白魚標於瑞典赤雀降於禎祥出叔譽於三窮錫陟曠以四馬轂洛之鬬嚴父申欲壅之規匡救之誠仙儲切犯顏之諫播石子之懿範顯圖史之芳聲而靈應難窺冥徵罕測紫雲爲蓋見嘉貺於張陵白蜺成質遺神丹於崔子鳳笙流響恆居伊洛之間鶴駕騰鑣俄陟神仙之路嵩高嶺上雖藉浮丘之迎緱氏峯前

終待桓良之告傍稽素篆仰叩元經時將玉帝之遊作洽琳宮之宴仙冠岌岌表嘉稱於芙蓉右弼
巍巍効靈官於桐柏九丹可挹仍標延壽之誠千載方傳尙紀仙聖之祀辭青宮而歸九府棄蒼震
而嶽重元無勞羽翼之功坐致雲霄之賞雖黃庭衆聖未接於末塵紫洞羣靈豈駿於後乘斯乃騰
芳萬古擅美千齡豈與夫松子陶公同年而語者也我國家先天纂業闢地裁基正八柱於乾綱紐
四維於坤載山鳴鸑鷟爰彰受命之祥洛出圖書式兆興王之運廓提封於百億聲教洽於無垠被
正朔於三千文軌同於有截茫茫宇宙掩沙界以疏疆眇眇寰區施鐵圍以劃境坐明臺以崇嚴祀
大禮攸陳謁清廟而展因心洪規更闢口山西峙上聳於圜清武井東流下凝於方瀆駢柯連理恆
騁異於彤墀九穗兩岐每呈祥於翠畝神芝吐秀宛成輪蓋之形曆草抽英還同朔望之候山東課
馬充牣於郊畿瑞表祥圖洋溢於中外乾坤交泰陰陽和而風雨調遠邇肅安兵戈戢而爟烽靜西
鶼東鰈已告太平之符鄗黍江茅屢薦昇中之應而王公卿士百辟群僚咸詣闕以披誠請登封而
告禪敬陳嚴配之典用展禋宗之儀泥金而叶於告成瘞玉而騰於茂實千齡勝理一旦咸申爾乃
鳳輦排虛既造雲霞之路龍旗拂迥方馳日月之扃後殿縈山先鋒蔽野千乘萬騎鉤陳指靈嶽之

前谷緣川停羽駕陟仙壇之所既而馳情烟路係想元門遙臨松寢之前近瞰桂若之下重巒絕磴空留落景之暉複廟連甍徒見浮雲之影徐扉半毀纔覩昔年之規碉牖全傾更創今辰之製乃為子晉重立廟焉仍改號為昇仙太子之廟方依福地肇啟仙居開廟後之新基獲藏中之古劍昆吾挺質巨闕標名白虹將紫電爭鋒飛景共流星競彩去夜驚而除衆毒輕為戶而却三軍無勞望氣之文自識象天之寶巖巖石室紀黃老五千之文赫赫靈壇披碧洞三元之籙緣於去歲嘗遣內使往祠雖神祇有路隔之言而冥契潛通之兆遂於此日頓感殊禎逍遙雲間聞鳳笙之度響徘徊空裏瞻鶴駕之來儀瑞氣氤氳異香芬馥欽承景貺聳目休徵爾其近對緱岑遙臨嵩嶺變維城之往廟建儲后之今祠窮工匠之奇精傍臨絕壑盡山川之體勢上冠雲霞其地測景名都交風勝壤仰觀元緯星文當天室之邦俯矚黃輿地理處均霜之境齊朕宇宙通百越之樓船巨險山原控八方之車騎危峰切漢德水橫川實天下之樞機極域中之壯觀於是捫穴縈阯越壑裁基命般爾而開筵召公輸而綴思梅梁瞰迴近架煙霞桂棟臨虛上連星月牎明雲母將曙景而同暉戶挂琉璃共晴天而合色曲閣乘九霄之表重檐駕八景之中湛休水於天池發祥光於奇樹珠闕據緱峰之

外瑤壇接鶯嶠之隈素女乘雲竊步櫓而不逮青童駕羽仰層巘而何階茂躅鬱兮若生靈儀肅兮如在昔峴山墮淚猶見鉅平之碑襄水沈波尚有當陽之碣況乎上賓天帝搖山之風樂不歸下接浮丘洛浦之笙歌斯遠豈使可芳猷懿躅與歲月而推遷霞宇日壇共風烟而歇滅乃刊碑勒頌用紀徽音庶億載而維新齊兩儀而配久方佇乘龍使者為降還齡之符駕羽仙人曲垂駐壽之藥使璇璣叶度玉燭調時百穀登於豐年兆庶安於泰俗虔敷短製乃作銘云懇矣元始悠哉渾成傍該萬類仰貫三精至神不測大象難名出入太素驅馳上清黃庭仙室丹闕靈臺銀宮雲合玉樹花開夕極雲路朝挹霞盃霓旌髣髴羽駕徘徊樹基創業選朔立市四險天中三川地紀白魚呈貺丹烏薦祉靈骨仙才芳猷不已遐瞻帝系仰膺仙儲遊馳月域高步烟墟名超紫府職邁玉虛飄颻芝蓋客與雲車遠參崑崙遙期汗漫金漿玉液霧宮霞館瑤草扶疎珠林璀璨萬劫非久二儀何算栖心大道托跡長生三山可陟九轉方成鳧飛舄影鳳引歌聲永昇金闕恆遊玉京青童素女浮丘赤松位稱桐柏冠號芙蓉尋眞御虛控鶴乘龍高排雲霧輕舉遐蹤歲往年移天長地久霄漢為室烟霞為友舞鶴飛蓋歌鸞送酒絕迹氛埃芳名不朽粵我大周上膺元命補天立極重光累聖嘉瑞屢臻

殊祥豐映歸功蒼昊昇中表政爰因展禮遙接靈居年載超忽庭宇凋疎更安珠館重開玉虛方依翠壁敬勒丹書新基建址古劍騰文鳳笙飛韻鶴駕凌雲休符雜沓嘉瑞氤氳仙儀靡見遙響空聞仰聖思元求眞懷昔霞軒月宮日宮霧列萬載須臾千齡朝夕紀盛德於方翰勒鴻銘於貞石

為西京百官賀老君見表　崔融

臣某等文武百官若干人言臣聞至道之運必有告聖之符大道之行必有通靈之應故虞舜氏作五老出遊於河渚周武勃興四神來朝於洛邑伏惟皇太后陛下補天為感配地居尊體國經野肇建維新之業應天順人果得非常之事伏見某日勅虢州閿鄉縣界見老君幷授鄒元宗語皤然鶴首至哉龍德若遊淵水之年疑往流沙之路敘皇威之有截論國祚之無疆道可以濟天下功可以侔造化元言妙鍵闕令受教而先迷神理希微河公願談而莫測方驗老人見於南極但謂承天黃人遊於後池止云乘土固不可同年而議也臣等預睹嘉祥早參簪笏惟神降福欣承帝系之隆惟德洞冥願奉元元之慶無任感悅之至謹附某奉表稱賀以聞

朱桃椎讚　薛稷

先生知足離居盤桓口無二價食唯一瓢築土爲室卷葉爲冠斲輪之妙齊扁同歎

神仙可學論

吳筠

洪範嚮用五福其一曰壽且延命至於期頤皇天猶以爲景福之最況神仙度世永無窮乎然則長生大法無等倫以儗擬當代人物忽而不向者何哉嘗試論之中智已下遠乎民甿與飛走蜎翹同其自生自死昧識所求不及聞道則相與大笑之中智已上爲名教所檢區區於三綱五常不暇聞道而若存若亡能挺然竦身不使恆情之所汩沒常以修煉爲切務者千萬或一人而已又行之者密得之者隱故舉俗罕聞其行悲夫昔桑矯問涓子曰自古有死復云有仙何如涓子曰兩有耳夫言兩有則理無不存理無不存則神仙可學也嵇公言神仙以特受異氣稟之自然非積學之所能致也未必盡其端矣有不修學而自致者稟受異氣也有必待學而後成者功業充也有學而不得者初勤而中惰誠不終也此三者各有其方不可以一貫推之人生天地中殊於衆類明矣感則應激則通所以耿恭援刀平陸泉涌李廣發矢伏石飲羽精誠在於斯須土石應猶影響況丹懇久著眞君不爲潛運乎潛運則不死之階立矣孰爲眞君則太上也爲神明宗極獨化於窈冥之先高

居紫微陰騭兆庶詩稱上帝臨汝書曰天鑒孔明福善禍淫不差毫末而迷誤之子焉測其原日用不知背本向末故遠於仙道者有七焉近於仙道者亦七焉當世之士不能窺妙門洞幽賾雷同以泯滅為真實生成為假幻但所取者性所遺者形甘之死地乃謂常理殊不知乾坤為易之緼乾坤毀則無以見易形氣為性之府形氣敗則性無所存性無所存則於我何有此遠於仙道一也其次謂仙必有限竟歸淪墜之弊彼自昏於智察則信其誣妄詎知塊然之有起自寥然之無積虛而生神神用而孕氣氣凝而漸著累著而成形形立而神居乃謂人耳故任其流遁則死返其宗源則仙所以招真以煉形形清則合於氣含道以煉氣氣清則合於神體與道冥謂之得道道無極而仙豈有窮乎舉世大迷終於不悟遠於仙道二也其次強以存亡為一體謬以前識為悟真形體以敗散為期營魄以更生為用乃厭見有之質謀將來之身安知入造化之洪爐任陰陽之鼓鑄遊魂遷革別守他器神歸異族識昧先形猶鳥化為魚魚化為鳥各從所適兩不相通形變尚莫能知況死而再造誠可哀者遠於仙道三也其次以軒冕為得意功名為不朽悅色耽聲豐衣厚味自封殖為長策貽後昆為遠圖焉知盛必衰高必危得必喪成必虧守此用為深固置清虛於度外肆恬靜智交

養中和率性通眞爲意乎此遠於仙道四也其次强盛之時爲情愛所役斑白之後有希生之志雖修學始萌而傷殘未補靡𨷻積習之性空務皮膚之好竊慕道之名乖契眞之實不除死籍未載元籙歲月荏苒大期奄至及將殂謝而怨咎神明遠於仙道五也其次聞大丹可羽化服食可延年遂汲汲於爐火孜孜於草木財屢空於八石藥難效於三關不知金液待訣於靈人芝英必滋於道氣莫究其本務之於末竟無所就謂古人欺我遠於仙道六也其次身棲道流心溺塵境勤違科禁靜無修持外邀清譽之名內蓄奸回之計而人或可罔神不可欺遠於仙道七也若夫性好元虛情忘嗜慾不求榮顯每樂清閑體氣至仁含弘至靜棲眞物表超迹囂氛想道結襟無爲爲事近於仙道一也其次意高般古刻志上行知榮華爲浮寄而不顧知聲色能伐性而不取尊陰賊樹陰德懲忿窒慾齊毀譽處林嶺修清眞近於仙道二也其次身居祿位之榮心慕道德之府以忠貞而奉上以仁義而臨下弘施博愛內陰清徹外混囂塵惡殺好生近於仙道三也其次瀟灑蓽門樂貧甘賤抱經濟之器泛然若虛洞古今之學曠然若無爵之不從祿之不受確乎以方外爲上恬乎以攝生爲務此近於仙道四也其次稟明類之姿懷秀拔之節奪忘機之旅當銳巧之師所攻無敵一戰而勝

然後靜以安身和以保神精以致真近於仙道五也其次追悔已往洗心自新雖失之於壯齒冀收之於晚節以功補過過落而功全以正易邪邪亡而正在轗軻不能移其操諠譁不能淪其慮惟精惟微積以成著其近於仙道六也其次至孝至貞至義至廉按真誥之言不待修學而自得比干剖心而不死惠風溺水以蘇生伯夷叔齊曾參孝己人見其沒道使之存如此之流咸入仙客謂之隱景濟化死而不亡此例自然近於仙道七也取此七近放彼七遠謂之拔陷區出溺途碎禍車登福轝始可與涉神仙流矣於是識元命之所在知正氣之所由虛凝淡漠怡其性吐納屈伸和其體高靈保定之良藥匡輔之表裏兼濟形神俱超雖未得昇騰吾知必揮翼丹霄之上矣夫道無形無為有情有性故曰人能思道道亦思人道不負人人無負道淵哉言乎世情謂道體元虛則貴無而賤有人資器質則取有而遺無庸詎知有自無而生無自有而明元元混同然後為至故空寂元寥大道無象之象也兩儀三辰大道有象之象也若但以虛極為妙不應吐元氣流陰陽生天地運日月也故有以無為用無以有為資是以覆載常存仙聖不滅故謂生者天地之大德也所以見宇宙之廣萬物之殷為吾存也若煙散灰滅何異於天傾地淪彼自昭昭非我所有故曰死者天人荼毒之

尤也孰能保大德黜荼毒拂衣絕塵獨與道鄰道豈遠乎哉行斯至矣夫至虛緼寂待感而靈猶金石含聲待擊而鳴故豁方寸以遊虛虛則靜惡至靜以精感感則通通則泰宇定天光發形性相資未始有極且人之稟形模範天地五臟六腑百關四肢皆神明所居各有所主守存之則有廢之則無有則生無則死故去其死取其生若乃諷太帝之金書研洞眞之玉章集帝一於絳宮列三元於紫房吸二曜之華景登七元之靈綱道備功全則不必琅玕大還而高舉矣此皆自凡而爲仙自仙而入眞眞與道合謂之神人神人能存能亾能晦能光出化機之表入大漠之鄉無心而朗鑒無翼而翺翔嬉明霞之館宴羽景之堂歘齊浩刼而福無疆壽同太虛而不可量此道布在金簡安可輕宣其奧密乎受學之士宜啟玉鐵以探其祕焉及儒墨所崇忠孝慈仁慶及王侯福薦祖考祚流子孫其三者孰與爲大嗚呼古初不可得而詳之羲軒以來廣成赤松令威安期之徒何代不有遠則載於竹帛近則接於見聞古今得之者皎皎如彼神仙可學炳炳如此凡百君子胡不勉哉

列子御風賦以至人御風契心而冥爲韻　紇干俞

列子占風之自履道而至潛瞬若以輕體每洽然而意遂感時之候臨大塊以栖眞與化爲徒諒成

形之分類美夫縹彼飄舉隨乎屈伸如假羽翼迴離埃塵必俟乎轉綠蕙搖青蘋穆以絕俗清乎便人摩九霄以騁望遵一氣而遊神是知本於無營且曰何思何慮超然獨往疇爲我御膽徐疾之匪差杳徜徉之有助誠之所待因嘯武以孤騫爲用不疲偶化鵬而並翥欽若扇物資乎在粥此焉靜鶩於以元同宜其經隱空遺鴻濛潚以瀟暢高而不窮期則罔儻寘皇載美於鮮愠德之爲貴軒后必閈乎順風其或倒影虧蔽振衣容裔莫遑乎遠孰將其際方出谷於來穴縹形騰以神契善行無跡願綏策以何施乘化而遊信道途之不謷伊在御之有則曷躡虛而可尋明上士以難代啟至言以修心斯氣也激淵常全接虛固然初習習以遐邁卒諄諄以思元候不奸兮節之八音而感應福能致矣旬有五日而方旋想乎上下無間飛淩有託既沖天而輕舉亦覩微而惟冀鄙蕭史蘭臺之鳳軼王子緱山之鶴道之云遠將自保於逍遙時不再來因以翔於寥廓

堯見姑射神人賦

王起

帝堯以化成於萬國聲宣於九德出汾水之陽經姑射之側峯巒交映若覩神人之形冰雪相鮮皆呈處子之色若非感而遂應靈而不測何以見不死之庭當至人之域始其厭宮室出茅茨駕鸞輅

建羽旗若光若滅乍合乍離寓目於巉巖之頂駐蹕於沮洳之湄爰按節而至矣乃傾蓋而望焉倏而五雲繚繞羣仙縹緲出碧嶺之崇崇臨丹丘之窅窅瞻童顏之麗綽約則多覩羽服之鮮纖襹非少集其侶乍謂崑崙之巔狀其居不異蓬萊之表由是峨山岊嶠天潯既元覽而旨遠亦高蹈而思深乃曰我以萬姓臣服八荒君臨蓋天下之至貴亦域中之所欽安知阻茲崖巘隔彼岑崟有吸風之人遐不可見仰乘雲之客高不可尋既而儼珠旒端玉藻增肅穆之敬念希夷之道見仙人之岳岳徒仰高山望鸞鶴之翩翩且輕大寶既而求之不得瞻之在前念四子而莫來莫往思一人而無黨無偏乘白雲而何及引黃屋而來旋故能戒於未兆防於未然向使忘鶉居之性徇龍駕之盛則光宅之德徒闊乎以邀以遊比屋之封詎見乎乃神乃聖我皇明四目達四聰惟神也愛而見惟聖也感而通不竊仙於飲露不問道於順風則姑射之神未爲盡善陶唐之主未足比崇

穆天子宴瑤池賦 以衆仙護儀靈感斯集爲韻

張仲素

昔穆王之御天下蕩志恩元凝然眇然將以肆車馬之遠迹訪崑閬之群仙既而獲八駿以爲乘輿六龍而並鶩謂升天可冀窮海右之巡行地無疆漸出人間之路弱水已踰層城是赴洎夫展王

母之容貌見列仙之軒轄絳宮元閟異故鄉之樓臺鳳舞鸞歌勝至樂之韶濩澄光渺瀰極望瑤池湛水容之漫瀁蕩日彩以參差近洲沚騈羅羽儀蕩蕩五雲宵芝田而不散翩翩三島拂珠樹以相隨金液是嘗玉杯是挹桃杏之花競秀蓬瀛之侶遨集遊仙可戀登天路之日長惟帝念歸懼人間之景戀嗟乎道不可測理難其形且復淫神之與驕志啄腐之與吞腥固不可以長遊仙境久曾衆騷於是迴輕軒反飛鞚却瞻遼廓而無見尙聞簫鼓之餘弄雖周文之歌燕鎬且異尋仙叅欃之享鈞天常稱在夢此則詣之者身從之者衆稽彼異錄陳茲所窺後之王者樂以聞斯方士彩童幾涉風波之阻金莖玉露盜延隙駟之馳故我后端拱穆清無爲元感却走馬而萬方以泰不出戶而八紘盡覽彼乃輕萬里而崇一朝孰若濟群生於屯坎

賀感夢聖祖表

李邕

臣邕言伏奉今月日制書至德感神通夢聖祖告以莫大之福示以無疆之期上賀國覲下敫人願以抃以躍且舞且歌臣某中賀臣聞百川所歸者謂之大海萬有所仰者謂之聖人今四海獲安聖人致壽臣子之願允塞乾坤之應克諧粤自書籍以來感慶之深福祐之盛未有如斯者也伏惟陛

下道用御天德心予物事無事以集休明至明以元悟人天乃接福貺爰臻故得眞仙見靈異相昭應言皆合天心証非外將恢弘聖慮照自宸衷啟之大年授以元祜麻姑觀海歷歲彌長王母記桃與時無準則幽明所戴宗廟所鍾兆庶子孫百靈齊集知億年之永托沐萬代之延休草樹自榮魚鼈咸若五風異色四氣同和鼓天地之大鑪鑄邦家之鴻業八極猶小不足受其禎符萬物每輕不足答其成造邮獄宥死符以再生寵賢達人宴以旬日耆艾衢陌工賈旗亭高興太平之時歡冐上古之化撫家族以自慰詣州邑以相誇官不驕人人不畏吏識天之覆熙焉如春惟聖之慈陶然如醉無任抃躍慶喜之極謹附表陳賀以聞臣邕誠懽誠喜頓首頓首

黃仙師瞿童記

符載

朗州桃源桃花觀南嶽黃洞元居焉有弟子姓瞿字伯庭年十四太和末散嗜慾不入傲然懷厭世之志大曆四年庚寅歲自辰溪來稽首宇下願蔭道域厠役隸之末位仙師以慈物軫慮遂許之雖處童孺給侍甚謹在醜不弄率性恭默每旦暮仙師修朝拜之禮攝齋莊之色焚香揖磬叩頭擎跽如臨君父如是者積二三歲不衰矣或往往獨行入谿洞中根究深處信宿方返仙師譏之輒云偶

造佳地遭遇神聖覩雲氣草木屋宇飲食使人淡然忘情不樂故處因求願偕往仙師曰靈仙之府必在左右然尚幼小謂所至之地不卽爾也無何有丹砂之役後領至襄陽市闤闠之下齊人浩擾則瞑目不視神氣醉泥返至逆旅通宵而後醒問其故捧手對曰太樸散壞者久矣今之人圓冠方履以詐相尚以利相市余所不堪方大駭其說不敢以常僕待之其後數以前事請仙師亦有意將逝屬暑雨壞道不得果去八年癸丑夏五月甲辰晦正衣服拜訣於戶外自言靈期逼近難可留止請自是往至日月合於鶉首復近於茲地焉仙師少加撫愛未卽聽遣室有同學道士朱靈辨者恐童子精神懾懦爲妖邪所致將欲顧丹筆符而禦之童不懌且多傲詞云則他辰之相見歲在降婁矣庭際有大栗樹逵人不過數仞遂背行冉冉從樹旁滅沒化去有聲隆然如風飄雷震衆以爲事出靑妄怪愕失次馳告鄰落共四圍而索之千崖沉沉漠然無聲洞西行一二里有巨蛇威猛甚盛自道中拖腹橫據勢不得近次至於東隅見右足八指羅印於地上折弱篠八枝縱橫插植若誌算驗之數餘不復覩先是未潛景之日劚芝園間獲珉石圓大如五銖錢明瑩可愛跪而授師曰此棊客棄棋子也幸加祕護後有符契仙師靈辨狀之不昧惜向時之無斷俛然發篋復覩故物其慚愧

嶽望者可勝言哉後經時曾白晝假寢輒勿罔至備申攝衣之敬診其客態但以承事尊上爲波耳至於日者之約無替爲仙師以建中元年自武陵卜居於廬山紫霄峰下古壇石室高謁顥氣載朂歲嶽道數獲踐履其域話精微之際得與聞此太息良久自感悟曰神遠人乎哉道遠人乎哉夫豈氏之子受天之氣生人之世百骸六臟非有卓然異色也以一誠之志唯巖洞是嶽彼秦人之宅尚得而往況仙師棲遁空山垂二十年根之以渾元守之以太和遺肢體冥耳目息歸於踵神舍於素杳杳冥冥中含至精方將入天地之門遊化初之原磅礴萬物不見其狀豈鸞鶴之馭而滿其道歟門人先往而師資尚淹留塵世天其意者以時人溺於羶腥汩亂正氣多札瘥夭昏之患使布陰德大拯生命符三千之數耶弟子風波之民不能自拔泥滓繼芳金籍徒以區區文字紀其糟粕不亦悲夫然庶示於好事者共爲起予之地耳貞元元年八月二十日苻載記

神仙傳論　梁蕭

予嘗覽葛洪所記以爲神仙之道昭昭爲足徵已試論之曰夫人之生與萬物同彼由妄而生由生而死生死相沿未始有極聖人知其本虛也其體無也示以大道俾性情其無妄而反諸本爲本則

不生不生則不死然後能周遊太虛出入萬變朝為羲農暮為堯舜或存而亡或亡而存天地莫能覆而載也陰陽莫能陶而蒸也寂然不見其朕瞻乎不識其門是之謂至神至神也者視天地四海若毫末而已萬古之前億載之後若一息而已列禦寇謂不生者能生不化者能化蓋謂彼也不性其情者則不然其用有際其動有待存亡相制倚伏相繫其道有數窮則壞故列禦寇謂生者不能不死不死者不能不化蓋謂此也彼仙人之徒方竊竊然化金以為丹煉氣以存身雖千百年居於六合之內是類龜鶴大椿愈長且久不足尚也噫後之人迭為所惑不思老氏損之之義顏子不遠之復乃馳其智用以符籙藥術為務而妄於靈臺之中有所念慮其末也謂齒髮不變疾病不作以之為功而交戰於夭壽之域號為道流不亦大哀乎按神仙傳凡一百九十人予所尚者惟柱史廣成二人而已餘皆生死之徒也因而論之以自警云

西山羣仙記序　　施肩吾

性非生知學道者必資於切問道難言傳立教者不倘於明文藏機隱意恐輕泄於聖言比物屬辭乃密傳於達士世有讀書而五行俱下開卷則一覽無遺聲音喧世孰知不死之方頭角摩天豈悟

希夷之理必也訪道尋眞求師擇友覽仙經之萬卷不出陰陽得尋師之一言自知眞偽水火木金土五行也相生而爲子母相剋而爲夫婦舉世皆知也明顛倒之法知抽添之理者鮮矣上中下精神氣三田也精中生氣氣中生神舉世皆知也得返復之義見超脫之功者鮮矣知五行之顛倒方可入道至於抽添則爲有道之人也得三田之返復方爲得道至於超脫則爲成道之人也古先達士皆曰道成眞成道者百無一二今來後學徒有道名眞入道者十無八九欲論得道而超脫者西山十餘人耳遂從前聖後聖祕密參同一集五卷取五行正體之數每卷五篇應一烝純陽之義開明至道演說元機因誦短篇發明鍾呂太上至言庶得將來有悟勤而行之繼僕以出塵實爲蓬瀛之侶華陽眞人施肩吾希聖序

續神仙傳序

沈份

古今神仙舉世知之然飛騰隱化俗難可覩先賢有言曰人間得仙之人且千不聞其一況史書不載神仙之事故多不傳於世詳其史意以君臣父子理亂忠孝之道激勵終古也若敦尚虛無自然之迹則人無所拘制矣史記言三神山在海中仙人居金銀宮闕不死之藥生其上人有欲往者則

風引船而去終莫能到斯亦激勵拘制之意也大哉神仙之事靈異罕測迹云初之修也守一煉氣拘謹法度孜孜辛勤恐失於纖微及其成也千變萬化混跡人間或藏山林或遊城市其飛昇者多往海上諸山積功已高便爲仙官卑者猶爲仙民何者十洲間動有仙家數十萬耕植芝田課計頃畝如種稻焉是有仙官分理仙民及人間仙凡也其隱化者如蟬蛻留皮換骨煉氣養形於岩洞然後飛昇成爲眞仙信非虛矣伋生而慕道常媿積習及長遊歷宦途周遊寰宇凡接高尙所說或覽傳記兼復積年之聞見皆銘於心而書於牘又以國史不書事散於野矧當中和兵火之後墳籍亢鈌詎有秉筆札而述作者處世斯久人漸希傳惜哉他時寂無遺聲今故編集其事分爲三卷冀資好事君子學道之人談柄用顯眞仙者哉

下元金籙道場靑詞　　張元晏

維乾寧二年歲次丙辰十月戊申朔十二日己未嗣皇帝臣稽首大聖祖大道金闕元元天皇大帝伏以強名曰道迥出氤氳之表惟天爲大是生恍惚之中融和氣以陶蒸鷇其風而煦育況黃庭碧落集列聖之威儀絳闕丹臺聚羣仙之步武爰啟祈恩之路實開請福之門敢用眞誠陳於下會今

雖物無疵癘年穫豐登遠人不倦於梯航絕塞靡虞於烽燧而鯨鯢作慝蛇豕爲妖塗炭黎元黷亂紀律宮朝載罹於焚毀簪裾仍迫於羈離致不瘳瘵思僭曉夕引咎由是廣延眞侶重叩元關幣帛交陳香燈備設伏願堅覆露之德暢亭毒之恩使氛祲蠲消萬彙咸泰復安宗社大定寰區及臣微身同霑弘造謹詞

詆仙賦有序

宋宋祁

予旣守壽春覽郡圖得八公山故老爭言山上有車轍馬迹是淮南王上賓之遺耕者往往得金云丹砂所化可以療病因取班固書葛洪神仙二傳合而質之嗟乎人之好奇而不責實也尙矣而洪又非愚無知者猶憑浮證僞況鄙人委巷語耶作詆仙賦

憫茲俗之鮮知兮徇悠悠之妄陳常牽奇以合怪兮欲矜己以自神操百世之實亡兮唱千齡之僞存彼淮南之有將兮固殊刺而殞身緣內篇之丕誕兮眩南宮之多聞謂八人者語王兮歷倒景而上賓餌玉七之神藥兮託此謳乎晨王負驕以弗虔兮又見謫於列眞雖長年之彌億兮屏帑偃而念慾念斯事之吾欺兮聊反復乎遺言號聖仙之靈禀兮宜常監德而輔仁不是察王僞貴兮遽

引內於天門已乃悟其非是兮胡為賞罰之紛紜蓋仙者之回惑兮無以異乎常人國為墟而嗣絕兮載遺惡而不泯故盛傳其遺金兮證蹄石之餘痕武安陰語而前死兮更生僞鑄以贖論彼湜詐以罔時兮宜自警於斯文

彭州胡氏三遇異人記　文同

熙寧六年春余寓天彭成都承天僧敏行無演在焉為余言北城有胡氏者名釗字倚天初時號為高貲修積善行嘗奉侍異僧曰王羅漢者置寺住之後有詔俾倚天赴闕將授以官倚天不願仕辭之在京師出入起居與西還之期王日日預言於其家已而究驗盡合無少差者初倚天去彭在道中北至都下人往往見道人被破褐狀貌怪偉常在倚天左右忽問之有不能見之者以語倚天倚天但笑而不答自知王之於此陰護持之爾術士嘗言倚天壽不滿四十倚天過華山謁希夷陳先生先生甚喜久留其居為造藥一鼎使攜歸餌之後教以度世延年之法倚天既歸如其訣行且久其身楊然若將翩翩隨風而起鄉人異之一日有晨叩其關者遣視之不見其人但以杖七十並倚門而去倚天收之卒不知其所以致之者自後胡氏之門愈盛遠今累世矣倚天至七十八歲乃卒

余因與演詣其家觀其所謂杖與藥者杖非世間所有之木色紺紫堅潤可愛藥如彈丸赤黃有光曮雜竇中其重若金玉余嘆曰倚天人不能知其然者陰行甚密矣所以三異人者嘗相與逢遇如此警動之倚天雖已去世亦自與斯人遊風塵外爾豈俗士哉其孫靖爲進士端厚純粹爲鄉里所稱余因謂無演曰靖佳士也於以見胡氏子孫承藉其祖之光靈慶嗣綿綿無窮極者已無演曰然是可記也自余來與元靖遣人千里致書且求記其事余爲記之

跋王易簡玉仙傳後　黃伯思

昔東晉楊君羲精思句容夢登蓬巒與洛廣休等五仙人遇其遊觀奇山漱濯滄流道家者流類能言之今觀玉仙傳後所書坐玉溪酌雲腴二夢與楊君事殊世冥符斯亦異矣於戲玉虛太漠之遊公其勉之政和五年十一月九日武陽黃某書新安周穎宜興蔣密祖是日觀於道山之南榮

跋劉向列仙傳後　前人

司馬相如云列仙之臞居山澤間列仙之名當始此傳云劉向作而漢書向所序六十七篇但有新序說苑列女傳等而無此書又叙書并贊不類向文恐非其筆然事詳語約辭旨明潤疑東京文也

題謝道士混元皇帝實錄後　葉適

世儒固病老子之徒矜大老氏今謝懷英此書矜大尤甚欲自使其徒尊誦之可爾懷英故爲士人將以示其爲士者則可乎余觀司馬遷老子傳言孔子嘆服老子隱而著書莫知所終言老子二百歲又以太史儋即老子又言老子子孫至漢有仕宦者蓋其隱顯不常變化難名自周以來記之矣何必道士也天地定位也人物定形也壽夭貴賤可約而推也愛惡苦樂可抑而齊也此世論也人之爲天地天地之爲人統氣御形而謂之道者非世論也學者存之而已

集仙傳序　曾慥

道家者流學黃老神仙之術煉形成氣煉氣成神及臻成形神俱妙遙興輕舉浮遊蓬萊變化超忽將與山石無極其次坐脫立亡有所謂尸解眞誥云人死必視其形足不青皮不皺目光不毀無異生人毛髮盡脫俱失形骨者皆尸解也又云尸解之仙但不得御華蓋乘飛雲登太極遊九宮其中有火解者要之一性常存周遊自在有道士宿植根本積功累行乃能飛昇是以三千行滿獨步雲歸茲語信而有證或修心煉性自日益至於日損自有爲至於無爲功成丹就住世成仙固自有次

第又云親遇至人餌丹藥得要訣不假修爲一起直入蓬萊之地則繫於緣分如何耳劉向有列仙傳葛洪有神仙傳沈份有續仙傳予晚學養生潛心至道因采前輩所錄神仙事迹幷所聞見編集成書皆有證據不敢增損名曰集神仙傳異代事得於碑碣者姑以其世冠於卷首其年有不可考者次之其著見於本朝者又次之至於忘其姓名者皆附之卷末中有長生久視之道普勸功周同證道果浮生光景如流生老病死苦隨之事在勉强而已覽者詳焉紹興辛未至遊子曾慥述

跋陳北山序黃春伯本末　　眞德秀

清逸黃君少爲神仙之學且有志當世之事爲故北山先生陳公所知公之子今寶章閣待制子華爲福建招捕使君以賓客從有功自於朝得武爵清逸弗願也顧弗忍墜先世遺緒以州文學爲吏部銓樞密府聞其才召使稟議此功名鼎至之秋也昔李長源嘗學神仙矣旣而爲唐家三帝出建大勳業人謂長源以將相易神仙失計吁使長源眞能驂鸞跨鶴餐沆瀣餌朝霞不過自私其身爾況大忠大孝不俟修煉而得神仙此眞誥中語也予嘗謂天上果有神仙必忠臣孝子爲之清逸勉乎哉抒赤誠以保國其斯謂忠揚令名以顯親其斯謂孝勳業就矣浩然來歸吾已結廬梅山之陽

振袂武夷之頂子能從吾遊吾將分半席以待

葉清父同歸錄後序　　　　　　　　　前人

予友葉君清父深於易而喜讀神仙之書輯萬論同歸錄以示人曰此與易相表裏者也或難之曰夫屈伸之循環往來之更代者易之道也昧屈伸往來之理以求長生不死者神仙之術也二者猶冰炭之不合故有易則無仙有仙則無易而君子偕學焉其有說乎清父曰子知易與仙之殊途而不知其歸之一也吾請嘗試言之夫陽尊陰卑者分之常也陰升陽降者氣之反也然常者為否為未濟反者為泰為既濟人而知此則養生之說在其中矣且一陰一陽者理之不能相無者也易之道必貴陽而賤陰仙之道亦必進陽而消陰其自然脗合又如此豈非所謂歸之一耶夫世之有治亂存亡猶人之有始終生死也聖人於易苟可以常治而無亂有存而無亡者必終致其意焉彼為神仙之說者貴其生欲其長生患其死欲其不死若悖乎天地陰陽之常理推其用心亦若是焉而已爾故乘雲馭風雖非吾之所能必然保精而嗇神養性而益命全其生毋傷其生亦豈理之所無哉然則謂易之與仙相為表裏可不可也難者乃解既而清父以告予予謂易之為道廣大悉備故

凡天下之數術皆宗焉而非數術所能盡也仙之與易蓋判乎其二致而理之相符則有如清父之所云者故采其說繫於同歸錄之後云

卷終

神仙部藝文三

韓湘子神仙辨　　明陳繼儒

世傳韓文公孫湘神仙人也嘗諷公沖舉公不從一日因宴集忽席上開牡丹二朶詩其上云雲橫秦嶺家何在雪擁藍關馬不前公未知其解後公以言佛骨事貶潮州途中遇湘冒雪來曰憶花上之句乎公詢其地名即藍關也遂足成其詩云云予按唐世系表湘字北渚公姪老成子公兄介孫長慶三年進士又按公集有題詩云左遷至藍關示姪孫湘一首他日有宿曾江口示姪孫湘二首而賈島集寄韓湘詩又有過嶺竹多少潮州瘴滿川之句則公之赴潮湘實從行非邂逅不期之遇也而湘第進士去是年纔四歲耳後官至大理丞湘固公輩人何得有神仙事也酉陽雜俎載韓侍郎有疎從子姪自江淮來年甚少韓令學院中伴子弟子弟悉爲淩辱韓知之遂爲街西假僧院令讀書經旬寺三綱復訴其狂率韓遽令歸且責曰市肆賤類營衣食尚有一事長處汝所爲如此竟作何物姪拜謝徐曰某有一藝恨叔不知因指堦前牡丹曰叔要此花青紫黃赤惟命韓大奇之遂

給所須試之乃豎箔曲尺遮牡丹叢不令人窺掘窟四面深及其根寬容一坐惟齎紫鑛輕粉朱紅旦暮治其根凡七日乃塡坑白其叔曰恨校遲一月時冬初也牡丹本紫及花發色白紅歷落每朵有一聯詩字色分明乃是韓謫官時詩一韻曰雲橫秦嶺家何在雪擁藍關馬不前十四字韓大驚異姪且辭歸江淮竟不願仕據此則公自有疎從姪挾術自售乃遠從江淮來又竟歸江淮不復仕非湘明甚而花上之句卽姪于公還潮之後述其初赴潮之詩亦非公姪之逆自爲也今公遺集有贈族姪詩擊門者誰子問言乃吾宗自云有奇術探妙如天工疑謂此人事訖段成式與公同時不誣而近日唐荆川史纂左編全不考証妄列湘道門且謂湘送公藍關一宿卽辭去公留之不可得作別湘詩云舉世皆爲名利醉伊子獨向道中醒他時定是飛昇去冲破秋空一點靑旣雅非公本趣兼詞句凡猥退之家奴不爲至謂湘出藥一瓢戒公日服一粒以禦瘴煙公謝湘有慮不脫死魂遊海外一思至此不覺垂淚之語何公一旦衰颯狂惑遂至此乎宜不然矣編又謂湘公猶子並其家世皆失之

冥寥子游　屠隆

冥寥子爲吏困世法與人吐匿情之譚行不典之禮何謂匿情之談主賓長揖寒暄而外不敢多節一語平生無斯須之讙一見握手動稱肺腑掉臂去之轉盼吳越面頌盛德則夷也不旋踵而背語蹠也燕坐之間譏辨有口乃託簡重身有穢行謬爲清言懼俚胥溺竊莊語觸忌則一切置之而別爲浮游不根之談甚而假優伶之謳歌以亂之即耳目口鼻悉非我有嚬笑駡總屬不真俗已如此雖欲力矯之不能何謂不典之禮賓客酬應無論尊貴雖其平交終日磬折俛首何離於天而日與之遠何親於地而日與之近貴人纔一啟口諾聲如雷一舉手而我頭已搶地矣彼此相詒絕不欲見而下馬投刺徒終日僕僕夫往來通情非舉行故事也先王制禮固如是乎褒衣束帶縛如檻猿虱嚙膚癢甚而不可捫跬步閒行輒恐踰官守馬上以目注鼻視不越尺寸視越尺寸人即從旁偵之溺下至不可忍而無故莫敢駐足其大者三尺在其前清議在其後寒暑撼其外得失煎其中豈惟纓墨之夫哉雖有豪傑快士通脫自喜不涉此途則已一涉此途不得不俛而就其籠絡冥寥子將縱心廣意而遊於漭瀁之鄉矣　或曰吾聞之道士處靜不枯處動不喧居塵出塵無縛無解俄而柳生其左肘有鳥巢於其頂此亦冥靜沉寥之極也供爨下之役拾地上之殘此亦卑瑣穢

賤之極也而至人皆冥之子厭仕路之踢蹐而樂奇遊之清曠無乃心爲境殺乎冥寥子曰得道之人入水不濡入火不焦觸實若虛蹈虛若實靡入不適靡境不冥則其固然余乃好道非得道者也得道者把柄在我虛空粉碎投之囂喧穢賤若濁水青蓮淤而不染故可無擇乎所之余則安能若柳之從風風盪則盪風搖則搖若沙之在水水清則清水濁則濁余嘗終日清靜以晷刻失之終歲清靜以一日失之欲聽其所之而在境不亂不可得也使天子可以修道則巢許何以貧穎使國王可以修道則釋迦何以雪山使列侯可以修道則子房何以謝病使庶官可以修道則通明何以挂冠余將廣心縱意而遊於漭瀁之鄉矣　或曰願聞子遊冥寥子曰夫游者所以開耳目舒神氣窮九州覽八荒采眞訪道庶幾至人啖雲芝漱石髓御風騎氣泠然而飄渺不知其何之然後歸而掩關面壁了大事矣余非得道者宅神以內養德以淡游氣以虛敢不力諸然而未也宅神以內忽而馳於外養德以淡忽而移於濃游氣以虛忽而著於意其中不盪則稍假外鎭之其心無以自得則或取境娛之故余之遊跡奇矣挾一煙霞之友與俱各一瓢一衲百錢自隨不取盈而欲令百錢常滿以備非常兩人乞食無問城郭村落朱門白屋仙觀僧廬戒所乞以食不以酒以蔬不以肉其

乞辭以遜不以哀畀則去之其不畀者亦去之要以苟免饑而已有疑物色者晦而自免去有見凌者屈體忍之有不得已無所從乞卽以所攜百錢用其一二遇便卽補足焉非甚不得已不用也行不擇所之居不擇所止其行甚緩日或十里或二十里或三十四十五十里而止不取多多恐其罷也行或遇山川之間清泉白石水禽山鳥可愛玩卽不及往選沙汀磐石之上或坐而眺焉遇樵人漁父村氓野老不道姓名不作寒暄而約略談田野之趣移晷乃去別而不關情也大寒大暑必投栖止焉而不行懼寒暑之氣傷人也行必讓路津必讓渡江湖風濤則止不渡或半渡而風濤作則凝神定氣委命達生曰苟渡而溺天也卽恐寍免乎如其不免則游止矣幸而獲免游如初其遭惡少年於道或悞觸之少年行其無禮則遜辭謝之謝之而不免則游止矣幸而獲免游如初有疾病則投所止而調焉其同行者稍爲求藥而已則處之泰然內視反聽無怖死如是則重病必輕輕病立愈如其大運行盡則游止矣幸而獲免游如初蹤跡所至遜者疑焉而以細人見羈或以情脫或以智免如其不免則游止矣幸而獲免游如初行而寄宿石廡茅舍無論也託宿而不及卽寺門崇阿窮簷之外大樹之下可以偃息或山鬼伺之虎狼窺之奈何山鬼無能爲苦虎狼無術以制之

不有命在天乎以四大委之而神氣了不為動卒塡其喙墩也則游止矣幸而獲免游如初其游以五嶽四瀆洞天福地為主而以散在九州之名山大川佐之亦止及九州所轄人迹所到而已其在赤縣神州之外若須彌崑崙及海上之十洲三島身無羽翼恐不能及也所遇亦止江湖之士山澤之癯而已若扶桑青童暘谷神王桐柏小有王母雲林諸眞身無仙骨恐不得覯也其登五嶽也竦立罡風之上遊覽四海之外萬峰如螺萬水如帶萬木如薺星河摩於山頂白雲出於懷袖鶴鸞手可拾日月掠雙鬢而過之即嘯語亦不敢縱非惟驚山靈殆恐咫尺通乎帝座矣上界晴灝萬里無纖翳下方雷雨晦冥而不知微聞霹靂聲細於兒啼斯時也目光眩瞀魂氣躍躍出壙埌即欲乘長風而去何之乎或西日欲匿東月初吐烟霞晃射紫翠倏奕峰巒遠近乍濃乍淡又或五夜聞鐘磬大殿門不關虎嘯有風颯颯去披衣起視則兔魄斜墮殘雪在半嶺烟光溟濛前山不甚了了於斯時清冷逼人心意欲絕又或嶽帝端居羣靈來朝幢節參差鐃管蕭蕭殿角雲氣霏綴霞綃恍惚可覩似近而遙快哉靈人之音何彼冷風之斷之也五嶽而外名山復不少矣若四明天台金華括蒼金庭天姥武夷匡廬峨嵋終南中條五臺太和羅浮會稽茅山九華林屋諸洞天福地稱仙靈之

窟宅神明之奧區者莫可殫數芒屨竹杖總不能遍歷隨其力之所能到而遨焉飲神瀵之水問仙鼠之名啖胡麻之飯餐柏上之露或絕壁危峰陡插天表人不能到則以索自縋而登或石梁中斷玉扉忽開奮而突入無恐谽谺窈窱之洞深黑而不見底僅通一線仰逗天光以火自爇而入焉無恐以尋高流羽士肉芝瑤草及仙人之遺蜕處游於大川若洞庭雲夢瞿塘巫峽具區彭蠡揚子錢塘空闊浩淼魚龍神怪之所出沒微風不動空如鏡也神龍不怒抱珠臥也水光接天明月下照龍女江妃試輕綃躡文屨張羽蓋吹洞簫而出凌波徑度良久而滅胡其冷爽也惡風擊之洪濤隱起鴟夷賈怒天吳助之大地若磨焉萬縣若簸焉恍乎張龍公挾九子擘青天而飛去胡其險壯也又秀媚靚粧莫如武林之西湖楊柳夾岸桃花臨水則麗華貴嬪之開曉鏡也菱葉吐華芙蕖濯濯朝光澄鮮芳香襲人則宜主合德之出浴也天清日朗風物明媚朱閣朝臨蘭橈夕泛則楊家妃子之笑也煙雨如織羣山黯淡奇絕變幻亦大可喜則吳王西施之顰也冥寥子散步西泠六橋已而深入天竺靈鷲禮古先生罷而出訪丁野鶴於煙霞石屋之間又潮音落迦則冥寥子之家山也觀音大士道場在焉采蓮花而觀大海豈不勝哉

意興既達汗漫而行萬里足下耳目偶愜其性或

旬日居之終朝趺坐以煉三寶道德五千言其竅與妙乎玉清金笥其志與竟乎扶桑玉書其不問鄰乎陰符二篇其機在目乎太上指其觀心古佛操其定慧因禪定以求參同則兀如非枯也仙靈之官真如之寺金身妙相焜燿如日月燭既明矣香既清矣羽人衲子分蒲團而坐啜茗進果翻經閱藏小倦則相與調息入定久之而起則月在藤蘿篩篩閃然沙彌以頭觸地童子據藥爐而瞑於斯之時雖有塵心何由而入也若在曠野矮牆茅屋酸風吹扉淡日照林牛羊歸乎長坂饑烏噪於平田老翁敝衣亂髮而曝短桑之下老婦以瓦盆貯水而進麥飯當其情境悽絕亦蕭瑟有致哉若道人之遊以此為厭薄則不如無遊也若入通都大邑人煙輻輳車馬塡委冥寥子行歌而觀之若集百貨者若屠沽者若倚門而謳者若列肆而卜者若聚訟者若戲魚龍角觝者若樗蒲蹴踘者冥寥子無不寓目焉興到入酒肆沽濁醪焚枯魚生菜兩人對飲微醒長吟採芝之曲徘徊四顧意豁如也驚詫市人何物道者衣服藍褸蕭然而風韻乃爾乎衆共疑之蓋仙人云須臾徑去不見

高門大第王公貴人置酒為高會金釵盈座玉盤進醴堂上樂作歌聲遏雲老隸守門拄杖在手道人闖入乞食為雙眸烱碧意度軒軒而高唱曰諸君且勿喧聽道人歌花上露花上露何盈盈不畏

冷風至但畏朝陽生江水既東注天河復西傾銅臺化丘隴田父紛來耕三公不如一日醉萬金難買千秋名請君為歡調鳳笙花上露濃於酒清曉光如珠如珠惜不久高墳鬱纍纍白楊起風吼狐狸走其前獮猴啼其後流香渠上紅粉殘祈年宮裏蒼苔厚請君為歡早回首歌罷若有一客怒曰道者何為吾輩飲方懽而渠來敗人意亟以胡餅遺之道人則受胡餅趨出一客謂其從者曰急追還道者前一客曰飲方懽恨渠來溷人以胡餅逐之善矣何故追還後一客曰僕察道者有異欲令還而熟視之前一客曰乞兒也何異之有彼意所需一殘羹冷炙而足又一客曰味初歌詞不類乞者座上若有一紅綃歌姬離席曰以兒所見此道者天上謫神仙也兒察其眉宇清淑音吐俊亮謬為乞兒狀而舉止實徵露其都雅歌詞深秀乃金臺宮中語固非人間下里之音況吐乞兒口哉神仙好晦跡而游人間急追之勿失最後一客曰何關渠事亦飲酒耳試令追還道者固無奇矣紅綃者不服曰兒固與諸公無緣又若有一青綃者復離席曰諸公等以此為賭墅可乎試令返道者果有異則言有異者勝返之而無奇則言無奇者勝諸公大閧曰諾令從者追之則化為烏有先生矣從者返命前一客曰吾固知其不可測也紅綃者愀然曰是甫出門而即烏有耶惜哉失一異人

冥寥子曳杖逍遙而出郭門連經十數大城見不入至一處見峰巒背郭樓閣玲瓏琳宮梵宇參差掩映下臨清池時方春日韶秀鳥鳴嘉樹百卉敷榮城中士女新裝袨服雕車繡轂競出行春或蔭茂樹而飛觥或就芳草而布席或登朱樓或擢青雀或並轡而尋芳或連袂而蹋歌冥寥子樂之爲之踟躕良久俄而有一書生膚清神爽翩翩而來長揖寥冥子曰道者亦出行春乎僕有少酒在前溪小閣櫻桃之下朋儕不乏而欲邀道者助少趣能從我去乎冥寥子欣然便行至其處若見六七書生皆少年俊雅先一書生笑謂諸君曰吾輩在此行春無雜客適見此道者差不俗今日之會轉欲與道者共之諸君以爲何如咸應曰善於是以次就坐道者坐末席酒酣暢洽談議橫生臧否人物揚扢風雅有稱懷春之詩者有咏采秀之篇者有談廊廟之籌策者有及山林之遠韻者辨駁紛綸各極其至道人在座飲啖而已先書生雖在談劇中顧獨數目道人曰道者安得獨無言道人曰公等清言妙理聽之欣賞而不能盡解又何能出一辭少選諸君盡起行陌上折花攀柳時多妖麗蘼蕪芍藥往往目成而道人獨行入山徑良久而出諸君曰道者獨行何爲曰貧道適以雙柑斗酒往聽黃鸝聲耳一書生曰道者安得作許語差不俗庸知非黃冠中之鄰水賀監耶道人深自謙抑

諸君復還就坐一人曰今日之遊不可無作一人應曰頁是有一人則先成一詩曰疎烟醉楊柳微雨沐桃花不畏清尊盡前溪是酒家一人曰蔚冷分山翠樓空入水烟青陽若不醉風雨送殘年一人曰戲問懷春女輕風吹繡襦不嗔亦不答只自采蘼蕪一人曰金鞭擲道旁寶馬桃花汗何故擲金鞭償將試紈扇一人曰青山帶城郭綠水明朝陽日莫那能返開簾延月光道人曰諸公之詩各佳甚一人曰道人能賞吾輩之詩必善此技某等願聞道人起立謙讓再三諸君固請不輟道人不得已徐曰諸公信一時之秀藝各擅場貧道蟬噪蛙鳴以博諸公噴飯乃吟曰沿溪踏沙行水綠霞紅處仙犬忽驚人吠入桃花去諸君大驚起拜曰咄咄道者作天仙之語我輩固知非常人也於是競問道人姓名但笑而不答問者不已道人曰諸公何用知道人名雲水野人邂逅一笑即見呼以雲水野人可矣諸君既心異道人於是乃力欲挽入城郭道人笑曰貧道浪遊至此四海爲家諸公謬愛即追隨入城無所不可遂相攜入城以次更宿諸君家自是或登高堂或入曲房或文字之飲或歌舞之場道人無不往者城中傳聞有一雲水道人好事者爭相致之道人恐赴人與之飲酒即飲酒與之談詩文即談詩文挈之出遊即出遊詢以姓名即笑而不答其談詩文剖析今古規合體

裁頗核或稱先王問及世務兼善詼諧人益喜之而尤習於養生家言偶覩歌舞近靡曼或調之以察其意道人欣然似類有標韻者至主人滅燭留晃燕笑媟狎即正容危坐人莫能窺夜嘗少臥借主人一蒲團結跏趺其上倦則即其上假寐而已人以此益異焉居月餘一日忽告去諸君苦留之不可得各出金錢布帛諸物相贈作詩送行臨別諸公皆來會惆悵握手有泣下者冥寥子至郭門第僅足百錢悉出諸公所贈諸物散給貧者而去諸公聞之益嘆息莫測所以　　冥寥子行出一山路深窅峭險藤蘿交陰仰視不見天日人烟杳然樵牧盡絕但聞四旁鳥啼猿嘯陰風蕭蕭而恐人冥寥子與其友行許久忽見一老翁龐眉秀頰目有綠筋髮垂兩肩抱膝而坐大石之上冥寥子前揖之老翁爲起注目良久不交一言冥寥子長跽進曰此深山無人處安得有璒然者翁殆得道異人也弟子生平好道中歲無聞石火膏油心切悲嘆願垂慈旨以開迷老翁佯爲弗聞固請之乃稍教以虛靜無爲之旨無何別去目送久之而滅山深境絕處安得無若而翁者耶　　又或隨其所到有故人在焉疇昔以詩文交者以道德交者以經濟交者以心相知者以氣相期者思一見之則不復匿姓名徑造其家故人見冥寥子衣冠稍異怪問之答曰余業謝人間事適明季貞吾師也

曰公婚嫁畢乎曰未也以俟其畢如河之淸向子平去則不返余猶將指家山聊以適吾性爾於是歘之淸齋追往道故數十年之前俛仰一笑俱屬夢境友人乃低回慨嘆且羨冥寥子其無累之人耶夫貴勢高張榮華滲漉人之所易溺也白首班行龍鍾盤跚猶戀此物而不肯舍一旦去之攢眉向人業問車馬而遲行出國門而回首旣返田舍不屑屑爲藝穜稑理麻豆而日夜問長安之耗或遺書當路故人爲胸中數往數來直至屬纊乃已有大拜命下之日卽其屬纊之辰有目瞑數時而朝使後至者大可笑也子何修而能早自脫屣若此冥寥子曰余閒中觀焉殆有所傷而悟也余觀於天日月星漢何亢而早夜西馳今日之日一去卽失雖有明日非今日矣今年之年一去卽失雖有明年非今年矣天日自長吾日自短三萬六千朝而外吾不得而有也天年自長吾年自短百歲而外吾不得而有也又況其所謂百者所謂三萬六千者人生常不得滿而其間風雨憂愁塵勞奔走之日常多良時嘉會風月美好胸懷寬閒精神和暢琴歌酒德樂而婆娑者知能幾何日月之行疾於彈丸當其擻轆而欲墮西岩雖有拔山扛鼎之力不能挽之而東雖有蘇張之口不能說之而東雖有樗里晏嬰之智亦不能轉之而東雖有觸虹蹈海之精誠不能感之而東古今談此畢以爲

長恨余觀於地高岸爲谷深谷爲陵江湖湯湯日夜東下而不止方平先生曰余自接待以來已三見滄海爲桑田矣余觀於萬物生老病死爲陰陽所摩如膏之在鼎火下熬之不斯須而乾盡如燭在風中搖搖然淚枯燼落頃刻巳滅如斷梗之在大海前浪推之後浪疊之泛泛去之而莫知所棲泊又況七情見戕聲色見伐鑿太極思慮過勞命無百年之固而氣作千秋之期身坐膏火之中而心營天地之外及其血氣告衰神明不守安得不速壞乎王侯將相甲第如雲擊鐘而食動以千指平旦開門賓客擁入日昃張宴粉黛成行道人過之呵聲雷鳴而不敢窺後數十年又過之則蔓草瓦礫被以霜露風淒日冷不見片瓦兒童放牛牧豕之場乃疇昔燕樂歌舞地也方其鼎盛豪華諧謔歡笑時寧知遂有今日大榮衰歟何其一瞬也豈止金谷銅臺披香太液經百千年而後淪沒哉暇日出郭登丘隴鬱鬱纍纍燕韓耶晉魏耶王侯耶廝養耶英雄耶騃子耶黃壤茫茫是烏可知吾想其生時耽榮好利競氣爭名規其所難圖而獵其所無益憂勞經營疇不其然一朝長寢萬慮俱畢余嘗宿於官舍送往迎來不知其更幾主也余嘗闚乎朝籍去故登新不知其更幾名也余嘗出關門臨津渡陟高岡眺原野舟車絡繹山川莽蒼不知其送人幾許也歎息沉吟或繼以涕泗則

吾念灰矣友人曰晏子有言古而無死則爽鳩氏之樂也齊景公流涕悲傷識者譏其不達今吾子見光景之駛疾知代謝之無常而感慨係之至於沈痛得無屈達人之識乎冥寥子曰不然代謝故傷傷乃悟也齊景公恨榮華之難久而欲據而有之以極人生之樂我則感富貴之無常而欲推而遠之以了性命之期趨不同也曰子今者遂以得道乎冥寥子曰余好道非得道者也曰子好道而遊者何冥寥子曰夫游豈道哉余厭仕路跼蹐人事煩囂而聊以自放者也欲了大事須俟閑關曰子一瓢一衲行歌乞食有以自娛乎冥寥子曰余聞之師蓋有少趣在淡烹羊宰牛水陸畢陳其始亦甚甘也及其厭飽膨脝滋覺其苦不如菁蔬白飯氣清體平習而安之殊有餘味妖姬孌童恣態極姸擫鼓吹笙滿堂鼎沸其始亦甚樂也及其興盡意敗轉生悲涼不如焚香攤書兀兀晏坐氣韻蕭疎久而益遠某雖嘗濫進賢冠家無負郭案無阿堵止有圖書數卷載之以西波臣懼為某累一舉而捐之水濱此身之外遂無長物境寂而累遺體逸而心閒其趣詎不長哉一衲一瓢任其所之居不擇處與不擇物來不問主去不留名在冷不嫌入鬧不溷故吾之游亦學道也其人乃欣然而喜曰聆子之言如服清涼散不自知其煩熱之去體也　子既好道願聞其旨夫三教亦有異乎

曰無有異也今夫儒者在世之法也釋道者出世之法也儒者用實而至其妙處本虛釋道用虛而至其現處本實譬之人嘉穀以濟饑甘漿以止渴以漿濟饑不濟以穀止渴不止儒者以其道治世修明人倫建立紀綱法精網密人待以為命然而世法榮華易生僥羨世法無常易生得失世法束縛易生厭苦世法勤勞易生煩躁至於釋道貴寂寞而去榮華重性靈而輕得失離束縛而尚擺落舍煩躁而就清涼故儒者譬則食穀也釋道譬則飲漿也以釋道治世者以漿濟饑固無所用之欲存儒而去釋道若食穀而不飲漿如煩渴何故三教並立不可廢也曰釋與道亦有異乎曰無有異也釋貴虛靜道亦貴虛靜釋貴無為道亦貴無為釋之所重在神故但修性而不言命靈明之極萬刦不壞是性自該命也道之所重在形故多修命然必性命雙修以性立命而後超凡度世是命不能離性也道家煉精還氣煉氣還神煉神還虛以成大丹而有出入無是有為而無為也釋家戒生定定生慧至於慧則靈光所在亦丹也是全以無為無為之為其道愈大也釋家一証真空萬刦不壞長生其所不必言者道家形神俱妙自然長生初非貪長生而修道以長生為言者蓋為學人設而非黃老之本旨也道家有耑言修命者其道不大雖足延年易壞所謂地仙之輩是也釋家修性

不徹則其形既壞而其神有未能獨立不免投胎奪舍所謂清靈之鬼是也要而言之佛道若成仙何論乎修仙者以佛修仙仙道乃大二氏微有不同其大處同也友人曰子之論三教核矣何患不成冥寥子曰夫道非知之難行之難而不知者盲者之索塗也知而不行書餠其可充饑乎於是里中之人稍稍有知冥寥子者相期來視冥寥子懼其疲於酬應乃辭友人而行　至一處乞食或見官府縛一貧者而鞭之甚楚索錢五百不得愈怒貧者聲淚俱下一豪家子鮮衣駿馬從者如雲陵轢市人市人屏息屠兒持利刃宰牛封羊豕呼聲甚哀諸魚鼈蚌蛤鰍鱔堆積如丘山腥穢聞數十里或婦與姑反脣者或子與父誶語者狡童婦飾而誨淫妖娼當門而挑客作過種種冥寥子愍之乃呼集市人廣爲說法闡菩提之果論天人之福指三生之緣指善惡之報無住而修行則爲大乘清虛而修行則爲仙品有漏而修行則生天界抱欲而修行則成魔道嗔心而修行則成修羅壞法而謗道則名闡提虓暴而婬辟則化羅刹聚嗇而縱惡則墮地獄惡極而罪大則沉阿鼻其言愷切聽者竦然多有因而改悔者　俄而一書生至與冥寥子辨論書生曰仙與佛果有之乎曰是何言歟今夫凡夫縱欲憂勞則心氣憒耗偶時日清心寡慾則神識爽然人能寧緝眞氣保和靈光

則成仙作佛又何疑也吾姑淺言之佛道兩藏及高僧傳神僧傳傳燈錄列仙傳諸書往往出至人大儒手百千萬億歲以來彼豈盡無其事而妄言之以欺誑後世者乎神怪鬼魅世人常有見聞者有鬼神則有仙佛何言其無即爲謗道曰所謂東嶽酆都閻羅冥官果有之乎曰是何言歟今夫明有閻浮提天子宰制四海其下則有宰相六曹監司羣牧宣教達情以恩威慶賞整齊萬民而後成世道人天之上有天帝端居統治下土其下則有天神諸將三官萬靈考校人間善惡分別賞罰以彰神理子謂神靈無有豈謂上帝亦無有乎有上帝而無神靈一孤帝巍然於玉清之上乎又何以賞罰善惡而行其教令也曰善惡報應三世因果果有之乎曰作善降之百祥作不善降之百殃儒者之言也欲知前世因今生受者是欲知來世因今生作者是釋氏之言也今夫愚騃薄惡之子終身富貴慶流子孫非其今生足以受之也或以其前世種福根深也聰明好修之夫夭札坎壈後嗣零落非其今生有以取之也或以前世之修福業薄也不然則此二事遂不可解而上帝賞罰之權倒置矣頃之一少年來戟手而罵冥寥子曰道人乞食得食即去饒舌何爲是妖人也吾且聞之官攘臂欲毆冥寥子冥寥子笑而不答或勸之乃解

於是冥寥子行歌而去夜宿逆旅或有婦人

治容艷態而窺於門須臾漸迫微詞見調冥寥子私念此非妖也耶端坐不應婦人曰吾仙人也憫子勤心好道故來度子且與子宿緣幸無見疑吾將與子共遊於度索蓬萊之間矣冥寥子又念昔閻成子學道荆山試而不過卒為邪鬼所惑失其左目遂不得道而絕眞誥以為猶是成子用志不端頗有邪心故也若鬼狐惑人傷生殞命固不可近卽賢聖見試不過亦非所以專精而凝神也端坐如初婦人豁然不見為鬼狐為魔試皆不可知矣冥寥子游三年足跡幾遍天下目之所見耳之所聞身之所接物態非常情境靡一無非煉心之助雖浪跡不為無補哉於是歸而葺一菴四明山中終身不出

神仙部藝文四 詩

游海詩 上古甯封子

十洲記曰甯先生者古之神仙在黃帝之前嘗游崑丘之外有鹹沙之地去中都萬里其沙如細塵風吹成霧泛泛而起有石蓮之花輕而堅剛千年一開隨風靡靡名曰青藍花又有魚鼈龍蛇飛於塵霧中先生嘗游其地食飛魚而死臥沙百餘年歘然而起形容復故乃作游海詩按劉向

列仙傳有甯封子黃帝時人

青蕖灼灼千載舒百齡暫死食飛魚

皇娥歌

王子年拾遺記曰少昊以金德王母曰皇娥處璇宮而夜織或乘桴木而晝遊經歷窮桑滄茫之浦時有神童容貌絕俗稱爲白帝之子即太白之精降於水際與皇娥讌戲帝子坐撫桐峯梓瑟皇娥倚瑟而清歌云云白帝子答歌云云及皇娥生少昊號曰窮桑氏

天清地曠浩茫茫萬象迴薄化無方浛天蕩蕩望滄滄乘桴輕漾著日傍當期何所至窮桑心知和樂悅未央

白帝子歌

四維八埏眇難極驅光逐影窮水域璇宮夜靜當軒織桐峯文梓千尋直伐梓作器成琴瑟清歌流暢樂難極滄湄海浦來棲息

游南嶽讚　　陶唐方回

拾遺記曰舜葬蒼梧之野有鳥如雀嘗游丹海之際時來蒼梧之野銜青砂硃積成壠阜名曰珠丘其珠輕細風吹如塵起名曰珠塵今蒼梧之外山人採藥時有得青石圓潔如珠服之不死故仙人方回遊南嶽有七言讚列仙傳曰方回堯時隱人

珠塵圓潔輕且明有道服者得長生

採藥詩　韓終

拾遺記曰闇河之北有紫桂成林其實如棗羣僊餌焉韓終採藥四言詩曰

闇河之桂實大如棗得而食之後天而老

太上導仙銘

子欲長生當服山精子欲輕翔當服山薑（朮古人名爲山精之卉山薑之精）

內經眞諺

眉後小穴中爲上元六合之府主化生眼暉如瑩精光長珠徹瞭保鍊目神是眞人坐起之上道

一名曰眞人常居

子欲夜晝常修常居

人間可哀之曲并序　武夷君

陸鴻漸武夷山記云武夷君地官也相傳每於八月十五日大會村人於武夷山上置幔亭化虹橋通山下村人既往是日太極玉皇太姥魏眞人武夷君三座空中告呼村人爲曾孫汝等若男若女呼坐乃命鼓師張安陵等作樂行酒命歌師彭令昭唱人間可哀之曲其詞曰

天上人間兮會合疎稀日落西山兮夕鳥歸飛百年一餉兮志與願違天宮咫尺兮恨不相隨

武陽山遺詠

峨山縣東北有武陽龍尼山並仙者羽化之處於其處得遺詠

登武陽觀樂數巖嶺下豨洋湖口命非螭駕白駒臨天水心踟躕千載後不如

周成王時綏山謠

列僊傳曰葛由者羌人也周成王時好刻木羊賣之一旦騎羊而入西蜀蜀中王侯貴人追之上綏山隨之者皆得僊道故里諺曰

得綏山一桃雖不得僊亦足以豪

穆王時西王母謠

穆天子傳曰天子觴西王母於瑤池之上西王母爲天子謠云

白雲在天山陵自出道里悠遠山川間之將子無死尚能復來

西王母吟

徂彼西土爰居其所虎豹爲羣烏鵲與處嘉命不遷我惟帝女彼何世民又將去予吹笙鼓簧中心翶翔世民之子維天之望

穆天子答二首

予歸東土和治諸夏萬民平均吾顧見女比及三年將復而野

天子遂驅升于弇山乃紀丌跡於弇山之石而樹之桃眉曰西王母之山還歸丌世民作憂以吟云

比徂西土爰居其野虎豹爲羣烏鵲與處嘉命不遷我惟帝臣天子大命而不可稱世民之恩流涕

鈞隕吹笙鼓簧中心翱翔世民之子唯天之望

採薪人歌 并序

列仙傳曰周宣王時郊間採薪之人行歌云云時人莫能知之老君曰此活國中人其言祕矣斯皆修習無上眞正之道也又眞仙通鑑作長桑公子散髮行歌詞皆同唯泥丸作丹田老君謂得五星守洞房之道

巾金巾入天門呼長精欲元泉鳴天鼓養泥丸

乞食公歌 并序

楚莊公時市長宋來子手常灑掃一市時有乞食公入市經日乞而歌一市人無解歌者獨來子忽悟疑是仙人乃師乞食公棄官追逐積十三年公遂授以中山之道來子今在中嶽乞食公者西嶽眞人馮延壽周宣王時史官也

天庭發雙華山源障陰邪清晨按天馬來詣太眞家太眞無那隱又以滅百魔

靈寶童謠

靈寶要略曰昔帝嚳時太上遣使齎靈寶五篇眞文以授帝嚳帝嚳將仙封之于鍾山至夏禹登位巡狩度弱水登鍾山遂得靈寶眞文禹未仙之前復封之北嶽及包山洞庭之室吳王闔閭出遊包山見一人自言姓山名隱居闔閭扣之乃入洞庭取素書一卷呈闔閭其文不可識令人齎之問孔子孔子曰丘聞童謠云云使者反白闔閭乃尊事之

吳王出遊觀震湖龍威丈人山隱居北上包山入靈墟乃入洞庭竊禹書天地大文不可紓此文長傳百六初若強取出喪國廬

秦時巴謠歌

茅君內傳曰秦始皇三十一年九月庚子茅盈高祖濛於華山之中乘雲駕鶴白日昇天先是時有巴謠歌云云始皇聞謠歌而問其故父老具對曰此仙人之謠歌勸帝求長生之術於是始皇欣然乃有尋仙之志因改臘曰嘉平

神仙得者茅初成駕龍上昇入太清時下元洲戲赤城繼世而往在我盈帝若學之臘嘉平

車子侯歌　漢武帝

洞仙傳曰車子侯者扶風人漢武帝愛其清淨遷其位至侍中一朝語家云我今補仙官此春應去夏中當暫還少時復去如其言武帝思之乃作歌曰

嘉幽蘭兮延秀蕈妖婬兮中溏華斐斐兮麗景風裴徊兮流芳皇天兮無慧至人逝兮仙鄉天路遠兮無期不覺涕下兮沾裳

石鼓歌　　張麗英

金精山記云漢時張芒女名麗英面有奇光不照鏡但對白紈扇如鑑焉長沙王吳芮聞其異質領兵自來聘女時年十五聞芮來乃登此山仰臥披髮覆於石鼓之下人謂之死共使人往視之忽見紫雲鬱起遂失女所在石上留歌一首

石鼓石鼓悲哉下土自我來觀民生實苦哀哉世事悠悠我意我意不可辱兮王威不可奪余志有鸞有鳳自歌自舞凌雲歷漢遠絕塵羅世人之子其如我何暫來期會運往即乖父兮母兮無傷我懷

敬元子歌

洞仙傳云敬元子者修行中部之道存道守三一常歌曰

遙望崑崙山下有三頃田借問田者誰赤子字元先上生烏靈木雙闕夾兩邊日月互相照神路帶中間採藥三微嶺飲漱華池泉遨遊十二樓偃蹇步中原意欲觀絳宮正值子丹眠金樓凭玉几華蓋與相連願見雙使者博著太行山長谷何崢嶸齊城相接鄰縱我飛龍轡忽臨無極淵黃精生泉底芝草披岐川我欲將黃精流丹在眼前徘徊飲流丹羽翼翕迅鮮意猶未策外子喬提臂牽所經信自險所貴得神仙

西王母宴漢武帝命歌元靈之曲二首　法嬰

漢武帝內傳曰元封元年七月七日西王母降於漢宮王母自設天廚精妙非常酒觴數遍王母命諸侍玉女作樂命法嬰歌元靈之曲

大象雖廓寥我把天地戶披雲沈靈輿倏忽適下土空洞成元音至靈不容冶太眞嘘中唱始知風塵苦頤神三田中納精六闕下遂乘萬龍椿馳騁盼九野　元圃遏北臺五城煥嵯峩啟彼無涯津汎此織女河仰止升絳庭下遊月窟阿顧盼八落外指招九雲遐忽不覺心榮豈吾少與多撫璈命

衆女詠歌發中和妙唱自然樂爲此元雲歌韶盡至韻存眞音辭無邪

步元之曲　上元夫人

王母遣侍女招上元夫人夫人至自彈雲琳之琴歌步元之曲

昔涉元眞道騰步登太霞負笈造天關借問太上家忽過紫微垣眞人列如麻滾景清飆起雲蓋映朱葩蘭宮敞朱闕碧空起璚沙丹臺結空構煒嘩生光華飛鳳踶甍峙燭龍倚委蛇玉胎來絳芝九色紛相挐挹景練仙骸萬劫方童牙誰言壽有終扶桑不爲查

西王母又命答歌　田四妃

晨登大霞宮挹洪把玉蘭夕入元元闕采蘂掇琅玕濯足匏瓜河織女立津盤吐納挹景雲味之當一餐紫微何濟濟璚輪服朱丹朝發汗漫府暮宿勾陳垣去去道不同且各體所安二儀設猶存奚疑億萬椿莫與世人說行尸言此難

八公操　劉安

古今樂錄曰淮南好道正月上辛八公來降王作此歌

煌煌上天照下土兮知我好道公來下兮公將與予生毛羽兮超騰青雲蹈梁甫兮觀見瑤光過北斗兮馳乘風雲使玉女兮含精吐氣嚼芝草兮悠悠將將天相保兮

丁令威歌 并序

搜神記曰遼東城門有華表柱忽有一白鶴集柱頭時有少年舉弓欲射之鶴乃飛徘徊空中而言云云遂高上沖天今遼東諸丁云其先世有昇仙者不知名字又洞仙傳載略同云遼東諸丁譜載令威漢初學道得仙

有鳥有鳥丁令威去家千歲今來歸城郭如故人民非何不學仙塚纍纍

茅山父老歌 并序

茅君內傳曰茅盈咸陽人也得道隱句曲邦人因改句曲為茅君之山時盈二弟俱貴衷為五官大夫西河太守固為執金吾各棄官渡江求兄於東山後咸得仙道太上命固治丹陽句曲山衷治常良之山盈為眞君司命東嶽上卿於是盈與二弟訣別俱去固衷留治此山漢平帝元壽二年也內法既融外教坦平爾乃風雨以時五禾成熟疾癘不起災害不行父老歌曰

茅山連金陵江湖據下流三神乘白鶴各在一山頭佳雨灌畦稻陸田亦復周妻子保堂室使我百無髮白鶴翔青天何時復來遊

赤雀辭

列仙傳曰陶安公者六安鑄冶師數行火火一旦散上行紫色衝天安公伏冶下求哀須臾朱雀止冶上云云至期赤龍到大雨安公騎之東南上

安公安公冶與天通七月七日迎汝以赤龍

合藥詩　公孫卿

洞仙傳曰公孫卿者學道於東梁甫山一云滋液中山山中有合成仙藥得服之人立仙日月之神並在宮中合藥時頌曰

玉女斷分劑蟾蜍主和擣一丸煉人形二丸顏色好

贈馬明生詩二首　太眞夫人

太眞夫人王母小女也諱婉羅字勃遂事上清都太眞王有子爲三天太上府都官年少嘗委官

遊逸有司奏劾降主東嶽夫人因來視之後被太上召還馬明生傳曰馬明生者齊國臨淄人本姓和字君賢少為縣吏捕賊被傷殆死遇太真夫人適東嶽見而憫之出藥一丸服之立愈君賢乃更姓名自號馬明生隨夫人執役後夫人被太上召還將別以明生屬安期先生因以五言詩二篇贈之

暫舍墉城內命駕岱山阿仰瞻太清闕雲樓鬱嵯峨虛中有真人來往何紛葩煉形保自然俛仰挹太和朝朝九天王夕館還西華流精可飛騰吐納養青芽至藥非金石風生自然歌上下凌景霄羽衣何婆娑五嶽非妾室元都是我家下看榮競子倏似蛙與蟆顧盼塵濁中憂患自相羅苟未悟妙旨安事於琢磨禍湊由道泄密慎福臻多　昔生崑陵宮共講天年延金液雖可遐未若太和仙仰登冥仙臺虛想詠靈人忽遇扶桑王九老仙都真駕驂紫虬輦靈顏一何鮮啟我尋常途邀我自然津告以鴻飛術受以玉胎篇瓊膏凝元氣素女為我陳俯挹琳風腴仰上飄三天雲綱立爾步五嶽可暫旋元都安足遠蓬萊在腳間傳受相親愛結友為天人朞邱遊刑對禍必無愆賢祕則享無傾泄則軀命顛

古詩三首　　馬明生

本傳隨安期先生負笈周遊天下二十年中辛苦備嘗安期曰子眞有仙骨遂授以太清金液丹方明生入華陰山餌之白日昇天臨去著詩三首以示將來漢光和三年也

太和何久長人命將不永翕如朝露晞奄忽睡覺頃生生世所悞傷生由莫靜我將尋眞人澄神挹容景盤桓寬陵宮元都可馳騁消子牽我游太眞來見省朝朝王母前夕歸鍾嶽嶺仰採瓊瑤葩俯漱琳琅井千齡猶一刻萬紀如電頃　天地自有常人命最險巇年若驚弦發時猶輕矢逝雖有灼灼姿玉爲塵土穢林草無秋輝綠葉豈終歲惜此繁茂摧哀彼寒霜厲有存理必亡有興故有廢眞官戲元津與物無凝滯神沖紫霄內形棲山水際　對虛忘有懷遊目託容裔風塵將何來眞道故可大溷塗諒爲歎世樂豈足預振褐拂塵遐飄飄獨遠舉寥寥嚴嶽際蕭蕭縱萬慮盤眞與我遊落景乘鴻御朝乘雲輪來夕駕扶搖去嗷嘈天地中囂聲安得附

古詩三首　　陰長生

神仙傳曰陰長生新人也博漢皇后之親屬從馬明生學度世之道後于丰都山中白日昇天臨

仙去著詩三篇以示將來黃庭堅書陰長生詩後曰忠州丰都山仙都觀朝金殿西壁有天成四年人書陰眞君詩三章

維予之先佐命唐虞爰逮漢世紫艾重紆予獨好道而爲匹夫高尚素志不事王侯貪生得生亦又何求超迹蒼霄乘飛龍浮青要承翼與我爲仇入火不灼蹈波不濡逍遙太極何慮何憂遨戲仙都顧憫羣愚年命之逝如彼波流奄忽未幾泥土爲儔馳走索死不肯暫休　予之聖師體道知眞昇騰變化松喬爲鄰維予同學一十二人寒苦求道歷二十年中多怠墮志行不堅痛乎諸子命也自天天不妄授道必歸賢身投幽壤何時可遲嗟爾將來勤加精研勿爲流俗富貴所牽神丹一成升彼九天壽同三光何但億年　維予垂髮少好道德棄家隨師東西南北委放五經避世自匿二十餘年名山之側寒不遑衣饑不暇食思不敢歸勞不敢息奉事聖師悅承顏色面垢足胝乃敢哀識遂傳要訣恩深不測妻子延年咸享無極黃白既成貨財千億役使鬼神玉女侍側予得度世神丹之力

卭疏　劉向

八珍促壽五百延生可蹤得之鍊髓彌精以百年我享千齡寢息中嶽遊步仙庭

王子喬　前人

妙哉王子神游氣爽笙歌伊洛擬音鳳響浮丘感應接手俱上揮策青崖假翰獨往

樂府長歌行

仙人騎白鹿髮短耳何長導我上太華攬芝獲赤幢來到主人門奉藥一玉箱主人服此藥身體日康强髮白復更黑延年壽命長

樂府步出夏門行

邪徑過空廬好人常獨居卒得神仙道上與天相扶過謁王父母乃在太山隅離天四五里道逢赤松俱攬轡為我御將我上天遊天上何所有歷歷種白榆桂樹夾道生青龍對伏趺

卷終

神仙部藝文五 詩

氣出唱三首　　　　後漢曹操

駕六龍乘風而行行四海外路下之八邦歷登高山臨谿谷乘雲而行行四海外東到泰山仙人玉女下來遨遊驂駕六龍飲玉漿河水盡不東流解愁腹飲玉漿奉持行東到蓬萊山上至天之門玉闕下引見得入赤松相對四面顧望視正煌煌開玉心正興其氣百道至傳告無窮閉其口但當愛氣壽萬年東到海與天連神仙之道出窈入冥常當專之心恬澹無所慎欲閉門坐自守天與期氣願得神之人乘駕雲車驂駕白鹿上到天之門來賜神之藥跪受之敬神齊當如此道自來　華陰山自以為大高百丈浮雲為之蓋仙人欲來出隨風列之雨吹我洞簫鼓瑟琴何誾誾酒與歌戲今日相樂誠為樂玉女起舞移數時鼓吹一何嘈嘈從西北來時仙道多乘煙駕雲駕龍鬱何務務遨遊八極乃到崑崙之山西王母側神仙金止玉亭來者為誰赤松王喬乃德旋之門樂共飲食到黃昏多駕合坐萬歲長宜子孫　遊君山甚為真磪磈砟硌爾自為神乃到王母臺金階玉為堂芝草

生殿傍東西廂客滿堂主人當行觴坐者長壽遽何央長樂甫始宜孫子常願主人增年與相守

陌上桑　前人

駕虹蜺乘赤雲登彼九嶷歷玉門濟天漢至崑崙見西王母謁東君交赤松及羨門受要祕道愛精神食芝英飲醴泉拄杖桂枝佩秋蘭絕人事遊渾元若疾風遊欻飄翩景未移行數千壽如南山不忘愆

秋胡行二首　前人

願登泰華山神人共遠游願登泰華山神人共遠游經歷崑崙山到蓬萊飄颻八極與神人俱思得神藥萬歲為期歌以言志願登泰華山　天地何長久人道居之短天地何長久人道居之短世言伯陽殊不知老赤松王喬亦云得道得之未聞庶以壽考歌以言志天地何長久

折楊柳行　魏文帝

西山一何高高高殊無極上有兩僊童不飲亦不食與我一丸藥光耀有五色服藥四五日身體生羽翼輕舉乘浮雲儵忽行萬億流覽觀四海茫茫安所識彭祖稱七百悠悠安可原老聃適西戎於

今竟不還王喬假虛辭赤松垂空言達人識眞僞愚夫好妄傳追念往古事憒憒千萬端百家皆迂
怪聖道我所觀

飛龍篇　曹植

晨遊泰山雲霧窈窕忽逢二童顏色鮮好乘彼白鹿手翳芝草我知眞人長跪問道西登玉臺金樓
復道授我僊藥神皇所造教我服食還精補腦壽同金石永世難老

升天行　前人

乘蹻追術士遠之蓬萊山靈液飛素波蘭桂上參天元豹遊其下翔鵾戲其巔乘風忽登舉彷彿見
衆僊

五遊篇　前人

九州不足步願得凌雲翔逍遙八紘外游目歷遐荒披我丹霞衣襲我素霓裳華蓋芬晻藹六龍仰
天驤曜靈未移景倏忽造昊蒼閶闔啟丹扉雙闕燿朱光徘徊文昌殿登陟太微堂上帝休西櫺羣
后集東廂帶我瓊瑤珮漱我沆瀣漿踟躕玩靈芝徙倚弄華芳王子奉仙藥羨門進奇方服食享遐

紀延壽保無疆

遠遊篇　前人

遠游臨四海俯仰觀洪波大魚若曲陵承浪相經過靈鼇戴方丈神嶽儼嵯峨仙人翔其隅玉女戲其阿瓊蕊可療饑仰首吸朝霞崑崙本吾宅中州非我家將歸謁東父一舉超流沙鼓翼舞時風長嘯激清歌金石固易敝日月同光華齊年與天地萬乘安足多

仙人篇　前人

仙人攬六箸對博泰山隅湘娥拊琴瑟秦女吹笙竽玉樽盈桂酒河伯獻神魚四海一何局九州安所如韓終與王喬要我於天衢萬里不足步輕舉凌太虛飛騰踰景雲高風吹我軀迴駕觀紫微與帝合靈符閶闔自嵯峨雙闕萬丈餘玉樹扶道生白虎夾門樞驅風游四海東過王母廬俯觀五嶽間人生如寄居潛光養羽翼進趨且徐徐不見軒轅氏乘龍出鼎湖徘徊九天上與爾長相須

平陵東　前人

閶闔開天衢通被我羽衣乘飛龍乘飛龍與仙期東上蓬萊採靈芝靈芝採之可服食年若王父無

終極

桂之樹行　前人

桂之樹桂之樹桂生一何麗佳揚朱華而翠葉流芳布天涯上有棲鸞下有盤螭桂之樹得道之眞人咸來會講僊教爾服食日精要道甚省不煩淡泊無爲自然乘蹻萬里之外去留隨意所欲存高高上際於衆外下下乃窮極地天

苦思行　前人

綠蘿緣玉樹光耀粲相輝下有兩眞人舉翅翻高飛我心何踊躍思欲攀雲追鬱鬱西嶽巔石室青葱與天連中有耆年一隱士鬚髮皆皓然策杖從我游教我要忘言

遊僊詩　前人

人生不滿百戚戚少歡娛意欲奮六翮排霧凌紫虛蟬蛻同松喬翻跡登鼎湖翩翔九天上騁轡遠行遊東觀扶桑曜西臨弱水流北極元天渚南翔陟丹丘

遊仙詩　嵇康

遙望山上松隆谷鬱青葱自遇一何處獨立迥無雙願想遊其下蹊絕路不通王喬棄我去乘雲駕六龍飄飄戲元圃黃老路相逢授我自然道曠若發童蒙採藥鍾山隅服食改姿容蟬蛻棄穢累結友家板桐臨觴奏九韶雅歌何邕邕長與俗人別誰能覩其蹤

東方朔至清　前人

外以貪汚內貞穢身滑稽隱名不為世累所攖所欲不足無營

葛仙公詩三首并序　吳葛元

仙公諱元字孝先句容人生而秀穎天才超軼名振江左州郡辟為掾固辭乃入赤城山精思學道赤烏七年八月十五日白日昇天弟子鄉朋攀留不已於是仙公駐鶴空中賦五言歌三篇降付鄉朋普令歌誦開悟方來

眞人昔遺教愍念孤癡子擘邪不信道禍亂由斯起身隨朝露晞悔恨何有已罪大不可掩流毒將誰理冥冥未出期刧盡方當止轉輪貧賤家仍復為役使四體或不完蹣躄行乞市不知積罪報怨天神不恃大道常無為弘之由善始吾今獲輕舉修行立功爾三界盡稽首從容紫宮裏停駕虛元

中人生若流水臨別屬素翰粗標靈妙紀　我今便昇天懸念諸儒英大道體虛無寂寂中有精視之若冥昧窈窕中昭明莫言道虛誕所患不至誠奚不登名山誦是洞眞經一諷而一詠元音徹太清太上輝金容衆僊齊應聲十方散香花燔煙栴檀馨皇娥奏九韶鸞鳳諧和鳴龍駕翳空迎華蓋爛杳冥脩閑劫仞臺帝釋欻降庭八王奉丹液挹漱身騰輕逍遥有無間流朗絕形名神童夾侍側自然朝萬靈飄飄八景輿遊衍白玉京七祖昇福堂先亡悉超生王侯能篤信必為天下貞大人體至德一切蒙其成　散誕遊山水吐納靈和津鍊氣同希夷靜詠道德篇至心宗元一冥感今乃宣飛駕御九龍飄飄乘紫煙華景爛空衢紅雲擁帝前暫還蓬萊宮倏忽已賓天偉偉衆眞會渺渺凌重元體固無終劫金顏隨日鮮歡樂太上境悲念一切人誰能離死壞結是冥中緣悠悠成至道無有人無間微妙良難測智者謂我賢吾能弘衆妙輕舉昇神仙

讚葛仙翁頌幷序　　前人

葛僊翁甫誕三日有道士支道紀來謂其父曰吾夢遊元眞人降汝生奇男父令抱兒出道紀起敬曰此兒有紫氣覆之狀如寶蓋神明煥爛當為神仙因為讚曰

身雖輪聖化魂神無暫滅宿福積重緣昔願非今日大羅眞人降仙聖會貴出天龍漱香花濯我鍊胎質微余將誰信盟期元佑畢道心超不二混成表元一獨悟有無想放浪大乘逸

經廬山贈山神徐君詩 幷序　晉吳猛

猛字世雲家於豫章從南海太守鮑靚學道張華博物志曰昔蓍傳其神自云姓徐受封廬山後吳猛經過山神迎猛猛語曰君主此山近六百年符命已盡不宜久居非據乃贈詩云

仰瞻列僊館俯察王神宅曠載暢幽懷傾蓋付三益

四眞人降魏夫人歌五首

夫人任城人晉司徒劇陽文康公舒之女名華存字賢安幼而好道精默恭介讀老莊三傳味眞耽元常欲別居閑處父母不許二十四適太保掾南陽劉文生二子乃離隔室宇齋於別寢後得道仙去時年八十三晉成帝咸和九年也夫人齋於別寢忽有太極眞人方諸青童扶桑神王清虛眞人來降授夫人八素隱書黃庭等經於是四眞吟唱各命玉女彈琴擊鐘吹簫合節而發太極發飛空之歌青童吟太霞之曲神王諷晨啟之章清虛詠碣欻之辭

太極眞人歌

丹明煥上清八風鼓太霞迴我神霄輦遂造玉嶺阿咄嗟天地外九圍皆吾家上採日中精下飲黃月華靈觀空無中鵬路無間邪顧見魏賢安濁氣傷爾和勤研元中思道成更相過

方諸青童歌

太霞扇晨暉九氣無常形元轡飛霄外八景乘高清手把玉皇袂攜我晨中生盼觀七曜房朗朗亦冥冥超哉魏氏子有心復有精元挺自嘉會金書東華名賢安密所研相期暘谷汧

扶桑神王歌

晨啟太帝室夕越匏瓜水碧海飛翠波連峰亦嶽峙浮輪雲濤際九龍同轡起虎旂鬱霞津靈風幡然理華存久樂道遂致高神擬拔徙三緣外感會乃方始相期陽洛宮道成攜魏子

清虛眞人二首

歘駕控清虛裴徊西華館瓊林既神杪虎旂逐煙散慧風振丹旍明燭朗八煥解襟瓊房裏神鈴鳴脩粲棲景若林阿九絃元中彈遺我積世憂釋此千年歎怡盼無極已終夜復待旦　紫霞儛元空

神風無綱領歘然滿八區侁爾豁靈境八窗無常朗有冥亦有晃洞觀三丹田寂寂生形景凝神泥丸內紫房何蔚炳大帝命我來有以應神挺相遇女弟子雲姿卓鑠整愧無郢石運益彼自然穎勸密攝生道泄替結災眚靈期自有時攜袂陟崧嶺

王母贈魏夫人歌 幷序

西王母傳曰紫虛元君魏華存夫人清齋於陽洛隱元之臺西王母與金闕聖君降於臺中乘八景輿同詣清虛上宮傳玉清隱書四卷授華存是時三元夫人馮雙禮紫陽左僊石路成太極高僊伯延蓋公子西成眞人王方平太虛眞人南嶽赤松子桐柏眞人王子喬等並降夫人小有清虛上宮絳房之中時夫人與王君為賓主焉設瓊酥綠酒金觴四奏各命侍女陳曲成之鈞於是王母擊節而歌

駕我八景輿欻然入玉清龍旗拂霄漢虎旂攝朱兵逍遙元津際萬流無暫停哀此去留會劫盡天地傾當盡無中景不死亦不生體彼自然道寂觀合太冥南嶽挺眞幹玉映輝穎精有任靡期事虛心自受靈嘉會絳河曲相與樂未央

雙禮珠彈雲璈而答歌

玉清出九天神館飛霞外霄臺煥嵯峩靈夏秀蔚翳五雲興翠華八風扇綠氣仰吟消魔詠俯研智與慧萬眞啟晨景唱期絳房會挺穎德音子神映乃拂沛天嶽淩空構洞臺深幽㣲遊海悟井隘履眞覺世穢羿輪宴重空筌魚自然廢迴我大椿羅長謝朝生世

高僊盼遊洞靈之曲

玉皇又命欻生入隱室見上清元君龜山君於是二眞乃各命侍女王延賢于廣運等彈雲林瑱玕之璈安德音范四珠擊昆明之筑左抱容韓賢賓吹鸞鳳之簫趙運子李慶玉拊流金之石辛白鵠鄭辟方燕婉來田雙蓮等四人合歌

玉室煥東霞紫輦浮絳晨雙臺何盼目此宴飛天元清游太無中眇眇躡景遷吟詠大洞章唱此三九篇曲寢大漠中神王方寸間寂室出靈暉何事苦林山須臾變衰翁迴爲孩中顏

與衆眞吟詩二首　魏夫人

元感妙象外和聲自相招靈雲鬱紫晨蘭氣扇綠軺上眞宴瓊臺邈爲地僊標所期貴遠邈故能秀

穎翹玩彼八素翰道成初不遷人事胡可預使爾形氣銷（丙寅四月二十七日夜降楊羲家作）靈谷秀瀾藥藏身栖巖京被褐均袞龍帶紫齊玉鳴形盤幽遼爽挪神太霞庭霄上有陛賢空中有真聲仰我出塵飛粲此綠軒椒下覯八度內俯歎風塵縈解脫遺波浪登此眇眇身攝競三津竭奔馳劃爾齡（十二月一日夜南嶽夫人作與許長史）

太上宮中歌　前人

手把八雲氣英明守二童太真握明鏡靈合日月鋒雲儀拂高闕嬌女坐元宮愈行愈鮮盛英靈自爾通（此歌正言耳目之經南嶽夫人喻許長史）

贈羊權詩　萼綠華

萼綠華者僊女也以晉穆帝昇平三年己未十一月十日夜降於羊權家自云是南山人不知何山也權字道輿晉簡文帝黃門郎羊欣之祖綠華云我本姓楊又云是九嶷山中得道女羅郁也宿命時曾為其師母毒殺乳婦元洲以先罪未滅故暫謫降臭濁以償其過贈權詩一篇并火澣布手巾一條金玉條脫各一枚又授權尸解藥亦隱影化形而去今在湘東山中

神嶽排霄起飛峰鬱千尋寥籠靈谷虛瓊林蔚蕭森羊生標美秀弱冠流清音棲情莊惠津超形象魏林揚彩朱門中內有邁俗心我與夫子族源胄同淵池玄宗分上業於今各異枝蘭金因好著三益方覺彌靜尋欣斯會雅綜彌齡祀誰云幽靈難得之方寸裏翹想樊籠外俱爲仙嶽士無令騰虛翰中隨驚風起遷化雖由人蕃羊未易擬所期豈朝華歲暮於吾子

降楊司命詩二首　九華安妃

九華安妃晉興寧三年乙丑六月二十五日夜與紫微王夫人降金壇楊羲家紫微曰此上眞元君金臺李夫人之少女也太虛元君昔遣詣龜山學上清道道成受太上書署爲紫清上宮九華眞妃賜姓安名鬱嬪字靈簫妃謂楊君曰君師南眞夫人司命秉權道高妙備聞君德音甚久不期今日契冥運之會君答以沈湎下俗塵染其質高卑雲邈無緣稟敬猥虧靈降欣踊罔極唯蒙啟訓以祛其闇濟其兀兀夙夜所願也妃曰君今語不得有謙飾謙飾殊非事宜良久命楊染筆授詩贈之

雲闕豎空上瓊臺聳鬱羅紫宮乘綠景靈觀藹嵯峨琅玕朱房內上德煥絳霞俯漱靈瓶津仰掇碧

蓉花濯足玉女池鼓檝牽牛河逍遙景霄際落龍轡元阿振衣塵滓際褰裳步濁波願為山澤結剛柔順以和相攜雙清內上眞道不邪紫微會良謀唱納享福多　鵠歎發所適無待有待間或兩五嶽峯或濯天河津釋輪寄虛舟所在皆纏縛芥子忽萬頃中有崑崙山大小固無殊遠近同一緣彼作有待來我作無待親

紫微夫人歌

紫微夫人曰我復因爾作一紙文以相曉以示善事耳楊又襞紙染筆夫人見授

二象內外泮元氣果中分冥會不待駕所期貴得眞南嶽鑄明金眇觀傾笈翰良德飛霄照逍感靈霄人乘飈儔衾寢齊牢攜絳雲悟歎天人際數中自有緣上道誠不邪塵滓非所聞同日咸恆象高唱為爾因

雲林與眾眞吟詩

眞誥纂眞檢云併衿接景楊笈以灼然顯說凡所興有待無待諸詩及辭喻諷旨皆是雲林應降嬪儷俟事義並亦表著而南眞自是訓授之詩紫微則下教之匠並不關儔結之例但中候昭靈

亦似別有所在既事未一時故不正的的爾其餘男眞或陪從所引或職司所任至如二君最爲領據之主今人讀此辭事若不悟斯理永不領其旨故略標大意

右英王夫人

駕欻遨八虛迴宴東華房阿母延軒觀朗嘯躡靈壓我爲有待來故乃越滄浪

紫微夫人

乘颷遡九天自駕三秀嶺有待徘徊盼無待故當靜滄浪奚足勞孰若越元井

桐柏山眞人

寫我金庭館解駕三秀畿夜芝披華鋒咀嚼充長饑高唱無逍遙各興無待歌空同酬靈音無待將如何

清靈眞人裴元仁

朝遊鬱絕山夕偃高暉堂振轡步靈峯無近於滄浪元井三仞際我馬無津梁倏欻九萬間八維已相望有待非至無靈音有所喪

中候夫人

龍旂翔太虛輪飛五嶽阿所在皆逍遙有感興冥歌無待愈有待相遇故得和滄浪奚足邀元井不爲多欒絕輕步間俱會四海羅豈若絕明外三劫方一過

昭靈李夫人

縱酒觀羣慧倏忽四落周不覺所以然實非有待遊相遇皆歡樂不過亦不邀縱影元空中兩會自然疇

太虛南嶽眞人赤松子

無待太無中有待大有際大小同一波遠近齊一會鳴絃元霄顛吟嘯運八氣奚不酣靈液眄目娛九裔有無得元運二待亦相益

方諸青童君

偃息東華靜揚軿運八方俯眄丘垤間莫覺五嶽崇靈阜齊淵泉大小互相從長短無多少大椿須更終奚不委天順縱神任空同

南極紫元夫人

控飆扇太虛八景飛高清仰浮紫宸外俯看絕落冥元心空同間上下弗流停無待兩際中有待無所營體無則能死體有則攝生東賓會高唱二待奚足爭　命駕玉錦輪舞轡仰裴徊朝游朱火宮夕宴夜光池浮景清霞杪八龍正參差我作無待遊有待輒見隨高會佳人寢二待互是非有無非有定待待各自歸

中候王夫人詩三首 并序

東華夫人紫清內傳妃領東宮中候眞夫人晉興寧三年乙丑降金壇楊羲家云周靈王有子三十八人子晉太子也師事嵩嶽浮丘公白日昇天中候名觀香字衆愛是宋姬子於子晉爲別生妹晉興寧四年閏月三日與衆眞降楊羲家授詩子晉兄弟五人姊二人凡七人得道弟眉壽卽觀香同母兄也

八塗會無宗乘運觀蕭羅化浮塵中際解衿有道家騁煙忽未傾攜眞造靈阿虛景盤瓊軒元鈞作鳳歌適路無軌滯神音舞雲波齊德秀玉景何用世間多　坦夷觀天眞去累縱衆情體寂廢機駟

崇有則攝生焉得齊物子委運任所經

六月二十三日夜作

登軿發東華扇飈儛太元飛轡騰九萬八落亦已均暫眄山水際窈窕靈嶽間同風自齊氣道合理亦親龍芝永遐齡內觀攝天眞東岑可長靜何爲物所纏

方丈臺昭靈李夫人詩三首并序

方丈臺東宮昭靈李夫人者北元中元道君李慶賓之女太保玉郎李靈飛之妹也受書爲東宮昭靈夫人治方丈臺第十三朱館中東晉哀帝興寧三年乙丑八月二十一日夜與上元夫人紫微夫人左英夫人諸眞同降眞人楊羲家作詩曰

雲墉帶天構七氣煥神馮瓊扉啟晨鳴九音絳樞中紫霞興朱門香煙生綠窗四駕舞虎旗青軿擲元空華蓋隨雲列落鳳控六龍策景五嶽阿三素眄君房適聞臊穢氣萬濁汚我胸臭物薰精神囂塵互相衝明玉皆璀爛何獨盛德躬高揖苦不早坐地自生蟲

又臨去吟

心勿欲亂神勿淫役道易不順災重不遂永喪其眞遂棄我適

十二月一日夜作與許玉斧 幷序

眞誥贊眞檢云二許雖元挺高尙而質撓形迹故未得接眞今所授之事多是爲許立辭悉楊授旨疏以示許爾

飛輪高晨臺控轡元壟隅手攜紫皇袂倏忽八風驅玉華翼綠幃靑帬扇翠裾冠軒煥崔巍珮玲帶月珠游入風塵中囂蕩逸當途見腥濁我氣百阿令心徂何不飈然起蕭蹀步太虛

南極王夫人詩 幷序

南極王夫人王母第四女也名林字容眞理太宮丹受書爲金闕聖君上保司命居渤陽丹海長離山中主教當爲眞人者晉興寧四年丙寅六月二十三日降眞人楊羲家與眞人同會因吟授羲曰

林振須類感雲蔚待龍吟元數自相求觸節皆有音飛軿出西華總轡忽來尋八遐非無娛同詠理自欽悼此四維內百齡常在心俱遊北寒臺神風開爾襟

紫微王夫人詩一十七首 并序

紫微夫人名清娥字愈音王母第二十女也晉興寧三年乙丑六月降楊羲家時與太元眞人桐柏眞人右英夫人南嶽夫人同降言夫人位爲紫微宮左夫人領羽野元隴之山上宮主教當爲眞人者

七月二十六日夕喻作令與許長史

高興希林虛還遊無窮方齋條象數外有無自冥同歷歷德韻和飄飄步太空盤桓任波瀾振鈴散風中內映七道觀可以得靈嶷何必反覆酬待此世交道元心自冥悟嘿耳必高蹤

紫微夫人歌二首

龜闕鬱巍巍墉臺落月珠列坐九靈房叩璈吟太無玉嘯和我神金醴釋我憂　宴酣東華內陳鈞千百聲青君呼我起折腰希林庭羽帔扇翠暉玉佩何鏗零俱指高晨殿相期象中冥

又敘元隴之遊

超舉步絳霄飛飆北塞庭神華映仙臺圓曜隨風傾啟暉挹丹元扇景餐月精交袂雲林宇浩軫還

童嬰蕭蕭寄無宅是無非能營世網自援競安司語養生

九月六日夕喻作示許長史幷與同學同學謂郗回也

解輪太霞上斂轡造紫丘手把八空氣縱身雲中浮一眄造化網再視索高疇道要旣已足可以解千憂求眞得眞友不去復何求

九月九日喻作因許示郗

紫空朗明景元宮帶絳河濟濟上清房靈室煥嵯峨八輿造朱池羽蓋傾霄柯震風迴三晨金鈴散玉華七轡降九垓宴眄不必家借問求道子何事坐塵波豈能棲東秀養眞收太和

十月十八日作

左把玉華蓋飛景躡七元三晨煥紫暉竦眄撫明眞變踊期須臾四面皆已神靈發無涯際動思上清文何事坐橫涂令爾感不專陰疴失元機不覺年歲分

紫微吟二首

元清眇眇觀落景出東淳願作絕塵友蕭蕭罕世營淳靈人噬元峯眞人騎雲采元唱非無期妙應

自有待豈期虛空寂至韻固常在攜襟登羽宮同宴廣寒裏借問朋人誰所存惟玉子

丙寅二月二十日歌 三首

褭褭瀰瀰河遂見扶桑公高會太林墟賞宴元華宮信道苟淳篤何不棲東岑　控景始暉津飛飆登上清雲藹鬱峨峨閶闔秀玉城晨風鼓丹霞朱煙灑金庭綠蘂燦元峯紫芝盛下生慶雲纏丹爐鍊玉飛八瓊宴眄廣寒宮萬椿忽童嬰龍旂啟靈電虎旗徵朱兵高眞迴九曜洞觀均潛明誰能步幽道尋我無窮齡　翳靄紫微館鬱鬱散景飈鸞唱華蓋間鳳鈞導龍軺八狠攜絳旌素虎吹角簫雲勃寫靈宮來適塵中囂觧轡佳人所同氣自相招尋宗須臾頃萬齡乃一朝椿期會足哀劫往豈足遼眞眞乃相目莫令心徂搖虛刃揮至空鄙滯五神愁

四月十四日作 二首

朝啟東晨暉飛軿越滄淵山波振青涯八風扇元煙迴眄易遷房有懷眞感人三金可遊盤東岑宜永甄紛紛當途中孰能步生津　飄飄八瓊嶺徘徊飛晨蓋紫軿騰太空矚眄九虛外玉簫激景雲靈煙絕幽藹高仙宴太眞清唱無涯際去來山嶽庭何事有待邁

四月二十三日夜作 三首

紳玉曜靈津七元煥神扉靈還方寸裏一躍登太微妙音乘和唱高會亦有機齊此天人眄協彼晨景飛總轡六合外寧有傾與危　藻宴塵颷前代謝緣擐歸參識靈劫期顧眄令人悲　靈草蔭元方仰感旋曜精詵詵繁茂前重德必克昌

雲林右英夫人詩二十五首 并序

雲林右英夫人名媚蘭字申林王母第十三女也受書為雲林宮右英夫人治滄浪山晉興寧三年乙丑七月諸眞同降於楊君因授

寓言必可用不用是無情為得蹤跡寄此空中靈微音良有旨當用慎勿輕事事應神機保爾見太平

七月十八日夕授詩與許長史兼及掾郎

轡景落滄浪騰躍青海津絳煙亂太陽羽蓋傾九天雲輿浮空同倏忽滄浪間來尋冥中友相攜侍帝晨王子協明德齊首招玉賢下眄八阿宮上寢希林巔漱此紫瓊腴方知纖途辛佳人將安在勤

之乃得親

七月二十六日所喻

絳闕排虛霄拔丹登景房紫旗振雲霞羽晨儛八風停蓋濯碧溪採秀月支岑咀嚼三靈華吐暎九神芒椿數無絕紀協日積童蒙攜袂明眞館仰期無上景北鈞唱羽人玉元察賢衆云何波浪宇得失爲我鉦引領躡庭內開心擬穢衝習適榮辱域罕躡羲林當一靜安足苦試去視滄浪

七月二十八日夕授書此詩以與許長史

世珍芳馥交道宗元霄會振衣尋冥疇廻軒風塵際良德映靈暉穎拔粲華蔚密言多儁福沖靜尚眞貴咸恆當象順攜手同襟帶何爲人事間日爲生患害

九月三日夕喻作令示許長史

騰躍雲景轅浮觀霞上空霄軿縱橫舞紫蓋託靈方朱煙纏旍旄羽帔扇香風電虓奇獸攫雷吟奮元龍鈞籟昆庭嚮金筑唱神鐘採芝滄浪阿掇華八渟客朱顏日以新划往方嬰童養形靜東岑七神自相通風塵有變哀隕我白髮翁長冥遺遐歎恨不早逸蹤

右英吟

停駕望舒移迴輪返滄浪未覩若人遊偶想安得康良因俟青春以叙中懷忘

九月六日夕喻作與許侯二首

控晨浮紫煙八景觀泒流羽童捧瓊漿玉華餞琳腴相期白水涯揚我委蕤珠　滄房煥東霞紫造

浮降晨雙德秉道宗作鎮眞伯瀋八臺可盼目北看乃飛元清靜雲中神眇眇躡景遷吐納洞嶺秀

藏暉隱東山久安人事上日也無虛閑豈若易翁質反此孩中顏

九月九日作

晨闕太霞構玉室起霄清領略三奇觀浮景翔絕冥丹華中有眞金映育挺精八風鼓錦披碧樹曜

四靈華蓋廕闕暉紫轡策綠軿結信通神交觸類率天誠何事外象感須覩瑤玉瓊

九月十八日夜作

三景秀鬱元霄映朗八方丹雲浮高筵逍遥任靈風鼓翼乘素飆竦眄瓊臺中綠蓋入協晨青軿擲

空同右揖東林帝上朝太虛皇玉賓剖鳳腦嗽酣飛虀漿雲鈞回曲寢千音何琅琅錦旍召猛獸華

幡正低昂香冉折腰唱紫煙排棟梁總轡高淸闕解駕佳人房昔運挺未兆靈化順氣翔心渺元涯
感年隨積椿崇形垢甘呉味動靜失滄浪我友實不爾榮辱昨已忘

九月二十五日夜作

絳景浮元晨紫軒乘煙征仰超綠闕內俯眄朱火城東霞啟廣暉神光煥七靈翳映汎三燭流任自
齊冥風纏空洞宇香音觸節生手攜織女儛併衿匏瓜庭左迴青羽旗華蓋隨雲傾宴寢九度表是
非不我營抱眞栖太寂金姿日愈嬰豈似慾穢中慘慘無聊生

十月十七日作與許侯

四旌燿明空朱軒飛靈丘玉蓋廕七景鼓翼霄上浮九音朗紫空玉璈洞太無宴詠三晨宮唱嘯呼
我儔不覺春已老豈知二景流佳人雖乘忘而未放百變長林眞可靜巖中自多娛

十月二十日授二首

北登元眞闕攜手結高羅香煙散八景元風鼓絳波仰超瑯園津俯眄霄陵阿玉簫雲上奏鳳鳴動
九遐乘氣浮太空曷爲躡山河金節命羽靈徵兵折萬魔齊挹三晨暉千春方嬰牙喪眞投競室不

解可奈何　仰眄太霞宮金閣耀紫清華房映太素四軒皆朱瓊擲輪空洞津總轡舞綠軿玉華飛雲蓋西妃運錦旂翻然塵濁涯儵歘佳人庭宿感應期降所招已在冥乘風奏霄晨共酣丹琳嬰公侯徒眇眇安知眞人靈

十二月一日作

清晨挹絳霞總氣霄上游迴軒躡曲波遂覩世人變辭旨蔚然起不散三秀嵎何若巡元鄉撫璈爲爾娛君心安有際我願有中無

丙寅二月九日夜作

轡景登霄晨游宴滄浪宮綵雲繞丹霞靈藹散八空上眞吟瓊室高仙歌琳房九鳳唱朱籟虛節錯羽幢交栖金庭內結我冥中朋俱挹玉醴津儵忽已嬰童云何當路躋愆淪隨日崇

二月十六日夜作

晨游太素宮控軿覿玉河夕宴鬱絕宇朝採圓景華彈璈北寒臺七靈暉紫霞濟濟高仙舉紛紛塵中羅盤桓讚靄內愆累不當多

二月三十日夜作

駕風騁雲軿晨登太渟丘絳津連岑振清波鼓淩流步空觀九緯八綱皆已游暫宴三金秀來觀建
志儒勤懈不相掩是以積百變

右英吟二首

淩波越滄浪忽然造金山四顧終日游罕我雲中人　紫闕構虛上元館衝絕飈琳琅敷靈圃華生
結瓊瑤騁軿滄浪津八風激雲軺披羽扇北騖據簡鳴金籥鳳籟和千鐘四童歌晨朝心豁虛無外
神襟何朗寥迴舞太空嶺六氣運重幽我途豈能尋使爾終不凋

四月十四日夕吟歌二首

元波振滄濤洪津鼓萬流駕景眄六虛思與佳人游妙唱不我對清音與誰投雲中騁瓊輪何為塵
中趨　松柏生元嶺鬱為寒林傑繁葩盛嚴冰未肯懼白雪亂世幽重岫巡生道常潔飛此逸轡輪
投彼遐人轍公侯可去來何為不能絕

閏月三日夜作示許長史

清淨願東山廕景棲靈穴愔愔閒庭虛翳薈青林密園曜映南軒朱風扇幽室拱袂閑房內相期啟妙術寥朗遠想元籥條神心逸

右英吟二首

縱心空洞津竦轡策朱軿佳人來何遲道德何日成　有心許斧子言當採五芝芝草不必得汝亦不能來汝來當可得芝草與汝食

蓬萊四眞人詩四首

眞誥曰興寧三年四月九日楊君夢北行登高山上有大宮室數千間鬱鬱不可名四面皆大水仰見白龍身長數十丈東向飛行光彩曜天一老翁著繡衣裳芙蓉冠拄赤九龍杖而立視龍君問公何人來登此宇答曰我蓬萊仙公洛廣休此蓬萊山吾治此上府君故來乃得相見耳君又問龍可乘否公曰此龍以待眞人張誘世石慶安許玉斧丁瑋寧暫世輜車朱駕更一日乘以上直侍晨帝也須臾公呼此四賢來張誘世年作五十石慶安甚童蒙年可十三四許玉斧年如今日所見丁瑋寧年可三十四五公曰玉斧君師友也張誘世常山人公弟子也石慶安汲郡人鉤

翼夫人弟子也因語四人曰並可作一篇詩以見府君

石慶安先作詩

靈山造太霞竪巖絕霄峰紫煙散神州乘飆駕白龍相攜四賓人東朝桑林公廣休年雖前壯氣何蒙蒙實未下路讓推年以相崇

次張誘世作詩

北遊大漠外來登蓬萊闕紫雲構靈宮香煙何鬱鬱美哉洛廣休久在論道位罷併真人座齊觀白龍邁離式四人用何時共解帶有懷披襟友欣欣高晨會

次許玉斧作詩

遊觀奇山峙漱濯滄流清遥覩蓬萊閣屹屹衝霄冥五芝被絳巖四階植琳瑛紛紛靈華散晃晃煥神庭從容七覺外任我攝天生自足方寸裏何用白龍榮

次丁瑋寧作詩

元山構滄浪金房映靈軒洛公挺奇尙從容有無間形枕北寒宇三神棲九天同僚相率往推我高

勝年弱冠石慶安未肯崇眞賢嘲笑蓬萊公呼此廣休前明公將何以却此少年翰

青童大君常吟詠

欲植滅度根當拔生死栽沈吟墮九泉但坐惜形骸

太虛眞人常吟詠

觀神載形時亦如車從馬車敗馬奔亡牽連一時假哀世但識此但是惜風火種罪天網上受毒地獄下

西城眞人王君常吟詠

形爲度神舟泊岸當別去形非神常宅神非形常載裵徊生死輪但苦心猶豫

小有眞人王君常吟詠 清虛小有天王王子登南嶽之師

失道從死津三魂迷生道生生日已遠死死日已早悲哉苦痛客根華已顚倒起就零落塵焉知反枯老

方諸宮東華上房靈妃歌曲

紫桂植璐園朱華聲悽悽月宮生蘂淵日中有瓊池左拔員靈曜右掣丹霞暉流金煥絳庭八景絕煙迴綠蓋浮明朗控節命太微鳳精童華顏琳腴充長饑控晨揖太素乘欻翔玉墉吐納六虛氣玉嬪把巾隨彈璈南雲扇香風鼓錦披叩商百獸舞六天攝神威儵欻億萬椿齡紀鬱巍巍小鮮未烹鼎言我殿下悲

太微元清左夫人北淳宮中歌曲 并序

太微元清左夫人太微之上眞也晉興寧三年乙丑十二月十七日與太元眞人衆眞降於句曲金壇眞人楊羲之室吟北淳宮中歌詞曰

鬱藹非眞墟太元爲我館元公豈有懷紫蒙孤所難落鳳控紫霞矯轡登晨巘寂寂無濠涯暉暉空中觀隱芝秀鳳丘遨巡璐林畔龍胎嬰爾形八瓊迴素旦琅華繁玉宮結葩淩巖粲鵬扇絕億領拊翮扶霄翰西庭命長歌雲璈乘虛彈八風纏綠宇叢煙豁然散靈童擲流金太微啟璧案三元折腰舞紫皇揮袂讚朗朗扇景耀煜煜長庚煥超耕聳明刃下眄使我惋顧哀地仙輩何爲棲林澗

辛元子贈楊司命詩三首 并序

元子字延期隴西定谷人漢明帝時諫議大夫辛隱之子也元子少好至道享年不永沒命於長津西王母見其苦行酆都北帝愍其道心告敕司命攝取形骸還魂復眞使我頤胎位爲靈神近得度名南宮定策朱陵藏精待時方列爲仙而大帝見差領東海侯氏更生叉選補禁元中郞將吳越鬼神之司故來相從今贈詩三篇以叙推情之至也注云楊君旣爲吳越司命董統鬼神子職隸方應相聞故先造此詩陳情

疇昔入冥鄉順駕應靈招神隨空無散氣與慶雲消形非明玉質元匠安能彫蹀足吟幽唱仰手玩明條林室有逸歡絕此軒外交遺景附圓曜籟音何寥寥此篇敘事跡之本志　寂通寄興感元氣攝動音高輪雖參差萬刃故來尋藹藹研道子合神契靈襟委順浪世化心標窈窕林同期理外遊相與靜東岑此篇申情寄之來緣　命駕廣酆阿逸迹幽冥鄉空中自有物有中亦無常悟言有無際相與會濠梁目擊元解了鬼神理自忘此篇論人鬼之幽致

清靈眞人八月十六日夕授詩并序

眞人裴元仁考眞誥前後當是授許長史

擬觸東岑人停景招隱靜仁德乘波來俱會三秀嶺靈芝信可食使爾無終永嘅眞獻金漿不待百丈井

七月十五日夜清靈眞人授詩與許玉斧

企望人飛若感若成感不內接驕女達屏三四縱橫以入帝庭歷紀建號得爲太齡亦必秀映四司元卿翻然縱羽遂登上清（此離合稼名翽字）

定錄中候告

鳳巢高木素衣衫然（此穆字）履順思貞凝心虛元（思元長史字）五公石腴彼體所便急宜服之可以少顏三八令明次行元眞解觸偃息可誦洞篇瓊刃應數（瓊刃即玉斧）精心高栖隱嘿沈閑正氣不虧术散除疾是爾所宜次服餌飯兼穀勿違益髓除患肌膚充肥然後登山詠洞講微黃獸白齒（即虎牙）亦能見機遂得不死過度三辰偃息盛木玩執周書（此楊字）太極植簡金名西華學服可否自應靈符理異契同神洞相求

右莫引大洞眞經

扶晨始暉生紫雲映元阿煥洞圓光蔚晃朗濯耀羅外國呼日為濯耀羅眇眇靈景元森洒空青華九天館玉賓金房煙霄歌

許長史答詩

微誠因理感積精洞幽貞婓婓乘雲綵靈像憑紫煙眇眇濯員羅拂拂綴飛輪元翰啟蒙昧顧景思自新

許掾夢詩

四月二十七日夜半夢見一女子著上下青綾衣與我相見自稱云我王眉壽之小妹明日可皆出西門外有犢車白牛皮巾裹僕御頭者是我車也後別相詣於貴解因口喻作詩而別王眉壽小妹則中候夫人

乘氣涉淥津採藥山中巔披心煥靈想蕭蕩無晤言願與盛德游驂駟騁因緣榮塵何足染疾激君清元荷能攜妙觀吐納可長年

保命君告許虎牙逝杜廣平常嘉歌一章

保命三官保命司茅思和杜契字廣平京兆杜陵人黃武二年學道隱居華陽山中

淳景翳廣林曖日東霄升晨風儛六烟勃鬱八道騰五嶽何必秀名山亦足陵矯首躡洞阜棲心潛中興吐納胎精氣元白誰能勝

保命吟告虎牙

朝華煥晨井九蓋傾青雲輸此珪璋肝不識萬流椿觧落條欻頃寅客何必人

卷終

神仙部藝文六 詩

詩二首　　晉　歷謙

謙晉海西簡文時人洞仙傳曰歷謙者郡人也性縱誕不恥惡衣食好飲酒不擇精麤常吟曰

風從牖中入酒在杯中搖手握四十九靈光在上照巍峨藜藿下獨向冥理笑　進不登龍門退不求名位無以消白日常作巍峨醉

扣船歌四首　　郭四朝

洞仙傳曰郭四朝者燕人也秦苻氏時得道來句曲山南所住處作塘遏澗水令深基墟垣牆今猶有可識處四朝乘小船游戲其中每扣船歌曰

清池帶靈岫長林鬱青葱元鳥翔幽野悟言出從容鼓檝乘神波稽首希晨風未獲解脫期逍遙丘林中　浪神九垓外研道遂全真戢此靈鳳羽藏我華龍鱗高舉方寸物萬吹皆垢塵顧哀朝生螻孰盡汝車輪　游空落飛飆靈步無形方圓景煥明霞九鳳唱朝陽揮翮扇天津晻藹慶雲翔遂造

太微宇揔此金梨漿逍遙元陔表不在亦不亡　鸞歘翔神霄披霞帶九日高晨齊龍輪遂造九華室神虎洞瓊林風雲合成一開闔幽冥戶靈變元跡滅

游仙詩　何劭

青青陵上松亭亭高山柏光色冬夏茂根柢無雕落吉士懷真心悟物思遠託揚志元雲際流目矚巖石羨昔王子喬友道發伊洛迢遞凌峻嶽連翩御飛鶴抗跡遺萬里豈戀生民樂長懷慕仙類眇然心緜邈

雜詩　前人

秋風乘夕起明月照高樹閑房來清氣廣庭發暉素靜寂愴然歎惆悵忽游顧仰視垣上草俯察堦下露心虛體自輕飄颻若仙步瞻彼陵上柏想與神人遊道深難可期精微非所慕勤思終遙夕永言寫情慮

前緩聲歌　陸機

游仙聚靈族高會層城阿長風萬里舉慶雲鬱嵯峨宓妃興洛浦王韓起太華北徵瑤臺女南要湘

川娥肅肅宵駕動翩翩翠蓋羅羽旗棲瓊鸞玉衡吐鳴和太容揮高絃洪崖發清歌獻酬既已周輕舉乘紫霞總轡扶桑枝濯足暘谷波清輝溢天門垂慶惠皇家

游仙詩十首　郭璞

京華游俠窟山林隱遯棲朱門何足榮未若託蓬萊臨源挹清波陵岡掇丹荑靈谿可潛盤安事登雲梯漆園有傲吏萊氏有逸妻進則保龍見退為觸藩羝高蹈風塵外長揖謝夷齊　青谿千餘仞中有一道士雲生梁棟間風出窻戶裏借問此何誰云是鬼谷子翹迹企潁陽臨河思洗耳閶闔西南來潛波渙鱗起靈妃顧我笑粲然啟玉齒蹇修時不存要之將誰使　翡翠戲蘭苕容色更相鮮綠蘿結高林蒙籠蓋一山中有冥寂士靜嘯撫清絃放情凌霄外嚼蘂挹飛泉赤松臨上游駕鴻乘飛煙左挹浮丘袖右拍洪崖肩借問蜉蝣輩寧知龜鶴年　六龍安可頓運流有代謝時變感人思已秋復願夏淮海變微禽吾生獨不化雖欲騰丹谿雲螭非我駕愧無魯陽德迴日向三舍臨川哀年邁撫心獨悲吒　逸翮思拂霄迅足羨遠遊清源無增瀾安得運吞舟珪璋雖特達明月難闇投潛穎怨青陽陵苕哀素秋悲來惻丹心零淚緣纓流　雜縣寓魯門風暖將為災吞舟湧海底高浪

駕蓬萊神仙排雲出但見金銀臺陵陽挹丹溜容成揮玉杯姮娥揚妙音洪崖頷其頤升降隨長煙飄搖戲九垓奇齡邁五龍千歲方嬰孩燕昭無靈氣漢武非仙才　晦朔如循環月盈已復魄蓐收清西陸朱羲將由白寒露拂陵苕女蘿辭松柏蕣榮不終朝蜉蝣豈見夕圓丘有奇草鍾山出靈液王孫列八珍安期鍊五石長揖當途人去來山林客　暘谷吐靈曜扶桑森千丈朱霞升東山朝日何晃朗迴風流曲櫺幽室發逸響悠然心永懷渺爾自遐想仰思舉雲翼延首矯玉掌嘯傲遺世羅縱情在獨往明道雖若昧其中有妙象希賢宜勵德羨魚當結網　採藥游名山將以救年頹呼吸玉滋液妙氣盈胸懷登仙撫龍駟迅駕乘奔雷鱗裳逐電曜雲蓋隨風迴手頓羲和轡足蹈閶闔開東海猶蹄涔崑崙蟻蛭堆遐邈冥茫中俯視令人哀　璇臺冠崑嶺西海濱招搖瓊林籠藻映碧樹疏英翹丹泉標朱沫黑水鼓玄濤尋仙萬餘日今乃見子喬振髮晞翠霞解褐被絳綃總轡臨少廣盤虬舞雲軺永偕帝鄉侶千齡共逍遙

蕭史曲　張華

蕭史愛長少（一作年）嬴女希童顏火粒願排棄霞霧好登攀龍飛逸（一作覓）天路鳳起出秦關身去長不

返簫聲時往還

游仙詩三首　　前人

玉佩連浮星輕冠結朝霞列坐王母堂艷體餐瑤華湘妃詠涉江漢女奏陽阿　乘雲去中夏隨風濟江湘亹亹陟高陵遂升玉巒陽雲娥薦瓊石神妃侍衣裳　雲霓垂藻旒羽袿揚輕裾飄登清雲間論道神皇廬簫史登鳳音王后吹鳴竽守精味元妙逍遙無爲墟

游仙詩　　成公綏

盛年無幾時奄忽行欲老那得赤松子從學度世道西入華陰山求得神芝草珠玉猶戴土何惜千金寶但願壽無窮與君常相保

游仙　　張協

峥嶸元圃深嵯峨天嶺峭亭館籠雲構修梁流三曜蘭葩蓋嶺披清風緣隟嘯

游仙詩二首　　庚闡

卭疏鍊石髓赤松漱水玉憑煙眇封子流浪揮元俗崆峒臨北戶昆吾眇南陸層霄映紫芝潛澗汎

舟菊崑崙須五河八流縈地軸　三山羅如聚巨鼇不足刀白龍騰子明朱鱗運琴高輕舉觀滄海
眇邈去瀛洲玉堯出靈島瓊草被神丘

又六首

熒熒丹桂紫芝結根霍山九嶷鮮縈夏馥冬熙誰與薄采松期　赤松游霞乘煙封子鍊骨淩仙晨
漱水玉心元故能靈化自然　乘彼六氣渺茫輜𩇕赤水崐陽遥望至人元堂心與罔象俱忘　朝
餐雲英玉蕊夕挹玉膏石髓瑤室藻構霞綺鱗裳羽蓋級纚　玉樹標雲翠蔚靈崖獨拔奇卉芳津
蘭縈珠隧碧葉灑清鱗萃　玉房石鑰磊砢燭龍銜輝吐火朝採石英淵左夕翳瓊葩巖下

詠史　曹毗

軒轅應元期幼能總百神體鍊五靈妙氣含雲霧津慘石廚城岫鑄鼎荆山濵豁焉天扉開飄然跨
騰鱗儀轡灑長風褰裳躡紫宸

廬山神仙詩　湛方生

序曰尋陽有廬山者盤基彭蠡之西其崇標峻極辰光隔輝幽澗澄深積清百仞若乃絕阻重險

非人跡之所游窈窕沖深常含霞而貯氣信可謂神明之區域列眞之苑囿矣太元十一年有樵
採其陽者於時鮮霞褰林傾暉映岫見一沙門披法服獨在巖中俄頃振裳揮錫凌崖直上排丹
霞而輕舉起九折而一指旣白雲之可乘何帝鄉之足遠哉窮目蒼蒼翳然滅跡其詩曰
吸風元圃飮露丹霄室宅五嶽賓友松喬

槐樹歌一首　張奴

高僧傳曰外國名僧佉吒寄名長干寺有張奴者不知何許人也不甚見食而常自肥澤冬夏常
著單衣佉吒行見張奴欣然而笑佉吒曰吾東見蔡𢇁南訊馬生北遇王年今欲就杯度乃與子
相見耶張奴乃題槐樹爲歌曰
濛濛大象內照耀實顯彰何事迷昏子縱惑自招殃樂所少人往苦道若翻囊不有松柏志何用擬
風霜閑豫紫煙表長歌出昊蒼澄虛無色外應見有緣鄉歲曜毗漢后辰傳殷王伊余非二仙晦
迹之九方亦見流俗子觸眼致酸傷略謠觀有念盜曰蠱矜章

代昇天行　宋鮑照

家世宅關輔勝帶宦王城備閱十帝事委曲兩都情倦見物興衰驟覩俗屯平翩翻若回掌恍惚似朝榮窮途悔短計晚志重長生從師入遠嶽結友事仙靈五圖發金記九籥隱丹經風餐委松柏雲臥恣天行冠霞登綵閣解玉飲椒庭蹔游越萬里少別數千齡鳳臺無還駕簫管有遺聲何時與汝曹啄腐共吞腥

白雲行　前人

探靈喜解骨測化善騰天情高不戀俗厭世樂尋仙鍊金宿明館屑玉止瑤淵鳳歌出林闕龍駕戾蓬山凌崖乘三露攀鴻戲五煙昭昭景臨霞湯湯風媚泉命娥雙月際要媛兩星間飛虹眺卷河汎霧弄輕弦笛聲謝廣宮神道不復傳一逐白雲去千齡猶未旋

前緩聲歌　孔寧子

供帳設元宮衆仙胥流亞熠熠二儀曠雍容風雲暇北伐太行鼓南整九嶷駕笙歌興洛川鳴簫起秦樹鈞天契三代廣樂非韶夏滿堂皆人靈列筵必羽化烏可循日留兔自延月夜弱水時一濯扶桑聊暫舍兆旬方履端千齡永八蜡

游仙詩五首　　南齊王融

桃李不奢年桑榆多暮節常恐秋蓬根連翩因風雪習道遍槐岷追仙度瑤碣緑帙啟真詞丹經流妙說長河且已縈曾山方可礪　獻歲和風起日出東南隅鳳旂亂煙道龍駕溢雲區結賞自員嶠移讌乃方壺金巵浮水翠玉斝挹泉珠徒用霜露改終然天地俱　命駕瑤池隈過息嬴女臺長袖何靡靡簫管清且哀璧門涼月舉珠殿秋風迴清鳥鶩高羽王母停玉杯舉手暫爲別千年將復來湘沅有蘭芷汨吾欲南征遺珮出長浦舉袂望層城朱霞拂綺樹白雲照金楹五芝多秀色八桂常冬榮弭節且夷與參差聞鳳笙　命駕隨所即燭龍導輕鑣沙澤振寒草弱水駕冰潮達翔馳聲響流雪自飄颻忽與若士遇長舉入雲霄羅繹徒有睨蟭螟已寥寥

遊仙詩　　袁彖

羽客宴瑤宮旌蓋乍舒設王子洛浦來湘娥洞庭發長引逐清風高歌送奔月距馭排帝閽迺吹入天闕萬古一方春千霜豈二髮

遊仙詩　　梁武帝

水華究靈奧陽精測神祕具聞上仙訣留丹未肯餌潛名遊柱史隱迹居郎位委曲鳳池日分明柏寢事藉史暫徘徊待我升龍轡

昇仙篇　　簡文帝

少室與求道明光可學仙丹繪碧林宇綠玉黃金篇雲車了無轍風馬詎須鞭燃桃恆可餌幾迴三千年

仙客　　同前

漆水豈難變桐刀任可揮青書長命籙紫水芙蓉衣高翔五嶽小低望九河微穿池聽龍長叱石待羊歸酒闌時節久桃生歲月稀

和竟陵王遊仙詩二首　　沈約

天矯乘絳仙螭衣方陸離玉鑾隱雲霧溶溶紛上馳瑤臺風不息赤水正漣漪嶸元圃上聊攀瓊樹枝　朝止閶闔宮暮宴清都闕騰蓋擁奔星低鑾避行月九疑紛相從虹旌乍升沒青鳥去復還高唐雲不歇若華有餘照淹留且晞髮

擬郭弘農璞遊仙　　江淹

崦山多靈草海濵饒奇石偃蹇尋青雲隱淪駐精魄道人讀丹經方士鍊玉液朱霞入窗牖曜靈照空隙傲睨摘木芝陵波採水碧眇然萬里遊矯掌望煙客永得安期術豈愁濛氾迫

擬阮公詩三首　　前人

飄飄恍惚中是非安所之大道常不驗金火每如斯慷慨少淑貌便娟多令辭宿昔秉心誓靈明將見期願從丹丘駕長弄華池滋　若木出海外本自丹水陰羣帝共上下鸞鳥相追尋千齡猶旦夕萬世更浮沈豈與異鄉士瑜瑕論淺深　夏后乘兩龍高會在帝臺榮光河雒出白雲蒼梧來侍御多賢聖升降有羣才四時有變化盛明不徘徊高陽邈已遠竚立誰語哉

雲山讚四首并序　　前人

壁上有雜畫皆作山水好勢仙者五六雲氣生焉悵然會意題爲小讚云

王子喬

子喬好輕舉不待鍊銀丹控鶴去[illegible]紡學鳳對巑岏山無一春草谷有千年蘭雲衣不躑躅龍駕何

時還

陰長生

陰君惜靈骨珪璧詎爲寶日夜名山側果得金丹道髮傷永不衰光顏如碧草若渡西海時致意三

青鳥

白雲

紫烟世不覩赤鯉庖所捐白雲亦海外蓋蓋起三山蕭瑟玉池上客裔帝座前欲知清都裏乘此乃

登天

秦女

青琴旣曠世綠珠亦絕羣猶不及秦女十五乘綵雲靈質人不見瓊光俗詎聞願使洛靈往爲我道

奇芬

東南射山幷序　王鈞

阮籍詠懷詩曰東南有射山汾水出其陽言神仙之事

還丹改容質握髓駐流年口含千里霧掌流五色煙瓊漿汎金鼎瑤池溉玉田倏忽整龍駕相遇鳳臺前

升天行　劉孝勝

堯攀已徒說湯捫亦妄陳欲訪青雲侶正遇丹丘人少翁俱仕漢韓終苦入秦汾陰觀化鼎瀛洲宴羽人歲成參日月方朔問星辰鷙祠伐楚樹射樂戰江神閃閣背竹倚大年豈難親趙簡猶聞樂周儲固上賓秦皇多忌害元朔少寬仁終無夏有以非關德不鄰

告遊篇　陶弘景

性靈昔既肇緣業久相因即化非冥滅在理淪悲欣冠劍空衣影鑣轡乃仙身去此昭軒侶結彼瀛臺賓儻能踵留轍爲子道元津

桓眞人吟詩

梁陶隱居先生謂弟子曰予夜夢神光滿室彩雲進帶有金巾神人謂予曰明日有異人來汝當掃門待之日午桓凱眞人果至披髮跣足唱詩曰

黃花生紫雲日月周天輪混混太虛中不與衆生羣崑崙十二峯上帝朝萬巡一日功行滿升空謁
元君

五仙授周子良詩

周氏冥通記元人周子良茅山陶隱居弟子寓居丹陽一夕五仙降於庭各授一詩

保命府丞樂道士授詩

華景耀瓊林清風散紫霄仰攜高眞士凌空馭綠軺放彼朱霞館造此塵中僚有緣自然會不待心
翹翹

嵩高馮眞人授詩

明霞鬱紫蓋景風飄羽輪直造塵滓際萬穢澆我身自非保仙子安見今日人過此未申歲控景朝
太眞冥緣雖有契執德故須勤

蕭閑張仙卿授詩

寫我蕭閑館遊彼塵喧際騁景蓋飛霄轅此人間契周生一何奇能感元人轍無使凌景幹中隨嚴

霜折

中嶽仙人洪先生授詩

靈風扇紫霞景雲散丹暉八素不為迴九垓何足巍志業雖有迹習之亦成微勗此今日事金闕方共歸

華陽天司農玉童授詩

懸臺淩紫漢峻階登絳雲華景飛形燭七翮亦殊分寫此步塵穢適彼超世羣勗哉二祀內無令邪世門方為去來會短辭何用紛

蘇耽歌并序

蘇耽桂陽人少以至孝著稱一日白母道果已圓升舉有日母曰吾獨恃爾爾去吾何依耽乃留一櫃封鑰甚固若有所需告之如所願也預為植橘鑿井及郡人大疫但食一橘葉飲一泉水即愈而後一鶴降郡屋久而不去郡僚子弟彈之鶴乃舉足書屋若書字焉其辭云

鄉原一別重來事非甲子不記陵谷遷移白骨撒野青山舊時翹足高屋下見羣兒我是蘇仙彈我

何爲翻身雲外却返吾居

神仙篇　　戴嵩

徒聞石爲火未見坂停丸博數盈虛月長隨晝夜瀾辭家試學道逢師得姓韓閬山金靜室蓬丘銀露壇安平醞仙酒渤海博神丹初飛當退鳳新學法乘鸞十芒生月髓六焰起星肝流瓊播疑俗信玉類陽宮元都宴晚集裴府羣朝名謝手今爲別進憐此俗難

王子喬行　　高允生

仙化非常道其義出自然王喬誕神氣白日忽升天晻曖御雲氣飄颻乘長煙寄想崆峒外翺翔宇宙間七月有佳期控鶴崇崖巔永與時人別一去不復旋

詠得神仙　　陳陰鏗

羅浮銀是殿瀛洲玉作堂朝游雲暫起夕餌菊恆香聊持履成燕戲以石爲羊洪崖與松子乘羽就周王

神仙篇　　張正見

瀛洲分渤澥閬苑隔虹蜺欲識三山路須尋千仞溪石梁雲外立蓬丘霧裏迷年深毀丹竈學久棄青泥萬水留還杖天衢鳴去雞六龍驟首起雲閣萬里一別何寥廓元都府中駕青牛紫蓋山中乘白鶴潯陽杏花終難朽武陵桃花未曾落已見玉女笑投壺復覩仙童欣六博同甘玉文棗俱飲流霞藥鸞歌鳳舞集天台金闕銀宮相向開西王已令青鳥去東海還馭赤虬來魏武還車逢漢女荊王因夢識陽臺鳳蓋隨雲聊徹日霓裳雜雨復乘雷神歎吹笙遙謝手當知福地有神才

賦得山卦名　前人

蓬萊邀羽客巖穴轉蒙籠雲歸仙井暗霧解石橋通影帶臨峯鶴形隨雜雨風尋師不失路咸欲馭飛鴻

簫史曲　江總

弄玉秦家女簫史仙處童來時兔月滿去後鳳樓空密笑開還斂浮聲咽更通相期青粉色飛向紫煙中

莊周頌　前人

玉潔蒙縣蘭薰漆園丹青可久雅道斯存夢中化蝶水外翔鯤出俗靈府師心妙門垂筌自若重聘巵言悠哉天地共是能樊

方諸曲　謝爕

笙仙塞仰雲光繩河裂扇月傍井公能六著玉女事投壺醴和金液還將天地俱

王子喬　北魏高允

王少卿王少卿超升飛龍翔天庭遺儀景雲漢酬光燄迢遊忽若浮騎日月從列星跨騰八廓踰杳冥尋元氣出天門窮覽有無究道根

神仙　北齊顏之推

紅顏恃容色青春矜盛年自言曉書劍不得學神僊風雲落時後歲月度人前鏡中不相識捫心徒自憐願得金樓要思逢玉鈐篇九龍遊弱水八鳳出飛煙朝遊採瓊實夕宴酌膏泉崢嶸下無地列缺上陵天舉世聊一息中州安足旋

輕舉篇　北周王褒

天地能長久神仙壽不窮白玉東華檢方諸西獄童俄瞻少海北暫別扶桑東俯觀雲似蓋低望月如弓看棋城邑改辭家墟巷空流珠餘舊竈種杏發新叢酒釀瀛洲玉劍鑄昆吾銅誰能攬六博還當訪井公

奉和趙王遊仙　　庾信

藏山還採藥有道得從師京兆陳安世成都李意期玉京傳相鶴太乙授飛龜白石香新芋青泥美熟芝山精逢照鏡樵客值圍棋石紋如碎錦藤苗似亂絲蓬萊在何處漢后欲遙祠

仙山二首　　前人

金竈新和藥銀壺舊聚神相看但莫怯先師應識人　石軟如香飯鉛銷似熟銀蓬萊暫近別海水遂成塵

步虛詞二首　　隋煬帝

洞府凝元液靈山體自然俯臨滄海島回出大羅天八行分寶樹十丈散芳蓮懸居燭日月天步役風煙躡記書金簡乘空誦玉篇冠法二儀立珮帶五星連瓊軒觶甘露瑜井挹膏泉南巢息雲馬東

海戲桑田回旗遊八極飛輪入九元高蹈虛無外天地乃齊年　總轡行無極相推凌太虛翠霞承鳳輦碧霧翼龍輿輕舉金臺上高會玉林墟朝遊度圓海夕宴下方諸

升天行　盧思道

尋師得道訣輕舉厭人羣玉山候王母珠庭謁老君煎爲返魂藥刻作長生文飛策乘流電彫軒曳彩雲元洲望不極赤野眺無垠金樓旦巃嵸玉樹曉氤氳擁琴遙可聽吹笙遠詎聞不學蜉蝣子生死何紛紛

神仙篇　前人

浮生厭危促名岳共招攜雲軒遊紫府風馭上丹梯時見遼東鶴屢聽淮南雞玉英持作寶瓊實採成蹊飛策揚輕電懸旌曳彩霓瑞銀光似燭靈石髓如泥寥廓鸞山右超越鳳洲西一丸應五色持此救人迷

神仙　崔仲方

崐丘本難陟軒臺不易朝遲往麟洲上時聽鳳凰簫暫覩文犀寶香林碧玉條且學燒丹甑何假摘

蟠桃

神仙篇　　曾范

王遠尋仙至欒巴訪術廻乘空向紫府控鶴下蓬萊霜分白鹿駕日映流霞杯煎金丹未熟醒酒藥初開仁應觀海變誰肯畏年頹

昇天行　　釋慧淨

馭風過閬苑控鶴下瀛洲欲採三芝秀先從千仞游駕鳳吟虛管乘槎泛淺流頹齡一已駐方驗大椿秋

懷仙引　　唐盧照鄰

若有人兮山之曲駕青虬兮乘白鹿往從之游願心足披礀戶訪巖軒石瀨潺湲橫石徑松蘿冪䍥掩松門下空濛而無鳥上巉巖而有猨懷飛閣度飛梁休余馬于幽谷掛余冠于夕陽曲復曲兮煙莊邃行復行兮天路長修途杳其未半飛雨忽以茫茫山坱軋磴連褰攀石壁而無據泝泥溪而不前向無情之白日竊有恨於皇天廻行遵故道通川遍流潺廻首望羣峯白雲正溶溶珠爲闕兮玉

爲樓青雲蓋兮紫霜裘天長地久時相憶千齡萬代一來游

贈學仙者　王績

採藥層城遠尋師海路賒玉壺橫日月金闕斷煙霞仙人何處在道士未還家誰知彭澤意更覓步兵邪春釀煎松葉秋盃浸菊花相逢寧可醉定不學丹砂

遊仙四首　前人

暫出東陂路過訪北巖前蔡經新學道王烈舊成仙駕鶴來無日乘龍去幾年三山錫作地八洞玉爲天金精飛欲盡石髓溜應堅自悲生世促無暇待桑田　上月芝蘭徑中巖紫翠房金壺新煉乳玉釜始煎香六局黃公術三門赤帝方吹沙聊作鳥動石試爲羊緱氏還程促瀛洲會日長誰知北巖下延首詠霓裳　結衣尋野路負杖入山門道士言無宅仙人更有村斜溪橫桂渚小徑入桃源玉牀塵稍冷金爐火尚溫心疑游北極望似陟西崑逆愁歸舊里蕭條訪子孫　眞經知那是仙骨定何爲許邁心長切嵇康命似奇桑疎金闕迥苔重石梁危照水然犀角游仙費虎皮鴨桃聞已種龍竹未經騎爲向天仙道棲遑君詎知

忽夢游仙　王勃

僕本江上客牽跡在方內寤寐霄漢間居然百靈對翕爾登霞首依然躡雲背儵策驅龍光煙途儼鸞態乘月披金帔連星解瓊珮浮識俄易歸眞游眇難再寥廓沈遐想周遑奉遺誨流俗非我鄉何當釋塵昧

感遇詩二首　陳子昂

市人矜巧智於道若童蒙傾奪相夸侈不知身所終曷見元眞子觀世玉壺中窅然遺天地乘化入無窮

吾觀龍變化乃知至陽精石林何冥密幽洞無留行古之得仙道信與元化并元感非象識誰能測淪冥世人拘目見酣酒笑丹經崑崙有瑤樹安得采其英

嵩嶽聞笙　劉庭芝

月出嵩山東月明山益空山人愛清景散髮臥秋風風止夜何清獨夜草蟲鳴仙人不可見乘月近吹笙絳脣吸靈氣玉指調眞聲眞聲是何曲三山鸞鶴情昔去落塵俗願言聞此曲今來臥嵩岑何幸承幽音神仙樂吾事笙歌銘夙心

奉和聖製經河上公廟應制　張說

河上無名老知非漢代人先探道德要留待聖明晨元妙爲天下清虛用谷神化將和氣一風與太初鄰靈廟觀遺像仙歌入室貢虛心齊萬物何處不同塵

河上老人歌　王昌齡

河上老人坐古槎合丹只用青蓮花至今八十如四十口道滄溟是我家

元元皇帝應見賀聖祚無疆　殷寅

應曆生周日修祠表漢年復茲秦嶺上更似霍山前昔贊神功啟今符聖祚延已題金簡字仍訪玉堂仙睿祖光元始曾孫體又元言因六夢接慶叶九齡傳北闕心超矣南山壽固然無由同拜慶竊忭賀陶甄

留詩三首　葉法善

昔在禹餘天還依太上家忝以掌仙籙去來乘烟霞暫下宛利城渺然思金華自此非久住雲上登香車　適向人間世時復濟蒼生度人初行滿輔國亦功成但念清微樂誰忻下界榮門人好住此

翛然雲上征　退仙時此地去俗久爲榮今日登雲天歸眞遊上清泥丸空示世騰舉不爲名爲報學仙者知余朝玉京

題登眞洞　張果

修成金骨鍊歸眞洞鎖遺蹤不計春野草謾隨青嶺秀閑花長對白雲新風搖翠篠敲寒玉水激丹砂走素鱗自是神仙多變異肯教蹤跡掩紅塵

遺簡詩二首　趙惠宗

生我於虛置我於無至精爲神元氣爲軀散陽爲明合陰爲符形爲灰土神爲仙居衆垢將畢萬事永除　吾駕時馬日月爲衡洞耀九霄上謁天帝明明我衆及我門人僞道養形眞道養神懋哉懋哉餘無所陳

奉和聖製經河上公廟　張九齡

昔者河邊叟誰知隱與仙姓名終不識章句此空傳跡爲坐忘晦言猶强著詮精靈竟何所祠宇獨依然道在紆宸睠風行動睿篇從茲化天下清淨復何先

謁張果先生　李頎

先生谷神者甲子焉能計自說軒轅師于今幾千歲寓遊城郭裏跡混希夷際應物雲無心逢時舟不繫餐霞斷火粒野服兼荷製白雪淨肌膚青松養身世韜精殊豹隱鍊骨同蟬蛻忽去不知誰偶來寧有契二儀齊壽考六合隨休憩彭聃猶嬰孩松期且微細嘗聞穆天子更憶漢皇帝親屈萬乘尊將窮四海裔車徒徧草木錦帛招談說八駿空往還三山轉虧蔽吾君感至德元老欣來詣受籙金殿開清齋玉堂閉笙歌迎拜首羽帳崇嚴衛禁柳垂香爐宮花拂仙袂祈年寶祚廣致福蒼生惠何必待龍髯鼎成方取濟

王母歌　前人

漢皇齋戒承華殿端拱須臾王母見霓旌照耀麒麟車羽蓋淋漓孔雀扇手指交梨遣帝食可以長生臨萬縣頭上復戴九星冠總領玉童坐南面欲聞要言今告汝帝乃焚香請此語若能鍊魄去三尸後當見我天皇所顧謂侍女董雙成酒闌可奏雲和笙紅霞白日儼不動七龍五鳳紛相迎惜哉志驕神不悅歎息馬蹄與車轍複道歌鐘杳將暮深宮桃李飛成雪為看青玉五枝燈蟠螭吐火光

欲絕

奉和聖製經河上公廟　蘇頲

河流無日夜河上有神仙輦路常經此壇場即宛然下疑成洞穴高若在空煙囂物遺方外和光繞道邊事因周史得言向漢皇傳喜屬膺期聖邦家業又元

遊仙二十四首　吳筠

啟冊觀往載搖懷考今情終古已寂寂舉世何營營悟彼衆仙妙超然含至精凝神契沖元化服凌太清心同宇宙廣體合雲霞輕翔風吹羽蓋慶霄拂霓旌龍駕朝紫微後天保令名豈如寰中士軒冕矜暫榮　鸞鳳棲瑤林鵬鶚集平楚飲啄本殊好翱翔終異所吾方遺諠囂立節慕高舉解玆區中纞結彼霄外侶誰謂天路遐感通自無阻　愍俗從還謝尋仙去淪沒三元有眞人與我生道骨淩晨吸丹景入夜飲黃月百關彌調暢方寸益清越棲神合虛無詞覽周恍惚不覺隨玉皇焚香詣金闕　西龜初定籙東華已校名三官無譴謫七祖升雲耕體妙塵累隔心微元化并一朝出天地億載猶童嬰使我齊浩劫蕭蕭宴玉清　怡神在靈府晈晈含清澄仙經不吾欺輕舉信有徵疇昔

希道念而今果天矜豈非陰功著乃致白日升焉用過洞府吾其越朱陵　高眞誠寥邈道合不我遺孰謂姑射遠神人可同嬉結侶從之遊飄飄出天垂不理人自化神凝物無疵因知至精感足以和四時　碧海廣無際三山高不極金臺羅中天羽客恣遊息霞液朝可飲虹芝晚堪食嘯歌自忘心騰舉寧假翼保壽同三光安能紀千億　將過太帝宮摠詣扶桑處眞童已相迓爲我清宿霧海若寧洪濤羲和止奔馭五雲結層閣八景動飛輿青霞正可挹丹椹時一遇留我宴玉堂歸軒不令遽　欲超洞陽界試躡丹極表赤帝躍火龍炎官控朱鳥導我升絳府長驅出天杪陽靈赫重暉四達何皎皎爲爾流飄風翕生遂無夭　予因詣金母飛蓋超西極遂入素中天停輪太濛側若華拂流影不使白日匿傾曦復亭午六合無瞑色道化隨感遷此理誰能測　九龍何蜿蜒載我升雲綱臨睨懷舊國風塵混蒼茫依依遠人寰去去邇帝鄉上超星辰紀下視日月光倏已過太微天居煥煌煌　停驂太儀側整服金闕前肅肅承上帝鏘鏘會群仙鴻爐發靈香廣廡張鈞天玉醴洽中座霞膏充四筵亘期無終極俛仰移億年　峻朗妙門闢燈微眞靈通瓊林上九霞金閣三天中飛虬躍慶雲翔鶴搏靈風鬱彼玉京會仙期六合同　予昇至陽元欲憩明霞館飄飄瓊輪舉曀曀金景

散結虛成萬有高妙咸可翫玉山鬱嵯峨琅海杳無岸暫賞過千椿遐齡誰復算　招攜紫陽友合
宴玉清臺排景羽衣振浮空雲駕來靈旛七曜動瓊障九光開鳳舞龍璈奏虬軒殊未廻　高升紫
極上宴此元都岑玉藻散奇香瓊柯流雅音靈風生太漠習習吹人襟體混希微廣神凝空洞深蕭
然宇宙外自有乾坤心　晨登千仞嶺俯瞰四人居原野間城邑山河分里閭眇彼埃塵中爭奔聲
利途百齡寵辱盡萬事皆為虛自昔無成功安能與爾俱將期駕雲景超跡升天衢　骨鍊體彌清
翳明塵已絕恬夷宇宙泰煥朗天光徹羽服參煙霄童顏皎冰雪隱符千魔駭鳴玉萬帝悅遂使區
宇中祇氣永淪滅　朝遊弱水北夕憩鍾山頂顧瑣清元宮出覡攜幽境燭龍發神曜陰野彌煥炳
道達三氣和驅除六天靜玉樓互相暉煙客何秀穎一與流霞津千年在俄頃　揚蓋造辰極乘煙
遊閬風上元降玉闕王母開琳宮天人何濟濟高會碧堂中列侍姿雲歇眞音滿太空千年紫柰熟
四劫靈瓜豐斯樂異恍讌陶陶殊未終　整駕辭五嶽排煙凌九霄紛然太虛中羽旆更相招且盼
蓬壺近誰言寬閬遙悠悠竟安適仰赴三天朝　予招三清友迴出九天上撓挑絕漢中差池遙相
望大空含常明八外無隱障鸞鳳有逸翮洽然恣飄颻寥寥惟元虛至樂在神王　縱身太霞上眇

眇虛中浮八威先啟行五老同我遊靈景何灼灼祥風正寥寥嘯歌振長空逸響清且柔遨嬉無迹賞顧盼皆眞儔不疾而自速萬大俄已周　返視太初先與道冥至一空洞凝眞精乃爲虛中實變通有常性合散無定質不行迅飛電隱曜光白日元棲忘元深無得固無失

混元皇帝　前人

元元九仙主道冠三氣初應物方佐命棲眞亦歸居貽篇訓終古獨遐遐太虛孔炎歎猶龍誰能知所如

廣成子　前人

廣成臥雲岫緬邈逾千齡軒轅來順風問道修神形至言發元理告以從杳冥三光入無窮寂默返太盜

許由　前人

大名賢所尙寶位聖所珍皎皎許仲武遺之若纖塵棄瓢箕山下洗耳潁水濱物外兩寂寞獨與元冥均

巢父　　　前人

巢父志何遠潛精人莫知恥聞禪王事飲犢方見移不欲散大朴焉能爲堯師鍊眞自輕舉浮世何足遺

南華眞人　　　前人

南華源道宗元遠故不測動與造化遊靜合太和息放曠生死外逍遙神明域况乃資九丹輕舉歸太極

沖虛眞人　　　前人

沖虛冥至理體道自元通不受子陽祿但飲靈丘宗泠然竟何依撓挑遊太空未知風乘我爲是我乘風

洞靈眞人　　　前人

亢倉致虛極潛跡依遠岫智去愚獨留日虧歲方就鄉人謀尸祝不欲聞俎豆尚賢非至理堯舜固爲陋

通元眞人　前人

通元貫陰德利物非市朝悠然大江上散髮揮輕橈已陳緇帷說復表滄浪謠滅跡竟何往遺文獨昭昭

文始眞人　前人

文始通道源含光隱關吏遙欣紫氣浮果驗眞人至元誥已云錫世榮何足累高步三清境超登九仙位

楚狂接輿夫妻　前人

接輿耽沖元伉儷亦眞逸傲然辭徵聘耕績代祿秩鳳歌誠文宣龍德遂隱密一遊峨嵋上千載保靈術

壺丘子　前人

壺丘道爲量元虛固難知季咸矚淺術禦寇初深疑至人忘禍福感變靡定期太沖杳無朕元化誰能知

河上公　前人

邈邈河上叟無名契虛沖靈關暢元旨萬乘趨道風寵辱不可累飄然在雲空獨與造化友誰能測無窮

東方曼倩　前人

東方秉易象戲世隱廊廟棲心抱清微混跡祕光耀元覽奇數術納規在談笑賫藥五湖中還從九仙妙

司馬季主　前人

季主超常倫沈跡寄卜筮朱賈二大夫停車試覩勢高談哂朝列洪辯不可際終乘鸞鳳心翛然已遐逝

孫公和　前人

孫登好淳古齊服從穴居彈琴合天和質易見象初終日無慍色恬然在元虛貽言誡叔夜超跡安所如

卷終

神仙部藝文七詩

懷僊歌　唐李白

一鶴東飛過滄海放心散漫知何在僊人浩歌望我來應攀玉樹長相待堯舜之事不足驚自餘囂囂直可輕巨鼇莫戴三山去我欲蓬萊頂上行

玉眞仙人詞　前人

玉眞之僊人時往太華峰清晨鳴天鼓飆欻騰雙龍弄電不輟手行雲本無蹤幾時入少室王母應相逢

上元夫人　前人

上元誰夫人偏得王母嬌嵯峨三角髻餘髮散垂腰裘披青毛錦身著赤霜袍手提嬴女兒閑與鳳吹簫眉語兩自笑忽然隨風飄

來日大難　前人

來日一身攜糧負薪道長食盡苦口焦脣今日醉飽樂過千春僊人相存誘我遠學海凌三山陸憩五嶽乘龍天飛目瞻兩角授以神藥金丹滿握蟪蛄蒙恩深愧短促思塡東海彊銜一木道重天地軒師廣成蟬翼九五以求長生下士大笑如蒼蠅聲

古風六首　前人

鳳飛九千仞五章備綵珍銜書且虛歸空入周與秦橫絕歷四海所居未得鄰吾營紫河車千載落風塵藥物祕海嶽採鉛清溪濱時登大樓山舉手望僊眞羽駕滅去影飆車絕迴輪尙恐丹液遲志願不及申徒霜鏡中髮羞彼鶴上人桃李何處開此花非我春唯應淸都境長與韓衆親　太白何蒼蒼星辰上森列去天三百里邈爾與世絕中有綠髮翁披雲臥松雪不笑亦不語冥棲在巖穴我來逢眞人長跪問寶訣粲然忽自哂授以鍊藥說銘骨傳其語竦身已電滅仰望不可及蒼然五情熱吾將營丹砂永與世人別　五鶴西北來飛飛凌太淸僊人綠雲上自道安期名兩兩白玉童雙吹紫鸞笙去影忽不見迴風送天聲舉首遠望之飄然若流星願餐金光草壽與天齊傾　朝弄紫泥海夕披丹霞裳揮手折若木拂此西日光雲臥遊八極玉顏已千霜飄飄入無倪稽首祈上皇呼

我遊太素玉杯賜瓊漿一餐歷萬歲何用還故鄉永隨長風去天外恣飄揚　世道日交喪澆風散淳源不採芳桂枝反棲惡木根所以桃李樹吐花竟不言大運有興沒羣動爭飛奔歸來廣成子去入無窮門　周穆八荒意漢皇萬乘尊淫樂心不極雄豪安足論西海宴王母北宮邀上元瑤水聞遺歌玉杯竟空言靈跡成蔓草徒悲千載魂

感興　前人

十五遊神仙仙遊未曾歇吹笙吟松風汎瑟窺海月西山玉童子使我煉金骨欲逐黃鶴飛相呼向蓬闕

飛龍引二首　前人

黃帝鑄鼎於荊山鍊丹砂丹砂成黃金騎龍飛上太清家雲愁海思令人嗟宮中彩女顏如花飄然揮手凌紫霞從風縱體登鑾車登鑾車侍軒轅遨遊青天中其樂不可言　鼎湖流水清且閑軒轅去時有弓劍古人傳道留其間後宮嬋娟多花顏乘鸞飛烟亦不還騎龍攀天造天關造天關聞天語長雲河車載玉女載玉女過紫皇紫皇乃賜白兎所擣之藥方後天而老凋三光下視瑤池見王

毋蛾眉蕭颯如秋霜

芳樹　　　前人

我思仙人乃在碧海之東隅海寒多天風白波連山倒蓬壺長鯨噴涌不可涉撫心茫茫淚如珠西來青鳥東飛去願寄一書謝麻姑

王子喬　　　宋之問

王子喬愛神仙七月七日上賓天白虎搖瑟鳳吹笙乘騎雲氣吸日精吸日精長不歸遺廟今在而人非空望山頭草草露濕君衣

少室山韋鍊師昇仙歌　　　皇甫冉

紅霞紫氣晝氤氳絳節青幢迎少君忽從林下昇天去空使時人禮白雲

仙谷遇毛女意知是秦宮人　　　常建

谿口水石淺泠泠明藥叢入谿雙峰峻松栝疎幽風垂嶺枝嫋嫋翳泉花濛濛夤緣霽人目路盡心彌通盤石橫陽崖前臨殊未窮回潭清雲影瀰漫長天空水邊一神女千歲爲玉童羽毛經漢代珠

翠逃秦宮自覲神已寓鶴飛言未終祈君青雲祕願謁黃僊翁常以耕玉田龍鳴西頂中金梯與天接幾日來相逢

古意　　前人

井底玉冰洞地明琥珀轆轤青絲索僊人騎鳳披朝霞挽上銀瓶照天闕黃金作身雙飛龍口銜明月噴芙蓉一時渡海望不見曉上青樓十二重

行路難　　孟雲卿

君不見高山萬仞連蒼旻天長地久成埃塵君不見長松百尺多勁節狂風暴雨終摧折古今無世無聖賢吾愛伯陽眞乃天金堂玉闕朝群僊拍手東海成桑田海中之水愼勿枯烏鳶啄蚌傷明珠行路難艱險莫踟躕

樵歌呈鄭錫司空文明　　李端

昨宵夢到亾何鄉忽見一人山之陽高冠長劍立石堂鬚眉颯爽瞳子方胡麻作飯瓊作漿素書一帙在柏林睒我還丹拍我背令我延年在人代乃書數字與我持小兒歸去須讀之覺來知是虛無

事山中雪平雲覆地東嶺啼猿三四聲捲簾一望心堪碎蓬萊有梯不可躋向海回頭仍淚睫且聞童子是蒼蠅誰謂莊生異蝴蝶學僊去來辭故人長安道路多風塵

學僊二首　韋應物

昔有道士求神仙靈眞下試心確然千斤巨石一髮懸臥之石下十三年存道忘身一試過名奏玉皇乃升天雲氣冉冉漸不見留語弟子但精堅　石上鑿井欲到水惰心一起中路止豈不見古來三人俱弟兄結茅深山讀僊經上有青冥倚天之絕壁下有颼飀萬壑之松聲僊人變化爲白鹿二弟翫之兄誦讀讀多七過可乞言爲子心精得神僊可憐二弟仰天泣一失毫釐千萬年

萼綠華歌　前人

有一人兮昇紫霞書名玉牒兮萼綠華仙容矯矯兮雜佩珊珊衣重重兮縈絳紗雲雨愁思兮望淮海鼓吹蕭條兮駕龍車世淫濁兮不可降胡不來兮玉斧家

王母歌 一作玉女歌　前人

衆仙翼神母羽蓋隨雲起上遊元極杳冥中下看東海一盃水海畔種桃經幾時千年開花千年子

玉顏眇眇何處葬世上茫茫人自死

馬明生遇神女歌　　前人

學仙貴功亦貴精神女變化感馬生石壁千尋啟雙檢中有玉牀鋪玉簟立之一隅不與言玉體安隱三日眠馬生一立心轉堅知其丹白蒙哀憐安期先生來起居請示金鐺玉佩天皇書神女呵責不合見仙子謝過手足戰大瓜元棗冷如冰海上摘來朝霞凝賜偃復坐對食訖頷之使去隨煙升乃言馬生合不死少姑教勅令付爾安期再拜將生出一授素書天地畢

遊仙　　劉復

稅駕倚扶桑逍遙望九州二老佐軒轅移戈戮蚩尤功成棄之去乘龍上天遊天上見玉皇壽與天地休俯視崑崙宮五城十二樓王母何窈眇玉質清且柔揚袂折瓊枝寄我天東頭相思千萬歲大運浩悠悠安用知吾道日月不能周寄言青鳥翼謝爾碧海流

入華山訪隱者經仙人石壇　　李益

三考四嶽下官曹少休沐久負青山諾今還獲所欲齊開玉清洞金簡受元籙夙駕昇天行雲霞恣

遊宿平明矯輕策捫石入空曲偶人古石壇苔遶青瑤局陽桂凌煙紫陰羅冒水綠隔世聞丹經懸泉注明玉前鸞羽人會白日大居簫問我將致辭笑之自相目竦身雲遂起仰見雙白鵠墮其一紙書文字類鳥足視之了不識三返又三復歸來問方士舉世莫解讀何必若躋躋然後爲跼促鄙哉宦遊子身志俱降辱再往不及期勞歌叩山木

長恨歌

白居易

前進士陳鴻撰長恨傳曰開元中泰階平四海無事明皇在位久倦於旰食宵衣政無大小始委於右丞相深居遊宴以聲色自娛先是元獻皇后武淑妃皆有寵相次即世宮中雖良家子千數無悅目者上心忽忽不樂時每歲十月駕幸華清宮內外命婦熠燿景從浴日餘波賜以湯沐春風靈液澹蕩其間上心油然若有顧遇左右前後粉色如土詔高力士潛搜外宮得弘農楊元琰女於壽邸既笄矣鬒髮膩理纖穠中度舉止閑冶如漢武帝李夫人別疏湯泉詔賜澡瑩既出水體弱力微若不任羅綺光彩煥發轉動照人上甚悅進見之日奏霓裳羽衣曲以導之定情之夕授金釵鈿合以固之又命戴步搖垂金璫明年冊爲貴妃半后服用由是治其容敏其詞婉孌萬

態以中上意上益嬖焉時省風九州泥金五嶽驪山雪夜上陽春朝與上行同輦止同室宴專席寢專房雖有三夫人九嬪二十七世婦八十一御妻暨後宮才人樂府伎女使天子無顧盼意自是六宮無復進幸者非徒殊艷尤態致是蓋才智明慧善巧便佞先意希旨有不可形容者叔父昆弟皆列在清貴爵為通侯姊妹封國夫人富埒王室車服邸第與大長公主侔而恩澤勢力則又過之出入禁門不問京師長吏為側目故當時謠詠有云生女勿悲酸生兒勿喜歡又曰男不封侯女作妃看女却為門上楣其人心羨慕如此天寶末兄國忠盜丞相位愚弄國柄及安祿山引兵向闕以討楊氏為辭潼關不守翠華南幸出咸陽道次馬嵬亭六軍裴回持戟不進從官郎吏伏上馬前請誅國忠以謝天下國忠奉氂纓盤水死於道周左右之意未快上問之當時敢言者請以貴妃塞天下怒上知不免而不忍見其死反袂掩面使牽之而去倉皇展轉竟就絕於尺組之下既而明皇狩成都肅宗受禪靈武明年大兇歸元大駕還都尊明皇為太上皇就養南宮遷於西內時移事去樂盡悲來每至春之日冬之夜池蓮夏開宮槐秋落梨園弟子玉琯發音聞霓裳羽衣一聲則天顏不怡左右歔欷三載一意其念不衰求之魂夢杳不能得適有道士自蜀

來知上皇心念楊妃如是自言有李少君之術明皇大喜命致其神方士乃竭其術以索之不至又能遊神馭氣出天界沒地府以求之不見又旁求四虛上下東極大海跨蓬壺見最高仙山上多樓闕西廂下有洞戶東向闔其門署曰玉妃太眞院方士抽簪扣扉有雙鬟童女出應門方士造次未及言而雙鬟復入俄有碧衣侍女又至詰其所從方士因稱唐天子使者且致其命碧衣云玉妃方寢請少待之於時雲海沈沈洞天日晚瓊戶重闔悄然無聲方士屏息斂足拱手門下久之而碧衣延入且曰玉妃出見一人冠金蓮披紫綃佩紅玉曳鳳舄左右侍者七八人揖方士問皇帝安否次問天寶十四年已還事言訖憫默指碧衣取金釵鈿合各析其半授使者曰爲謝太上皇謹獻是物尋舊好也方士受辭與信將行色有不足玉妃因徵其意復前跪致詞請當時一事不爲他人聞者驗於太上皇不然恐鈿合金釵負新垣平之詐也玉妃茫然退立若有所思徐而言之曰昔天寶十載侍輦避暑驪山宮秋七月牽牛織女相見之夕秦人風俗是夜張錦繡陳飲食樹瓜果焚香於庭號爲乞巧宮掖間尤尚之夜殆半休侍衛于東西廂獨侍上上凭肩而立因仰天感牛女事密相誓心願世世爲夫婦言畢執手各嗚咽此獨君王知之耳因自悲曰由此

一念又不得居此復墮下界且結後緣或為天或為人決再相見好合如舊因言太上皇亦不久人間幸唯自安無自苦耳使者還奏太上皇皇心震悼日日不豫其年夏四月南宮晏駕元和元年冬十二月太原白樂天自校書郎尉於盩厔鴻與瑯琊王質夫家於是邑暇日相攜遊僊遊寺話及此事相與感歎質夫舉酒於樂天前曰夫希代之事非遇出世之才潤色之則與時消沒不聞於世樂天深於詩多於情者也試為歌之如何樂天因為長恨歌意者不但感其事亦欲懲尤物窒亂階垂於將來也歌既成使鴻傳焉世所不聞者予非開元遺民不得知世所知者有明皇本紀在今但傳長恨歌云爾

漢皇重色思傾國御宇多年求未得楊家有女初長成養在深閨人未識天生麗質難自棄一朝選在君王側回眸一笑百媚生六宮粉黛無顏色春寒賜浴華清池溫泉水滑洗凝脂侍兒扶起嬌無力始是新承恩澤時雲鬢花顏金步搖芙蓉帳暖度春宵春宵苦短日高起從此君王不早朝承歡侍宴無閑暇春從春遊夜專夜後宮佳麗三千人三千寵愛在一身金屋妝成嬌侍夜玉樓宴罷醉和春姊妹弟兄皆列土可憐光彩生門戶遂令天下父母心不重生男重生女驪宮高處入青雲僊

樂風飄處處聞緩歌慢舞凝絲竹盡日君王看不足漁陽鼙鼓動地來驚破霓裳羽衣曲九重城闕煙塵生千乘萬騎西南行翠華搖搖行復止西出都門百餘里六軍不發無奈何宛轉蛾眉馬前死花鈿委地無人收翠翹金雀玉搔頭君王掩面救不得回看血淚相和流黃埃散漫風蕭索雲棧縈紆登劍閣峨嵋山下少人行旌旗無光日色薄蜀江水碧蜀山青聖主朝朝暮暮情行宮見月傷心色夜雨聞鈴腸斷聲天旋日轉迴龍馭到此躊躇不能去馬嵬坡下泥土中不見玉顏空死處君臣相顧盡霑衣東望都門信馬歸歸來池苑皆依舊太液芙蓉未央柳芙蓉如面柳如眉對此如何不淚垂春風桃李花開夜秋雨梧桐葉落時西宮南苑多秋草落葉滿階紅不掃梨園子弟白髮新椒房阿監青娥老夕殿螢飛思悄然孤燈挑盡未成眠遲遲鐘鼓初長夜耿耿星河欲曙天鴛鴦瓦冷霜華重翡翠衾寒誰與共悠悠生死別經年魂魄不曾來入夢臨邛道士鴻都客能以精誠致魂魄為感君王展轉思遂教方士殷勤覓排空馭氣奔如電升天入地求之徧上窮碧落下黃泉兩處茫茫皆不見忽聞海上有僊山山在虛無縹緲間樓閣玲瓏五雲起其中綽約多僊子中有一人字太眞雪膚花貌參差是金闕西廂叩玉扃轉教小玉報雙成聞道漢家天子使九華帳裏夢魂驚攬衣

推枕起裴回珠箔銀屏迤邐開雲鬢半偏新睡覺花冠不整下堂來風吹仙袂飄颻舉猶似霓裳羽衣舞玉容寂寞淚闌干梨花一枝春帶雨含情凝睇謝君王一別音容兩渺茫昭陽殿裏恩愛絕蓬萊宮中日月長回頭下望人寰處不見長安見塵霧唯將舊物表深情鈿合金釵寄將去釵留一股合一扇釵擘黃金合分鈿但教心似金鈿堅天上人間會相見臨別殷勤重寄詞詞中有誓兩心知七月七日長生殿夜半無人私語時在天願作比翼鳥在地願為連理枝天長地久有時盡此恨綿緜無絕期

夢仙　　前人

人有夢仙者夢身升上清坐乘一白鶴前引雙紅旌羽衣忽飄飄玉鸞俄鏘鏘半空直下視人世塵冥冥漸失鄉國處纔分山水形東海一片白列嶽五點青須臾羣仙來相引朝玉京安期羨門輩列侍如公卿仰謁玉皇帝稽首前致誠帝言汝仙才努力勿自輕却後十五年期汝不死庭再拜受斯言既寤喜且驚祕之不敢泄誓志居巖扃恩愛舍骨肉飲食斷羶腥朝餐雲母散夜吸沆瀣精空山三十載日望輜軿迎前期過已久鸞鶴無來聲齒髮日衰白耳目減聰明一朝同物化身與糞壤幷

神仙信有之俗力非可營苟無金骨相不列丹臺名徒傳辟穀法虛受燒丹經只自取勤苦百年終不成悲哉夢仙人一夢誤一生

送毛仙翁　前人

仙翁已得道混迹尋巖泉肌膚冰雪瑩衣服雲霞鮮紺髮絲並綠鬅容花共妍方瞳點元漆高步凌飛煙幾見桑海變莫知龜鶴年所憩九清外所遊五嶽巔軒昊舊爲侶松喬難比肩每嗟人世人役役如狂顛孰能脫羈鞅盡遺名利牽貌隨歲律換神逐光陰遷惟余負憂譴顦顇湓江壖衰鬢忽霜白愁腸如火煎羈旅坐多感裴回私自憐晴眺五老峰玉洞多神仙何當憫湮厄授道安虛孱我師惠然來論道窮重元浩蕩八溟闊志泰心超然形骸既無束得喪亦都捐豈識椿菌異那知鵬鷃懸丹華既相付促景定當延元功曷可報感極惟勤拳霓旌不肯駐又歸武夷川語罷倏然別孤鶴升遙天賦詩敘明德永續步虛篇

贈毛仙翁　沈傳師

安期何事出雲煙爲把仙方與世傳只向人間稱百歲誰知洞裏過千年青牛到日迎方朔丹竈開

時共稚川更說桃源更深處異花長占四時天

贈毛仙翁　李紳

憶昔我祖神仙主元元皇帝周柱史曾師軒黃友堯湯混跡和光佐周武周之天子無仙氣成武康昭都曾爾穆王粗識神仙事八極輪蹄方逞志鶴髮韜眞世不知日月星辰幾回死金鼎作丹丹化碧三萬六千神入宅仙兄受術幾千年已是當時駕鴻客海光悠容天路長春風玉女開宮院紫輦親教書姓名玉皇詔刻青金簡桂闕一別三千春秦妃鏡裏蛾眉新忽控香虬天上去海隅刦石霄花塵一從仙駕辭中土頹日昏風老無主九州爭奪無時休八駿垂頭避豺虎我亦元元千世孫眼穿望斷蒼烟根花麟白鳳竟冥寞飛春走月勞神昏百年命促犇馬疾愁腸盤結心摧萃今朝稽首拜仙兄願贈丹砂化秋骨

會仙歌　鮑溶

輕輕濛濛龍言鳳語何從容耳有響兮目無跡杳杳默默花張錦織王母初自崐崙來茅盈王方平在側青毛仙鳥銜錦符謹上阿環起居王母書始知仙事亦多故一隔絳河千歲餘詳玉字多盈氣

瑤臺明月來墮地冠劍低昂蹈舞類禮容爲若若臣事願言小仙藝姓名許飛瓊洞陰玉磬敲天聲樂王母一送玉杯長命酒碧花醉爛揚揚笑賜二子長生方二子未及伸拜謝若若上兮皇皇下

懷仙二首　　前人

崑崙九層臺臺上宮城峻西母持地圖東來獻虞舜虞宮禮成後迴駕仙風順十二樓上人笙歌沸天引徘徊扶桑路白日生離恨青鳥更不來麻姑斷書信乃知東海水清淺誰能問　閬峯綺閣幾千丈瑤水西流十二城曾見周靈王太子碧桃花下自吹笙

謝自然詩　　韓愈

果州謝眞人上昇在金泉山貞元十年十一月十二日白晝輕舉郡守李堅以聞有詔褒諭

果州南充縣寒女謝自然童騃無所識但聞有神仙輕生學其術乃在金泉山繁華榮慕絕父母慈愛捐凝心感魑魅慌惚難具言一朝坐空室雲霧生其間如聆笙竽韻來自冥冥天白日變幽晦蕭蕭風景寒簷楹暫明滅五色光屬聯觀者徒傾駭躑躅詎敢前須臾自輕舉飄若風中煙茫茫八紘大影響無由緣里胥上其事郡守驚且歎驅車領官吏甿俗爭相先入門無所見冠履同蛻蟬皆云

神仙事灼灼信可傳余聞古夏后象物知神姦山林民可入魍魎莫逢旃逶迤不復振後世恣欺謾幽明紛雜亂人鬼更相殘秦皇雖篤好漢武洪其源自從二主來此禍竟連連木石生怪變狐狸騁妖患莫能蠱性命安得更長延人生處萬類知識最為賢奈何不自信反欲從物遷往者不可悔孤魂抱深冤來者猶可誡余言豈空文人生有常理男女各有倫寒衣及饑食在紡績耕耘下以保子孫上以奉君親苟異於此道皆為棄其身噫乎彼寒女永托異物羣感傷遂成詩昧者宜書紳

讀東方朔雜事　前人

漢武帝內傳帝好長生七夕西王母降其宮索桃七枚以四枚與帝自食三枚曰此桃三千年一實時東方朔從殿東廂朱鳥牖中窺母母謂帝曰此窺牖兒嘗三來偷吾桃昔為太山上仙官令到方丈擅弄雷電激波揚風風雨失時陰陽錯逆致令蛟鯨陸行海水暴竭黃鳥宿淵於是九遼丈人乃言於太上遂謫人間其後朔一旦乘龍飛去不知所在

嚴嚴古嚴嚴通王母宮下維萬仙家噫欠為飄風濯手大雨滂方朔乃竪子驕不加禁訶偷入雷電室輪轑掉狂車王母聞以笑衛官助呀呀不知萬萬人生身埋泥沙簸頓五山踣流漂八維蹉曰吾兒可

憯奈此狡獪何方朔聞不喜褫身絡蛟蛇瞻相北斗柄兩手自相挼羣僊急乃言百犯庸不科向觀睥睨處事在不可赦欲不布露言外口實喧譁王母不得已顏顰口咨嗟頷頭可其奏送以紫玉珂方朔不懲創挾恩更矜誇詆欺劉天子正晝溺殿衙一旦不辭訣攝身凌蒼霞

列仙詩四首　孟郊

方諸青童君

大霞霏晨暉元氣無常形元轡飛霄外八景乘高清手把玉皇袂攜我晨中生元庭自嘉會金書拆華名賢女密所妍相期洛水輧

清虛眞人

欻駕空清虛徘徊西華館瓊輪暨晨杪虎騎逐煙散惠風振丹旌明燭朗八煥解襟墉房內神鈴鳴璀璨棲景若林柯九弦空中彈遺我積世憂釋此千載歎怡眄無極已終夜復待旦

金母飛空歌

駕我八景輿欻然入玉清龍羣拂霄上虎旗攝朱兵逍遙三弦際萬流無暫停哀此去留會刦盡天

地傾當尋無中景不死亦不生體彼自然道寂觀合大冥南嶽挺眞榦玉英曜穎精有任靡期事無
心自虛靈嘉會絳河內相與樂朱英

安度明

丹霞煥上清八風鼓太和迴我神霄輦遂造嶺玉阿咄嗟天地外九圍皆我家上采白日精下飲黃
月華靈觀空無中鵬路無間邪顧見魏賢安濁氣傷汝和勤研元中恩道成更相過

遊䙴　賈島

借得孤鶴騎高近金烏飛掬河洗老貌照月生光輝天中鶴路直天盡鶴一息歸來不騎鶴身自有
羽翼若人無僊骨芝朮徒煩食

仙客歸鄉詞二首　施肩吾

六合八荒游未半子孫零落暫歸來井邊不認捎雲樹多是門人在後栽　洞中日月洞中仙不算
離家是幾年出郭始知人代變又須拋却古時錢

贈凌仙姥　前人

阿母從天降幾時前朝惟有漢皇知仙桃不啻三回熟飽見東方一小兒

仙女詞　前人

仙女羣中名最高曾看王母種仙桃手題金簡非凡筆道是天邊玉兔毛

仙翁詞　前人

世間無遠可爲游六合朝行夕已周壇上夜深風雨靜小仙乘月繫蒼虬

步虛詞二首　劉禹錫

阿母種桃雲海際花落子成二千歲海風吹折最繁枝跪捧瓊盤獻天帝　華表千年鶴一歸凝丹爲頂雪爲衣星星僊語人聽盡却向五雲翻翅飛

遇蓮葉二客詩 并序　欒清

欒清字渾之貞元時與徐戩俱好道術遊江南舟遇二客問其姓名客笑持二蓮葉遺之上各有詩一葉題曰摠浩然一葉題曰汎虛舟浩然詩有行時雲作伴坐即酒爲侶腹以元化充衣將雲霞補紂虐與堯仁可惜皆朽腐虛舟詩有楫櫂無所假超然信萍楂朝浮旭日輝夕際淸月華營

營功業人朽骨成泥沙有頃遺湘之酒一卮甚馨香飲訖別去失所在湘之大醉吐出數斗物戡視之皆五臟爛黑在地湘之歡然起撫掌而歌遂仙去戡亦不知所之

得飲據公酒復登汎公舟便得神體清超遙曠無憂

言志　　韓湘

青山雲水窟此地是吾家後夜流瓊液凌晨咀絳霞琴彈碧玉調鑪煉白硃砂寶鼎存金虎元田養白鴉一瓢藏世界三尺斬妖邪解造逡巡酒能開頃刻花有人能學我同去看仙葩

答從叔愈　　前人

愈謫藍關湘來迓同傳舍愈仍留之作詩云才爲世用古來多如子雄文世孰過好待功名成就日却收身去臥煙蘿湘答此詩竟去

舉世都爲名利醉伊予獨向道中醒他時定是飛昇去衝破秋空一點青

贈樊夫人詩　　裴航

長慶中航下第遊鄂渚偶與樊夫人同載航見其有國色慕之賂侍妾裊煙以詩達意

向爲胡越猶懷想況遇天倪隔錦屏儻若玉京朝會去願隨鸞鶴入青冥

求仙行　王建

漢皇欲作飛仙子年年採藥東海裏蓬萊無路海無邊方士舟中相枕死招搖在天回白日甘泉玉樹無仙實九皇眞人終不下空向離宮祠太乙丹田有氣凝素華君能保之昇絳霞

天上謠　李賀

天河夜轉漂回星銀浦流雲學水聲玉宮桂樹花未落仙妾採香垂珮纓秦妃卷簾北牖曉牕前植桐青鳳小王子吹笙鵝管長呼龍耕煙種瑤草粉霞紅綬藕絲裙青洲步拾蘭苕春東指羲和能走馬海塵新生石山下

夢天　前人

老兎寒蟾泣天色雲樓半開壁斜白玉輪軋露濕團光鸞珮相逢桂香陌黃塵清水三山下更變千年如走馬遙望齊州九點煙一泓海水杯中瀉

神仙曲　前人

碧峯海面藏靈書上帝揀作神僊居晴時笑語聞空處閒乘巨浪騎鯨魚春羅翦字邀王母共宴紅樓最深處鶴羽衝風過海遲不如却使青龍去猶疑王母不相許垂露娃鬟更傳語

贈毛仙翁　崔鄲

存亡去住一壺中兄事安期弟葛洪甲子已過千歲鶴儀容方稱十年童心憐晤合行人數藥力潛均造化功終待此身無繫累武陵山下等黃公

贈毛仙翁　崔元略

莫將凡聖比雲泥椿菌之年本不齊度世無勞大稻米昇天只用半刀圭人間嗟對黃昏槿海上閑聽碧落雞旌節行中令引道便從塵外踏丹梯

謝眞人仙駕過舊山　夏方慶

何年成道去綽約化童顏天上辭眞侶人間憶舊山桑田今已變蘿徑尚堪攀雲覆瑤壇淨苔生丹竈閑逍遙看白石寂寞閉元關應是悲塵累思將羽駕還

謝眞人仙駕過舊山　范傳正

麾蓋從僊府笙歌入舊山水流丹竈鈌雲起草堂關白鹿行爲衛青鸞舞自閑種松鱗未老移石蘚仍斑筌路烟霄外迴輿嶺岫間豈惟遼海鶴空歎令威還

瑤池　李商隱

瑤池阿母綺窻開黃竹歌聲動地哀八駿日行三萬里穆王何事不重來

東還　前人

自是仙才自不知十年長夢採華芝秋風動地黃雲暮歸去嵩陽尋舊師

獻鄭思遠施眞人二仙　呂巖

萬刼千生到此生此生身始覺飛輕拋家別國雲山外煉魄全魂日月精比見至人論九鼎欲窮大藥訪三清如今獲遇眞僊面紫府仙扉得姓名

送鍾離雲房赴天池會　前人

功滿來來際會難又聞東去上仙壇杖頭春色一壺酒頂上雲攢五嶽冠飲酒龜兒人不識燒山符子鬼難看先生去後身須老乞與貧儒換骨丹

贈人二首　前人

碧潭深處一眞人貌似桃花體似銀鬢髮未斑緣有術紅顏不老爲通神蓬萊要去如今去架上黃衣化作雲任彼桑田變滄海一丸丹藥定千春　爐養丹砂鬢不斑假將名利住人間已逢志士傳神藥又喜同流動笑顏老子道經分付得少微星許共相攀幸蒙上士甘撈攏處世輸君一箇閑

七言四十三首　前人

誰解長生似我哉煉成眞氣在三台盡知白日昇天去剛逐紅塵下世來黑虎行時傾雨露赤龍耕處產瓊瑰只吞一粒金丹藥飛入青霄更不回　亂雲堆裏表星都認得深藏大丈夫綠酒醉眠閑日月白蘋風定釣江湖長將氣度隨天道不把言辭問世徒山水路遙人不到茅君消息近知無鶴爲車駕酒爲糧爲戀長生不死鄉地脈尙能縮得短人年豈不展教長星辰往往壺中見日月時時衲裏藏若欲時流親得見朝朝不離水銀行　靈芝無種亦無根解飲能餐自返魂但得煙霞供歲月任他烏兎走乾坤嬰兒只戀陽中母姹女須朝頂上尊一得不回千古內更無塚墓示兒孫世上何人會此言休將名利挂心田等閑倒盡十分酒遇興高吟一百篇物外煙霞爲伴侶壺中日

月任嬋娟他時功滿歸何處直駕雲車入洞天　遙指高峯笑一聲紅霞紫霧面前生每於廛市無人識長到山中有鶴行時弄玉蟾驅鬼魅夜煎金鼎煮瓊英他時若赴蓬萊洞知我仙家有姓名

堪笑時人問我家杖擕雲物惹煙霞眉藏火電非他說手種金蓮不自誇三尺焦桐為活計一壺美酒是生涯騎龍遠出遊三島夜久無人玩月華　公卿雖貴不曾酬說著仙鄉便去遊為討石肝逢蜃海因尋甜雪過瀛洲山川醉後壺中放神鬼閑來匣裏收據見目前無箇識不如杯酒混凡流

曾邀相訪到仙家忽上崑崙宴月華玉女控攏蒼獬豸山童提挈白蝦蟆時斟海內千年酒慣摘壺中四序花今在人寰人不識看看揮袖入煙霞　火種丹田金自生重重樓閣自分明三千功行百旬見萬里蓬萊一日程羽化自應無鬼錄玉都長是有仙名今朝得赴瑤池會九節幢幡洞裏迎

莫怪愛吟天上詩蓋緣吟得世間稀慣餐玉帝宮中飯曾著蓬萊洞裏衣馬踏日輪紅露捲鳳銜月角掌雲飛何時再控青絲轡又掉金鞭入紫微　黃芽白雪兩飛金行即高歌醉即吟日月暗扶君甲子乾坤自與我知音精靈滅跡三清劍風雨騰空一弄琴的當南遊歸甚處莫交鶴去上天尋

雲鬢雙明骨更輕自言尋鶴到蓬瀛日論藥草皆知味問著神仙自得名醫冷夜龍穿碧洞枕寒晨

虎臥銀城來春又擬攜筇去爲憶軒轅海上行　强居此境絕知音野景雖多不合吟詩句若喧卿
相口姓名遐動帝王心道袍辭帶應慵挂隱帽皮冠尙懶簪除此更無餘箇事一壺村酒一張琴
華陽山裏多芝田華陽山叟復延年青松巖畔攀高幹白雲堆裏飲飛泉不寒不熱神蕩蕩東來西
去氣綿綿三千功滿好歸去休與時人說洞天　天生不散自然心成敗從來古與今得路應知能
出世迷途終是任埋沈身邊至藥堪攻煉物外丹砂且細尋咫尺洞房仙景在莫隨波浪沒光陰
自隱元都不記春幾回滄海變成塵玉京殿裏朝元始金闕宮中拜老君閒即駕乘千歲鶴閑來高
臥九重雲我今學得長生法未肯輕傳與世人　北帝南辰掌內觀潛通造化暗相傳金槌袖裏居
元宅玉戶星宮降上元舉世盡皆尋此道誰人空裏得元關明明道在堪消息日月灘頭去又還
日影元中合自然奔雷走電入中原長驅赤馬居東殿大啟朱門泛碧泉怒拔昆吾歌聖化喜陪孤
月賀新年方知此是生生物得在仁人始受傳　六龍齊駕得昇乾須覺潛通造化權眞道每吟秋
月澹至言長運碧波寒聖乘白虎遊三島夜頂金冠立古壇一載已成千歲變誰人將袖染塵寰
欲陪仙侶得身輕飛過蓬萊徹上清朱頂鶴來雲外接紫鱗魚向海中迎姮娥月桂花先吐王母仙

桃子漸成下瞰日輪天欲曉定知人世久長生　四海皆忙幾箇閑時人口內說塵緣知君有道來
山上何似無名住世間十二樓臺藏秘訣五千言內隱元關方知鼎貯神仙藥乞取刀圭一粒看
割斷繁華掉却榮便從初得是長生曾於錦水爲蟬蛻又向蓬萊別姓名三住住來無否泰一塵塵
在世人情不知功滿歸何處直跨虬龍上玉京　當年詩價滿皇都掉臂西歸是丈夫萬頃白雲獨
自有一枝丹桂阿誰無閑尋渭曲漁翁引醉上蓮峯道士扶仙日與君重際會竹溪茅舍夜相呼
金鎚灼灼舞天階獨自騎龍去又來高臥白雲觀日窟閑眠秋月擘天開離花片片乾坤產坎蕊翻
翻造化栽晚醉九巖回首望北邙山下骨髑髏　結交常與道情深日日隨仙出又沈若要自通雲
外鶴直須勤煉水中金丹成只恐乾坤窄餌了靈砂疾患侵未去瑤臺猶混世不妨杯酒寄閑吟
傾側華陽醉再三騎驢過晚下南巖肩因拍劍留星宿衣爲眠雲惹碧嵐金液變來成雨露玉都歸
去老松杉曾將鐵鏡照神鬼霹靂搜尋火滿潭　鐵鏡烹金火滿空碧潭龍臥夕陽中麒麟意合乾
坤北獬豸機關日月東三尺劍橫雙水岸五丁冠頂百神宮閑鋪羽服居仙窟自著金蓮造化功
隨緣信業任浮沈似水如雲一片心兩卷道經三尺劍一條藜杖七絃琴囊中有藥逢人施腹內新

詩遇客吟一嚼永添千載壽一丸丹點一斤金　琴劍酒棋龍鶴虎逍遙落拓永無憂閑騎白鹿遊三島閑駕青牛看十洲碧洞遠觀明月上青山高隱綵雲流時人若要還如此名利浮華卽便休紫極宮中我自知親磨神劍劍還飛先差玉子開南殿後遣青龍入紫微九鼎黃芽棲瑞鳳一軀仙骨養靈芝蓬萊不是凡人處只怕愚人泄世機　向身方始出埃塵造化功夫只在人早使亢龍拋地網豈知白虎出天眞綿綿有路誰留我默默忘言自合神擊劍夜深歸甚處披星帶月折麒麟春盡閑閑過落花一回舞劍一吁嗟常憂白日光陰促每恨青天道路賒本志不求名與利元心只慕水兼霞世間萬種浮沈事達理誰能似我家　別來洛汭六東風醉眼吟情慵不慵擺撼乾坤金劍吼烹煎日月玉爐紅杖搖楚甸三千里鶴翥秦煙幾萬重爲報晋成仙子道再期春色會稽峯未煉還丹且煉心丹成方覺道元深每留客有錢酤酒誰信君無藥點金洞裏風雷歸掌握壺中日月在胸襟神仙事業人難會養性長生自意吟　鐵牛耕地種金錢刻石時童把貫穿一粒粟中藏世界二升鐺內煮山川白頭老子眉垂地碧眼胡兒手指天若向此中元會得此元元外更無元曾隨劉阮醉桃源未省人間欠酒錢一領布裘權且當九天回日却歸還鳳茸襖子非爲貴狐白裘

裳欲比難只此世間無價寶不憑火裏試燒看　因思往事却成憨曾讀仙經第十三武氏死時應室女陳王沒後是童男兩輪日月從他載九箇山河一擔擔盡日無人話消息一壺春酒且醺酣

垂袖騰騰傲世塵謫廬攜却數遊巡利名身外終非道龍虎門前辨取眞一覺夢魂朝紫府數年蹤跡隱埃塵華陰市內纔相見不是尋常賣藥人

萬卷仙經三尺琴劉安聞說是知音杖頭春色一壺酒爐內丹砂萬點金悶裏醉眠三路口閑來遊釣洞庭心相逢相遇人誰識只恐沖天沒處尋

曾戰蚩尤玉座前六龍高駕振鳴鑾如來車後隨金鼓黃帝旂傍戴鐵冠醉捋黑鬚三島黯怒抽霜劍十洲寒軒轅世代橫行後直隱深巖久覓難

頭角滄浪聲似鐘貌如冰雪骨如松匣中寶劍時頻吼袖裏金鎚遙踏風會飲酒時爲伴侶能行詩句便參同來年定赴蓬萊會騎箇生獰九色龍

神仙暮入黃金闕將相門關白玉京可是洞中無好景爲憐天下有靈生心琴際會閑隨鶴匣劍時磨待斷鯨進退兩楹俱未應憑君與我指前程

贈曹先生　　前人

鶴不西飛龍不行露乾雲破洞簫清少年仙子說閑事遙隔綵雲聞笑聲

卷終

神仙部藝文八 詩

昇仙操　唐李羣玉

嬴女去秦宮瓊簫生碧空鳳臺閉煙霧鸞吹飄天風復聞周太子亦遇浮丘公叢簧發仙弄輕舉紫霞中濁世不久住清都路何窮一去霄漢上世人那得逢

懷仙三首　陸龜蒙

聞道陽都女連娟眉細長自非黃犢客不得到雲房　但服鎖剛子兼吟曲素詞須知臣漢客還見布龍兒　神燭光華麗靈祛羽翼生已傳餐玉粒猶自買雲英

漢武帝將候西王母下降　曹唐

崑崙凝想最高峯王母來乘五色龍歌聽紫鸞猶縹緲語來青鳥許從容風廻水落三清月漏苦霜傳五夜鐘樹影悠悠花悄悄若聞簫管是行蹤

漢武帝於宮中燕西王母　前人

鰲岫雲低太乙壇武皇齋潔不勝歡長生碧字期親署延壽丹泉許細看劍珮有聲宮樹靜星河無影禁花寒秋風裊裊月明明玉女清歌一夜闌

劉阮洞中遇仙子　前人

天和樹色靄蒼蒼霞重嵐深路渺茫雲竇滿山無鳥雀水聲沿澗有笙簧碧沙洞裏乾坤別紅樹枝前日月長願得花間有人出免令仙犬吠劉郎

仙子送劉阮出洞　前人

殷勤相送出天台仙境那能却再來雲液既歸須強飲玉書無事莫頻開花當洞口應長在水到人間定不迴惆悵溪頭從此別碧山明月閉蒼苔

仙子洞中有懷劉阮　前人

不將清瑟理霓裳塵夢那知鶴夢長洞裏有天春寂寂人間無路月茫茫玉沙瑤草連溪碧流水桃花滿澗香曉露風燈易零落此生無處問劉郎

劉阮再到天台不復見仙子　前人

再到天台訪玉眞青苔白石已成塵笙歌寂寞閑深洞雲鶴蕭條絕舊鄰草樹總非前度色煙霞不似昔年春桃花流水依然在不見當時勸酒人

萼綠華將歸九嶷留別許眞人　前人

九點秋煙黛色空綠華歸思頗無窮每悲馭鶴身難住長恨臨霞語未終河影暗吹雲夢月花聲閑落洞庭風藍絲重勒金條脫留與人間許侍中

王遠宴麻姑蔡經宅　前人

好風吹樹杏花香花下眞人道姓王大篆龍蛇隨筆札小天星斗滿衣裳閑抛南極歸期晚笑指東溟飲興長要喚麻姑同一醉使人沽酒向餘杭

穆王宴王母於九光流霞館　前人

桑葉扶疎閉日華穆王邀命宴流霞霓旌著地雲初駐金奏掀天月欲斜歌咽細風吹粉蕊飲餘清露濕瑤砂不知白馬紅韁解偷吃東田碧玉花

張碩重寄杜蘭香　前人

碧落香銷蘭露秋星河無夢夜悠悠靈妃不降三清駕仙鶴空成萬古愁皓月隔花追款別瑞煙籠樹省淹留人間何事堪惆悵海色西風十二樓

玉女杜蘭香下嫁於張碩　前人

天上人間兩渺茫不知誰識杜蘭香來經玉樹三山遠去隔銀河一水長怨入清塵愁鎖瑟酒傾元露醉瑤觴遺情更說何珍重擘破雲鬟金鳳皇

蕭史攜弄玉上昇　前人

豈是丹臺歸路遙紫鸞煙駕不同飄一聲洛水傳幽咽萬片宮花共寂寥紅粉美人愁未散清華公子笑相邀緱山碧樹青樓月腸斷春風爲玉簫

遊仙二首　司空圖

峨眉新畫覺嬋娟鬭走將花阿母邊仙曲教成慵不理玉階相簇打金錢　劉郎相約事難諧雨散雲飛自此乖月姊殷勤留不住碧空遺下水精釵

遊仙　王貞白

我家三島上洞戸眺波濤醉背雲屛臥誰知海日高露香紅玉樹風綻碧蟠桃悔與仙子別思歸夢釣鰲

升天行　僧齊己

身不沈骨不重驅青鸞駕白鳳幢蓋飄飄入冷空天風瑟瑟星河動瑤闕參差阿母家樓臺戲閉凝丹霞五三仙子乘龍車堂前碾爛蟠桃花回頭却顧蓬山頂一點濃嵐在深井

了仙謠　貫休

海中紫霧蓬萊島安期子喬去何早遊戲多騎白麒麟鬚髮如銀未曾老亦留仙訣在人間嚭鏃終言藥非道始皇不得此深旨遠遺徐福生憂惱紫术黃精心上苗大還小還行中寶若師方術棄心師淚似雪山何處討

謝別毛仙翁并序　張爲

大中戊寅歲爲薄遊長沙獲女奴於岳麓下越之歲餘成羸疾偶遇仙翁知其爲妖所祟以藥一粒授爲焚之氣郁烈聞百步魅姿一號而斃乃木偶人也又吞以丹砂如黍者三疾遂瘳爲作詩

別之

羸形緘神藥閒骨生豐肌蘭姓飄颻煙妖怪立誅夷重覩日月光何報父母慈黃河濁袞袞別淚流澌澌黃河清有時別淚無收期

憶仙謠　沈彬

白榆風颯九天秋王母朝迴宴玉樓日月漸長雙鳳睡桑田欲變六鰲愁雲翻簫管相隨去星觸旌幢各自流詩酒近來狂不得騎龍却憶上清游

飛龍引　陳陶

有熊之君好神仙餐霞鍊石三千年一旦黃龍下九天騎龍枏枏昇紫煙萬姓攀髯髯墮地啼呼弓劍飄寒水紫鸞八九墮玉笙金鏡空留照魑魅洶幢襹褷銀漢秋六宮望斷芙蓉愁應龍下揮中閶笑泓泓水遶青苔洲瑞風颯遝天光淺瑤闕峨峨橫露苑沆瀣樓頭紫鳳歌三株樹下青牛飯鴻朧九闕相玉皇鈞天樂引金華郎散花童子鶴衣短投壺姹女蛾眉長彤庭侍宴瑤池席老兎春高桂宮白蓬萊下國賜分珪阿母金桃容小摘仙流萬緘蟲篆春三十六洞交風雲千年小兆一蟬蛻丹

臺職亞扶桑君金烏試浴青門水下界蜉蝣幾廻死

謫仙詞　　前人

牧龍丈人病高秋翠童擊節星漢愁瑤臺鳳輦不勝恨太古一聲龍白頭玉氣鬬光久摧折上清雞犬音書絕霓旌失手違於天三島空雲對秋月人間磊磊浮漚客[illegible][illegible]蜻蜓飛自隔不應冠蓋逐黃埃長夢眞君舊恩澤

步虛引　一作仙人詞　　前人

小隱山人十洲客薜荔爲衣雙耳白青編爲我忽降書暮雨虹蜺一千尺赤城門閉六丁直曉日已燒東海色朝天半夜聞玉雞星斗離離礙龍翼

洛城見賀自眞飛昇　一作登仙　　前人

子晉鸞飛古洛川金桃再熟賀郎仙三清樂奏嵩丘下五色雲屯御苑前朱頂舞低迎絳節青鬟歌對駐香軿誰能白晝相悲泣太極光陰億萬年

大遊仙詩　　歐陽炯

赤城霞起武陵春桐柏先生解守真白石橋高曾縱步朱陽館靜每存神囊中隱訣多仙術肘後方書濟俗人自領蓬萊都水監只愁滄海變成塵

夢仙謠　廖融

琪木扶疎繫辟邪麻姑夜宴紫皇家銀河旌節搖波影珠閣笙簫吸月華翠鳳引遊三島路赤龍齊駕五雲車星稀猶倚虹橋立擬就張騫搭漢槎

上昇歌　吳涵虛

玉皇有詔登仙職龍吐雲兮鳳著力眼前蓦地見樓臺異草奇花不可識我向大羅觀世界世界即如指掌大當時不爲上昇忙一時提向瀛洲賣

答高安宰并序　沈廷瑞

廷瑞嘗直造縣宰之座宰不快戲之曰沈道士何時成道廷瑞應聲成詩

何須問我道成時紫府清都自有時手握藥苗人不識體含金骨俗爭知書符解遣龍蛇走勳印還教海嶽移他日丹霄誰是侶青童引駕紫霄隨

璽穴遺詩幷序　前人

華蓋山事實云昭瑩遇廷瑞後開璽視之惟見空棺穴旁得片紙遺詩云

虛勞營殯玉山前殯後那知已蛻蟬應是元神歸洞府更無遺魄在黃泉靈臺已得修眞訣塵世空留悟道篇堪歎浮生今古事北邙山下草芊芊

題酒樓壁幷序　伊用昌

用昌死後一年有江西鎭將丁於其地見用昌夫妻仍唱望江南詞

此生生在此生先何事從元不復元已在淮南雞犬後而今便到玉皇前

題遊帷觀眞君殿後　前人

用昌渡江至觀後題此詩夫妻連臂入西山自此更不出其詩後題銜云定億兆恆沙軍國主南方赤龍神王伊用昌

日日祥雲瑞氣連儂家應作大神仙筆頭灑起風雷力劍下驅馳造化權更與兵戎添禮樂永教邊域絕烽煙列仙功業只如此直上三清第一天

湖南闊齋吟　前人

用昌入湖南謁馬氏時方設齋獨不請用昌自造之據其坐湏食畢則大聲吟詩吟畢拂衣而起衆訝異乃遍問之出門不見

誰人能識白元君上士由來盡見聞避世早空南火宅植田高種北山雲雞能抱卵心常聽蟬到成形殼自分學取大羅些子術免教松下作孤墳

桃源二客行　宋張方平

劉郎阮郎丹籙客桃花源中有君宅問尋流水過碧溪忽聞雞犬見人跡瓊臺瑤榭知何所紫雲深處開朱戶鶴褐龍耕綵仗來鸞歌鳳舞霞觴舉世緣未斷塵心狂苦厭仙家日月長洞門一閉恍如夢歸路古木何荒涼

題毛女眞　蘇軾

霧鬢風鬟木葉衣山川良是昔人非祇應閑過商顏老獨自吹簫月下歸

夢仙謠　歐陽澈

寥陽洞口風烟好枯木槎牙插雲島重重金鎖遶嬋娟滿地落花常不掃蕭郎閒說已乘鸞空餘九轉燒丹竈煙霞截斷絶非塵凡夫蹤跡無由到高陽有客攜佳侶訪異尋幽豁襟袍瓊樓飲散恣歡遊誤入蓬壺如夢覺雲關初叩闃無人松梢鶴唳如驚報須臾麥戶迎者誰與宮女兒面凝脂指點蘭堂篆煙裊珠箔玲瓏翠地垂高聳翠袖輕輕捲半露妖嬈素蓮臉嫣然一笑啟檀脣喚我躋堂語聲輭相隨環坐一軒秋旋列杯盤供雅宴倚風仙蘂似有情競吐芳苞噴香遶朝雲一段下陽臺綽約標容塵世鮮纖肩輕拂遠山青明眸斜盼秋波剪蘭柔柳弱不禁風睡起芙蓉香體顫櫻桃緩啟歌貫珠夕陽花外流鶯囀曲終低語愈含情自訴芳心猶未展包藏惟恐泄眞香尋常嬌怯羞鸞燕爲憐坐客俱多才拚羞試許求相見安然若有惜花情願丐錦章鏘琬琰溫柔淑惠已無雙更聽斯言眞絶豔放懷舉白不暫停酷嫌鸚鵡杯中淺醉玉頹山臥綺窗秋水一牀凝角簟悠揚好夢入巫峯溲溲溶溶睡正濃遽然驚覺一何有點綴餘霞散恨封依約餘香雖滿袂行雲縹緲已無蹤壺中天地古來有默想風物遥應同我聞劉阮曾迷路武陵邂逅如花女靈丹咀嚼頓輕身脫躧紅塵已仙去又聞仙去有蕭防曾耦雙成飲玉漿一朝誤入華陽洞于飛終許學鸞凰仙凡異境無憑據每

笑前聞但虛語豈意親逢事偶符始信人間有奇遇歸來燈火欲黃昏隱几無聊暗追慕濡毫試作
夢僊謠端欲夢魂重默悟

仙人春宴曲　王庭珪

高樓玉佩搖春風銀槽壓雨珍珠紅天留曉月十分魄飛光下照仙人宮瑤姬半醉撾龍鼓綵鳳吹
笙黃鶴舞雙成翠袖織藕絲麻姑行廚擘麟脯金盤燒蠟夜未央從妃進果蟠桃香坐上花開人未
老他日重來花更好三千年後忽相逢再約羣仙醉蓬島

遊仙謠　曹勛

羽蓋承流景飆輪汎紫霞前旌絳霄隊駐節王母家眞童發清謠雲表翔哀笳樓臺上清漢服綵明
珠華萬春若朝菌歡樂庸可涯瑤席未終醼雲落蟠桃花

蕭史曲　前人

玉簫散奇響眞氣淒金石招攜偶莫會理愜心自適富貴如朝華況復多得失胡不希長年鍊氣固
形質高舉凌仙翰雙飛上層碧揮手謝時人去來空役役

遊仙篇　翁卷

旭日升太虛流光到萌芽旁有五雲氣煥爛含精華所願服食之躋身眇長霞帶我清泠佩飛我欻忽車蓋為世間游世道紛以挐三山不足期千齡誰云賒悟彼勞生人無異芳春花

挹仙亭　眞德秀

漢宮聾篋兒呱呱濟南梓柱陰扶疏富平家人正娛樂安昌帝師工獻諛子眞東南一尉耳黃綬淒涼百僚底手持短疏叩天閽義激丹衷淚橫背翻然一朝徑拂衣愛君無路空依依人傳九江已仙去吳門再見是耶非神仙茫茫那可測上帝從來賞忠直天上果有驂鸞人合領羣眞朝北極自從舉手謝世間千年白鶴何時還玉簫聲斷杉檜冷秖餘丹竈空留山谷口之孫古膚使亭劚青冥挹仙袂耿耿應懷貫日忠飄飄豈羨淩雲氣我來快讀華星篇清徹毛骨風泠然何當結茅最高頂一揖容我分雲煙

遊仙四首　嚴羽

秋澗夜瑟瑟月露明團團褰衣步澗月忽見雙飛鸞上有騰空仙天風飄珮環清歌映巖谷粲若玉

煉顏願昇綠雲去隨君向仙闕噉食長不老何用思人間　憶讀玲瓏篇來往虛皇閣空見白芙蓉秋風幾凋落昨逢紫陽君共有丹砂約下視塵埃中冠纓縛獶獿世事行若此悠悠復何托　五老出東南崔嵬相間隔清晨登絕頂處處僊人跡朱霞散九光巖谷好顏色回首空澄湖黃濤正喧擊石上絃素琴神歡心自清仙童三四人忽來左右聽嘹嘹誦金書勸我餐瑤瓊贈我一玉麈邀我淩雲行舍琴與之去恍惚在蓬瀛　朝別簡寂觀夜行石徑溪溪光照崖綠月色正相宜石上三道士頎然好丰姿手弄金光草或把珊瑚枝憑風招素手賜我一玉巵歎我事遠遊蕭颯朱顏衰長林孤月落羽蓋何葳蕤童童乘之去棄我忽若遺明發問無親但有青鼯啼

升仙謠　吳龍翰

衣縹緲珮丁東金莖滴香露玉樹生涼風衝破青冥跨黃鶴身披星斗珍珠絡

仙興　吳惟信

宮殿高高在五雲鶴搖松露滴行人洞門不放東風過留得桃花一院春

太白仙人下岷峩謠　王夢應

太白僊人下岷峩飛凌素煙紫瓊珂天風萬里吹銀河手挼瑤草光逶迤琅琅太清綠雲歌下弄倒影笑羲娥錦袍淋漓金叵羅醉團嬋娟玉顏酡金庭昔日乘鸞過不肯上天著朝靴下界弱水飛塵多公為星精辟兵戈願見瀛海秋澄波綠鬢灑灑吞天和後天不老公所哦

僊興　鄭思肖

跣足蓬頭炯碧瞳劃然長嘯響天風千巖萬壑無人迹獨自飛行明月中

秦女吹簫圖　前人

弄玉飄飄僊女姿鳳凰低舞久相期簫中應有別一曲飛出青天影外吹

得仙詩　于本大妻

醉舞狂歌踏落花綠羅裙帶有丹砂往來城市買山藥那箇西山是我家

步虛詞　金元好問

閬苑仙人白錦袍海山宮闕醉蟠桃三更月底鸞聲急萬里風頭鶴背高

續金銅仙人辭漢歌 幷序　元于石

魏明帝遣宮官西取長安漢武帝承露盤置洛陽仙人臨載乃潸然泣下俄而盤折銅人重遂不能致唐李長吉賦金銅仙人辭漢歌辭未能達意因作後歌以廣之

漢皇銳意求神仙神仙之效何茫然蓬萊弱水不可到且立宮中承露盤饑餐玉屑不堪飽誰謂有方能却老人生修短數在天多慾未必能延年秋風吹老茂陵樹年年空滴金莖露建章宮闕隨煙塵塊然屹立惟銅人宮官西來果何意一朝辭漢將歸魏吁嗟銅人如有知口不能言惟淚垂自從曹氏盜神器父子相傳已三世漢宮故物一無存汝獨猶能感舊恩淒然照影臨渭水一折銅人扶不起盜爲棄物委道傍不忍漂泊離故鄉遙遙東望洛城路回首長安愁日暮長安繁華非昔時洛陽寥落誰復悲漢魏興亾何日了長見銅人臥秋草

遊仙詞六首　郭翼

銀流萬里海雲東只泛靈槎上碧空仙女踏歌星影裏老龍吹笛浪花中　金粟天南碧殿雲鏡中空影夜氤氳白鸞樹下三千女一色龍綃玉雪裙　溪水流香飯熟麻洞中千樹玉桃花金盤日日飛仙供敕賜安期海上瓜　鬱蕭堂上會神仙龍燭飛光曉夜然玉殿歸來環佩冷白雲猶護古苔

篇　麟洲宮殿五雲高夜赴瑤池宴碧桃借得仙人紅尾鳳月中飛影拂波濤　鈞天按樂樂蓬瀛
手把芙蓉朝太清一曲霓裳羽衣舞仙家只數董雙成

題瀛洲仙會圖　柳貫

巨鼇驤首戴三山海波不驚坤軸安方壺員嶠彼何境靈氣布濩非人間金銀觀闕勢如蠶攢林珠樹垂珊珊椳題踈擢明河畔閣道橫截浮雲端仙人來往羽衛備或駕紫鳳驂青鸞霓裳法曲舞初破執樂瓊姬神采閒時容下界攬瀚澤却對連峯愁鬢鬟茅龍飛去杳無迹烏踆兔走雙跳丸蓬萊舟近風引却却歎靈蹤難重攀是誰模寫枕前夢欲用鑱鑿區中頑神仙固多狡獪事世儒論著存不删賈生賦鵩語夫道後有達者當大觀忽然爲人化異物斯理幾何挑控摶仇池洞穴通小有神清玉宇標辟顏彼皆因境示生悟直啟真源煎垢瘢嗟予質薄迫世險輕舉便擬淩飛翰拔圖惝怳縱元覽托乘浮游窺九關無窮八極冀一過返道遂與松喬班發年閱世要自致何必辛苦成金丹

玉仙謠　阮孝思

赤岸無波海塵起蟠桃枝上花成子玉仙邂逅赴瑤池雲甬淩空月如水孑孑干旌引素霓白騾蹀

𨂻騁驕嘶珮環流響入碧落霧鬢約略風鬟低嚲尼金寒歌扇影鉄衣露濕香痕冷銀漢斜回星彩沉漸漸扶桑纔初見齊州九點春微茫六龍騰御催晨光容歌不到碧雲夢蝴蝶牽愁愁正長綵霞一滅瑤臺路想像徒憐蕊英暮青鳥千霜去不遲猶許留情向紫綦

題葛仙翁移家圖　陳基

是處青山可煉丹問君拔宅向何山縱令兒女恩情重雞犬何心不肯遷

小游仙詞六首　楊維楨

東華塵又起瀛洲十歷今添第幾籌阿母西來騎白鳳峨眉相見不勝秋　麻姑今夜過青丘玉醴催斟白玉舟莫向外人矜指爪酒酣為我擘麟脯　曾與毛劉共學丹丹成猶未了情緣玉皇敕賜西湖水長作西湖水月仙　青旄節衛翠雲軿按部東行過赤城龍女遺珠雞卵大結為雙佩賜方平　若木西來赤岸東白金城闕碧珠宮天家令急不敢住折得五花歸飯龍　東逾弱水赤流深夜得桃都息羽旌地底日迴天上去金鷄如鳳自交鳴

題阮郜閬苑女仙圖　鄧宇

閬風元圃仙女居阮生寫作群仙圖蒼松根老琥珀伏海波突兀湧珊瑚翠樹瑤花紛遠近細草若展青氍毹樓臺迴隱五雲表別有世界非塵與仙姿縹緲各有態絕食煙火餐瓊蔬兩仙拈筆點花露長者晏坐看琅書一仙倚石閒摘阮一仙偃蹇披長裾其中一仙速相就珮聲微響如雲趨羽扇雲鬟嬌婀娜忽見龍鶴來天衢翩然復有一仙至乘飆御氣三從俱我疑數仙天帝女帝傍皆別遊清都俯視塵網中穢濁何紛如人間光景疾如箭壺中日月無居諸舞白鳳歌且謠有耳只解聞雲韶永超劫外何追遙紫陽真人特勿驕竚當來迎共食瑤海桃

遊仙詩八首　余善

鸞書趣燕五城東下視星辰在半空行過瑤臺重回首玉清更在有無中　虎豹眈眈守帝閽銀灣水氣曉氤氳石榴花下霓裳隊競染香雲製舞裙　城闕芙蓉曉未分身騎金虎謁元君青童不道天家近笑指空中五色雲　飄飄天樂下珠庭又從麻姑降蔡經麟脯鳳脂皆可嚼長鑱何必斸松苓　溪頭流水飯胡麻曾折瓊林第一花欲識道人藏密處一壺天地小于瓜　不到麟洲五百年歸來風日尚依然騎龍化作雲衣女來問東華古玉篇　春宴瑤池日影高烏紗巾上插仙桃長桑

樹爛金雞死一笑黃塵變海濤　萬鶴飆車過大瀛神官報道褚三清新裁鵝管銀笙澀一曲元雲鼓未成

和張貞居遊仙詩二首　　游圭

縹緲仙山五色雲玉肩飛珮度氤氳不應名字題仙籍猶著唐家齊賜裙　一會仙凡兩地分雙雙條脫賜羊君如何窈窕巫山女只作襄王夢裏雲

遊仙詞七首　　前人

霞光閃閃五雲東樓觀巍巍照碧空忽報夜池催賜宴翠鸞飛墮月明中　洞草殘花處處春壺中日月鏡中身飆輪飛度鱗洲水知是仙班第一人　松飄金粉落空庭石上清齋玩易經應笑世人工肉食滿頭垂白采參苓　塵寰擾擾事如麻恨我東風易落花阿母蟠桃才一熟人間幾度摘秋瓜　瓊樓十二亞相連樓上仙姝笑粲然青鳥忽煩將遠意紫霞新寫寄來篇　青童小隊鼓珉璈仙子酣歌詠碧桃下視人寰方洶洶紅塵如海漲波濤　青鳥銜書降玉京芙蓉金掌露華清深宮無限情緣在不是神仙不易成

遠遊篇　明劉基

三山六鰲背翠水扶桑東雞鳴上海日海面玻瓈紅仙人騎鸞鳳呼我游雲中雲中有金闕謂是天帝宮明星列兩藩琪樹光玲瓏太一坐端門白髮映青瞳授我玉篆文赤蛇蟠九虹出入元化先壽命齊老童因逢青鳥使遂造東王公素女如蓮華歌喉絃管同顧盼動環珮振迅若輕鴻化爲五色光倏然隨長風

過南山懷許宣平　程伯陽

仙人去已久我來經南山丹竈今已沒白雲長自閑風吹桂枝綠雨落桃花斑空傳負薪句沽酒何時還

小遊仙三首　王澤

中山千日酒初醒却愛元都夜景清起坐天門吹玉笛月中珠樹起秋聲　東度扶桑看日華却隨王母借飇車夜涼海色平如掌倒看青天起赤霞　獨繞瑤壇歌洞章青天如水月華涼閑將一掬芙蓉露乞與神龍作雨香

東海游仙歌簡王學士元馭王中丞元美　王叔承

曇陽仙子王家姑幼從節烈參虛無七年服氣絶煙火玉樓明月寒冰壺精光射天天欲坼列宿真自相追憑虛密諦五千言語落天香翠綃隔座上非時荔子紅空中當畫霓裳白一朝丹就扶桑曉海東家近蓬萊島左持星劍右揮麈芙蓉之冠簪七寶靈蛇故繞飛昇臺彷彿茅龍與青鳥歌成混沌謝蜉蝣吹斷瑰璈人世小丹霞一縷通紫京瑤華雙頰桃花明九月九日金母宴西池使者迎飛瓊手辭萬眾灑然去青蓮擁蛻秋蟬輕是時余坐蒼龍嶺獨鶴橫空見仙影黃菊杯搖赤羽幢知是天台籍新還玉堂學士本仙吏怪得金閨出靈異女且開班玉帝宮眼底英雄齊拏氣仙機縹緲人不聞祕訣乃授瑯琊君文章信有神仙骨漆園傲吏才如雲許借謫地為酒狂狂余落魄希蒙莊采真方寸成丘壑五嶽真形醉裏藏自從子晉緱山後往往仙人喜姓王縹緲仙機何不有笑倩瑯琊問南斗方平昨得麻姑書五百年來別未久他時相見崑崙巔滄海桑田幾重九希夷先生只好睡東方小兒善盜酒

續遊仙詩六首　馬洪

玉版金花閙幅箋朝來次第散群仙紫皇勑遣謄眞誥第一人書第一篇　巴園橘裏賭棋還時憶
贏時笑解顏兩袖玉塵三百斛拋爲瑞雪滿人間　養馴蒼鹿放蓬山走入烟霞喚不還明日群中
尋却易七星符在頂毛閒　玉案珠簾翡翠屏焚香夜誦蕊珠經月明鸞背飛瓊過少駐花陰帶笑
聽　河西昨夜見牛郎說道天田未大穰八萬三千修月戶多將玉屑當乾糧　侍兒扶上紫鸞車
一笑相逢萼綠華今夜燕城好明月無雙亭上看瓊花

遊仙詞十六首　張泰

扶桑帝子快彎弓百發金丸赤水東驚起北溟雙巨翮等閒飛起九光宮　十二瓊樓麗紫清銀河
隔座瀉秋聲翠鸞扶起瑤臺月人在仙家第五城　海風吹綱蔚藍天山湧芙蓉月湧蓮對對凌波
塵韈小相逢多是水中仙　蓬萊水淺不容舠欲借瑤池養六鼇王母栽書報龍伯仙源秪好灌蟠
桃　龍女攜篚到日南扶桑摘葉飼冰蠶繅絲倩得鮫人手爲織紅綃製舞衫　仙人天上好樓居
門外離離種白榆一曲洞簫吹向月夜深驚起海中烏　魚軒碾破水中天霧鬢風鬟從列仙鼉鼓
鼕鼕敲向月洞庭君女嫁涇川　碧沙瑤草帶銀潢天女停梭夜采香也覺九霄風露冷不栽雲錦

寄牛郎　態盈娘子董雙成王母前頭一對行天陌偶逢秦弄玉相將鳳管和鸞笙　蟠桃熟醞九華凝阿母臨池不自觴已賺穆王馳八駿又教青鳥報劉郎　二妃天上遇重華錦瑟瑤琴樂帝家世上狂夫休浪想對揚補闕紫蘭花　鸞笙鶴駕隔蒼煙天上那知更有天不向九霄歌白雪怕人知是小詩仙　金闕西廂玉案前衆中誰是掌書仙欲披小劵支風月借與瑯函五色箋　紫泥壇上火流紅夜半天神降竹宮玉器七千陳湛露翠蛾三百舞靈風　白雀主人乘白龍老劉翻領太山封天翁亦自讓捷足莫怪凡夫爭長雄　楊回不嫁倪君明東島西池各自行從女九千公有伴任他青鳥自逢迎

酬王㝢師仙遊三首　王英

翠水三山路微茫見十洲月臨珠斗迴雲度絳河流露氣生璐背簫聲出鳳樓慚無學仙分得伴赤松遊　漠漠層霄外寥寥太乙居蒼龍翊飛蓋白鹿輓行車翡翠瑤臺樹雲霞玉洞書何因躡天路探討極元虛　羽節飄搖轉霓旌汗漫遊紅光飛赤鯉紫氣度青牛月上芙蓉館風迴蓮葉舟遙憐徐福輩入海訪瀛洲

恭送雲陽大師六首　　屠隆

列坐榑桑大帝前六銖五色照璃田直淩海面行空去颯颯天風散紫煙　西池南嶽坐相邀髣髴烟中白玉橋手炙鵝笙踏雲路靈音一半入瓊簫　王母行宮列宿分九微燈豔紫元君玉樓金闕非人世空水茫茫載白雲　家鄉原在妙高峯青桂紅蘭宛貌容童子笑迎猿鶴舞洞門親啟白雲封　西天西去指恆沙東海東頭聚似瓜斜日乍明秋潦盡萬人相送踏層霞　仙駕嚴裝羽隊分敕書先下玉晨君明知不比人間別亦自含悽望碧雲

開化女湘靈爲祥雲洞侍香仙子志喜六首　　前人

冉冉飈車駕綵虹只聞耳畔響罡風人間那識祥雲洞幸有天邊鶴使通　仙宮玉盞酌流霞千歲冰桃四照花蚤解虛皇金冊召不將清淚送鸞車　只道埋香事可憐誰知獨鶴控遙天上元垂髮麻姑爪宿世原來骨是仙　手啟琅函喜欲狂東來消息大非常偶然題作留香草洞府新銜號侍香　西王案下舊瓊華宅在清都第幾家好寄雲箋慰慈母日從溪口認胡麻　阿翁學道已多年翻使湘靈先著鞭爲種絳桃三萬樹遲予蚤晚洞門前

神仙部選句

漢張衡思元賦系曰天長地久歲不留俟河之清祇懷憂願得遠度以自娛上下無常窮六區超踰騰躍絕世俗飄颻神舉逞所欲天不可階仙夫希柏舟悄悄吝不飛松喬高跱孰能離結精遠遊使心攜迴志朅來從元諆獲我所求夫何思　齊孔稚珪元館碑夫朋白兎而侶青鳥敵銀函而講金字者有道存焉故能大叩元宗鬱爲物範則天地正六合照日月而導蒼生神道無門陰陽不測是故赤松家石室之下神農行弟子之敬廣成在崆峒之上軒轅稟順風之禮洛浦笙飛之秀闕山鶴鳳之英凡此之儔希世間出皆雍容以沐咸池或瀟灑而開閶闔　梁何遜七召公子曰蹺烏始照官槐遠而欲舒顧兎纔滿庭英紛而就落譬光影於飛浮比生靈於栖託攖擾摩肩轔轔方鶴空恍追於毀譽獨懇勤於用舍嗟向有而今無歎後榮而前謝清歌雅舞暫同於夢寐廣厦高堂俄成於幻化若夫洗精服食慕道仙遊尋玉塵於萬里守金鼎於千年三尸可度九轉難傳飛騰水陸咀嚼靈元若乃壁上眞辭枕中祕要彈壓神鬼吐納靈妙既變醜以成妍亦反老而爲少虬鶴天矯而出沒霓裳颯沓而容與接鶴馭於後乘追鳳簫於前侶雨散漫以活服雲霏微而襲宇瞰芝闕以

鈁貌見玉臺之相拒蓋排煙而漸滅旌拖風而未舉值解珮於江濱逢弄珠於漢渚薄遊元圃弭節太華列神童於羽帳侍玉女於仙車澗採兮危實苑拔兮廻花聽弱水之晨浪望崑山之夕霞窮北辰而比壽指中嶽以爲家此神仙之恍惚豈從我而獨邪先生曰捕影之言莫測繫風之論難盡未嘗留意於死生豈稍論於椿菌

古樂府神經歷名山芝草翩翩仙人王喬奉藥一丸　又淮南八公要道不煩參駕六龍遊戲雲端

唐杜甫詩蓬萊如可到衰白問群仙

李商隱詩欲就麻姑買滄海一杯春露冷如冰

神仙部紀事一

神異經九府玉童玉女與天地同休息男女無爲匹配而仙道自成男女名曰玉人

列子黃帝篇列姑射山在海河洲中山上有神人焉吸風飲露不食五穀心如淵泉形如處女不偎不愛仙聖爲之臣不畏不怒愿慤爲之使不施不惠而物自足不聚不斂而已無愆陰陽常調日月常明四時常若風雨常均字育常時年穀常豐而土無札傷人無夭惡物無疵癘鬼無靈響焉

釋迦氏譜悉達太子至跋伽仙林中鳥獸瞻目仙人謂是天神與徒衆迎請坐太子見諸仙人草樹皮葉以爲衣者或食華果草木或日止一食三日一食者或事水火日月翹脚臥灰棘水火上者問其所由答欲生天便告仙曰汝諸所求終不離苦言論反覆乃至日暮明旦辭去諸仙答曰所修道異不敢相留可往北行彼有大仙可就語論不必往彼極覩乃還

史記秦始皇本紀二十八年齊人徐市等上書言海中有三神山名曰蓬萊方丈瀛洲仙人居之請得齋戒與童男女求之於是遣徐市發童男女數千人入海求仙人

潛居錄漢武帝七夕幸開襟樓忽見殿北方綵雲縹緲有美女騎一物翩躚而下即以所騎物上帝曰此紫東之劍犀仙寶之能辟諸邪妾乘之而來頃刻百里矣後入見宮大帝號曰辟邪亦曰百里

拾遺記劉向於成帝之末校書天祿閣專精覃思夜有老人著黃衣植青藜杖扣閣而進見向暗中獨坐誦書老父乃吹杖端煙然大明因以照向說開闢已前事向因受五行洪範之文恐辭說繁廣忘之乃裂裳及紳以記其言至曙而去向請問姓名云我是太一之精天帝聞金卯之子有博學者下而觀焉乃出懷中竹牒有天文地圖之書余略授子焉至向子歆從向授其術向亦不悟此人焉

搜神記漢董永千乘人少偏孤與父居肆力田畝鹿車載自隨父亡無以葬乃自賣為奴以供喪事主人知其賢與錢一萬遣之永行三年喪畢欲還主人供其奴職道逢一婦人曰願為子妻遂與之俱主人謂永曰以錢與君矣永曰蒙君之惠父喪收藏永雖小人必欲服勤致力以報厚德主曰婦人何能永曰能織主曰必爾者但令君婦為我織縑百疋於是永妻為主人家織十日而畢女出門謂永曰我天之織女也緣君至孝天帝令我助君償債耳語畢淩空而去不知所在

三餘帖牛陽泉世傳織女送董子經此董子思飲揚此水與之曰寒織女因祝水令暖又曰熱乃拔

六英寶釵祝而費之於是半寒半熱相和與飲

錄異記蔡州西北百里平輿縣界有仙女墓即董仲舒爲母追葬衣冠之所傳云董永初居元山仲舒既長追思其母因築墓焉秦宗權時或云仲舒母是天女人間無墓恐是仲舒藏神符靈藥及陰陽祕訣於此宗權命稗將領卒百餘人往發掘之即時注雨六旬不止竟施工不得是歲淮西妨農因致大饑焉

西平縣志金梁先生不知何許人以卜隱金梁橋董永子思見其母問卜於先生先生告之曰城南十里有池七月七日翠仙浴其中列衣於岸數至七則汝母衣也抱衣以俟自獲見母至日詣其處果然永子哀泣呼母母曰兒何以知至此曰邑中有金梁先生告兒也乃取一簪付子謝之送兒於坡執手泣別今號其坡曰離兒坡池曰仙侶池後永子至城先生鍵關不納以簪投之隙火爇其廬先生不知何往

搜神記漢時弘農楊寶年九歲時至華陰山北見一黃雀爲鴟梟所搏墜於樹下爲螻蟻所困寶見愍之取歸置巾箱中食以黃花百餘日毛羽成朝去暮還一夕三更寶讀書未臥有黃衣童子向寶

再拜曰我西王母使者使蓬萊不愼爲鴟梟所搏君仁愛見拯實感盛德乃以白環四枚與寶曰令君子孫潔白位登三事當如此環

述異記公主山在華山中漢末王莽篡政南陽公主避亂奔入此峯學道後得升仙至今嶺上有一雙朱履傳云公主旣於山中得道駙馬王咸問追之不及故留二履以示之潘安仁有公主峯記

異苑陳思王曹植字子建嘗登魚山臨東阿忽聞巖岫裏有誦經聲清遒深亮遠谷流響肅然有靈氣不覺斂襟祗敬便有終焉之志卽效而則之今之梵唱皆植依擬所造一云陳思王遊山忽聞空裏誦經聲清遠遒亮解音者則而寫之爲神仙聲道士效之作步虛聲也

神仙感遇傳蓬球字伯堅北海人也晉泰始中入貝丘西玉女山中伐木忽覺異香球迎風尋之此山廓然自開宮殿盤鬱樓臺博敞球入門窺之見五株玉樹復稍前有四仙女彈棊於堂上見球俱驚起謂曰蓬君何故得來球曰尋香而至焉言訖復彈棊如初有一小者登樓彈琴戲曰元暉何謂獨昇樓球於樹下立饑以舌舐葉上垂露俄有一女乘鶴而至曰玉華汝等何故有此俗人王母卽令王方平按行諸仙室可令速去球懼出門廻頭忽然不見及還家已是建平中矣舊居閭舍皆爲

墟墓因復周遊名山訪道不返

雲仙雜記廬山遠法師命盡之日山中峯澗寺落皆見千眼仙人成隊執幡幢香花赴東林寺法師死乃止

酉陽雜俎高唐縣鳴石山巖高百餘仞人以物扣巖聲甚清越晉太康中逸士田宣隱於巖下每風霜月常拊石自娛每見一人著白單衣徘徊巖上及曉方去宣於後令人鑿石乃於巖上潛伺俄然果來因遽執袂詰之自言姓王字中倫衛人周宣王時入少室山學道此頻適方壺去來經此憩此石響故輒留聽宣乃求其養生唯留一石如雀卵初則凌空百餘步猶見漸漸烟霧障之宣得石含輒百日不饑　荊州利水間有二石若闕名曰韶石晉永和中有飛仙衣冠如雪各憩一石旬日而去人咸見之　衛國縣西南有瓜穴冬夏常出水望之如練時有瓜葉出焉相傳苻秦時有李班者頗好道術入穴中行可三百步廓然有宮宇牀榻上有經書見二人對坐鬚髮皓白班前拜於牀下一人顧曰卿可還毋宜久留班辭出至穴口有瓜數個欲取乃化爲石尋故道得還至家家人云班去來已經四十年矣

搜神記有人入焦山七年老君與之木鑽使穿一盤石石厚五尺曰此石穿當得道積四十年石穿遂得神仙丹訣　　楊公伯雍雒陽縣人也本以儈賣爲業性篤孝父母亡葬無終山遂家焉山高八十里上無水公汲水作義漿於坂頭行者皆飲之三年有一人就飲以一斗石子與之使至高平好地有石處種之云玉當生其中楊公未娶又語云汝後當得好婦語畢不見乃種其石數歲時時往視見玉子生石上人莫知也有徐氏者右北平著姓女甚有行時人求多不許公乃試求徐氏徐氏笑以爲狂因戲云得白璧一雙來當聽爲婚公至所種玉田中得白璧五雙以聘徐氏大驚遂以女妻公天子聞而異之拜爲大夫乃於種玉處四角作大石柱各一丈中央一頃地名曰玉田

搜神後記晉太元中武陵人捕魚爲業緣溪行忘路遠近忽逢桃花夾岸數百步中無雜樹芳華鮮美落英繽紛漁人甚異之復前行欲窮其林林盡水源源得一山山有小口彷彿若有光便舍舟從口入初極狹纔通人復行數十步豁然開朗土地曠空屋舍儼然有良田美池桑竹之屬阡陌交通鷄犬相聞男女衣著悉如外人黃髮垂髫並怡然自樂見漁人大驚問所從來具答之便要還家爲設酒殺鷄作食村中人聞有此人咸來問訊自云先世避秦難率妻子邑人至此絕境不復出焉遂

與外隔問今是何世乃不知有漢無論魏晉此人一一具言所聞皆爲歎惋餘人各復延至其家皆出酒食停數日辭去此中人語云不足爲外人道也既出得其船便扶向路處處誌之及郡乃詣太守說如此太守劉歆卽遣人隨之往尋向所誌不復得焉

沛國有一士人姓周同生三子年將弱冠皆有聲無言忽有一客從門過因乞飲聞其兒聲問之曰此是何聲答曰是僕之子皆不能言客曰君可還內省過何以致此主人異其言知非常人良久出云都不憶有罪過客曰試更思幼時事入內食頃出語客曰記小兒時當牀上有燕巢中有三子其母從外得食哺三子皆出口受之積日如此試以指內巢中燕雛亦出口承受因取三薔茨各與食之既而皆死母還不見子悲鳴而去昔有此事今實悔之客聞言遂變爲道人之容曰君既自知悔罪今除矣言訖便聞其子言語周正忽不見此道人

番禺雜記菖蒲澗昔刺史陸引之所開也至今重之每日輒傾州連汲以充日用雖有井泉不足食

太元中襄陽羅友累石澗側容百許人坐遊之者以爲洗心之域咸安中姚成甫嘗採菊澗側遇一丈夫謂成甫曰此澗菖蒲安期生所餌可以忘老於是徊翔俯仰倏然不知所終蓋仙者焉

異苑十二棋卜出自張文成受法於黃石公行師用兵萬不失一逮至東方朔密以占衆事自此以後祕而不傳晉寧康初襄城寺法味道人忽遇一老公著黃皮衣竹筒盛此書以授法味無何失所在遂復傳流於世云　晉太元末湘東姚祖爲郡吏經衡山望巖下有數年少並執筆作書祖謂是行侶休息乃枉道過之未至百許步少年相與翻然飛颺遺一紙書在坐處前數句古時字自後皆鳥跡　東陽徐公居在長山下嘗登嶺見二人坐於山巖對飲公索之二人乃與一小杯公飲之遂醉後常不食亦不饑　昔有人乘馬山行遙望岫裏有二老翁相對樗蒱遂下馬造焉以策拄地而觀之自謂俄頃視其馬鞭摧然已爛顧瞻其馬鞍骸枯朽旣還至家無復親屬一慟而絕

衢州府志王質晉時人入山採樵見二童子對弈質置斧坐觀童子與質一物如棗核食之不饑局終童子指示之曰汝斧柯爛矣質歸鄉里已及百歲無復舊時人矣復入此山莫知所終遂名其山曰爛柯王質之弟今靖安鄉王質峯有王質寺

拾遺記崑崙山有昆陵之地其高出日月之上山有九層每層相去萬里有雲色從下望之如城闕之象四面有風羣仙常駕龍乘鶴遊戲其間崑崙山出碧海之中上有九層第九層山形漸小狹下

有芝田蕙圃皆數百頃羣仙種耨焉

續齊諧記弘農鄧紹嘗八月旦入華山採藥見一童子執五綵囊承柏葉上露皆如珠滿囊紹問曰用此何爲答曰赤松先生取以明目言終便失所在今世人八月旦作眼明袋此遺製也

述異記荀瓌字叔偉嘗東遊憩江夏黃鶴樓上望西南有物飄然降自雲漢俄頃已至乃駕鶴之賓也鶴止戶側仙者就席羽衣虹裳賓主歡對已而辭去跨鶴騰空而滅　合塗國去王都七萬里人善服鳥獸鷄犬皆使能言林屋洞爲左神幽虛之天即天后眞君之便闕中有白芝紫泉皆洞所出乃神仙之飲餌非常人所能得之　大翮山小翮山在嬀州昔有王次仲年少入學而家遠常先到其師怪之謂其不歸使人候之又實歸在其家同學者常見仲捉一小木長三尺餘至則著屋間欲共取之輒藏不見及年弱冠變蒼頡舊書今爲隸書秦始皇遣使徵之不至始皇怒檻車囚之路次化爲大鳥出車而飛去至西山乃落二翮一大一小遂名其落處爲大小翮山嬀州即今幽薊之地　利州義成郡葭萌縣有玉女房蓋是一大石穴也昔有玉女入此石穴前有竹數莖下有青石壇每因風自掃此壇玉女每遇明月夜即出於壇上閒步徘徊復入此房

錄異記永平四年甲戌利州刺史王承賞奏深渡西入山二十里道長山楊謨洞在峭壁之中上下懸險人所不到洞中元有神仙或三人或五人服飾黃紫往往出見是時所見人數稍多詔道門威儀凝眞大師默黳先生任可言內大德施昭訓齋青詞御香與內使楊知淑同往醮謝又復出見如初詔改景谷縣爲金仙縣道長山爲元都山楊謨洞爲紫霞洞仍封元都山主者爲玉清公爵紫霞覩以旌其事縣令李鏞賜緋魚袋正授

陳書高祖本紀永定三年歷州城西道入天井岡仙人見於羅浮山寺小石樓長三丈所通身潔白衣服楚麗

雲笈七籤公孫璞者雍州高陵人也武德二年爲華州司馬年四十餘沈湎酒肉耽淫財色常令家童漁釣弋獵恣殺物命甘其口腹忽夢千餘人持刀劍弓矢入其家擒璞殺之璞流汗驚懼因成瘡疾遍身有瘡皆有口及舌日夜楚痛求死不得璞表兄華陰令賈宣古見其所疾驚曰未嘗見有此瘡當是殺生太多宿業所致然也華山道士姚得一多記神方可使人一往求問也璞依教令其長子到華山具述所疾涕泣求救得一曰此疾是殺生害命衆寃所爲可修黃籙大齋懺悔宿寃疾冀

可愈爾其子以此告璞便於所居修黃籙道場七日至第五日璞夢青童二人引至一處門闕宏麗有如府署良久天上有黃光如日直照地司其門大開卽見魚龍鳥獸豬羊牛馬奇形異狀者千百頭從門中出乘此黃光旋化爲人飛空而去逡巡化盡青童曰此是汝之所殺冤魂今天符旣下乘功德力託生爲人汝罪已除瘡疾亦愈旬日之間璞乃平復遂入華山禮謝姚尊師看覽雲泉戀慕幽境直至日晚得一曰山中無食可以延留長者若住宿宵必恐僕從饑餒此有徑路可以還家取一卷仙經擲之巖於崖上化爲一橋二青龍負之放五色光其明如晝送璞與僕從從此而去須臾到家明日差人入山致謝已失得一所在璞全家修道居於華山焉

舊唐書太宗本紀隋開皇十八年十二月高祖之臨岐州太宗時年四歲有書生自言善相謁高祖曰公貴人也且有貴子見太宗曰龍鳳之姿天日之表年將二十必將濟世安民矣高祖懼其言泄將殺之忽失所在

雲仙雜記則天初稱周方具告天開文有吏人見大周字上有兩仙童長二三寸執刀剗削斯須覲之失去周字人知唐必復興

湖廣通志唐垂拱中太學鄭生曉行度洛橋見一女蒙袖曰我孤養於兄嫂惡常苦今欲赴水留哀於此生遂同載與歸號曰汜人數歲生遊長安一夕謂生曰我湘中蛟宮娣也謫而從君茲滿無以久留欲爲訣耳相持泣而別去覽十年生之兄爲岳州刺史上巳日生從兄登岳陽樓張宴樂酣生愁思吟之曰情無限兮湯湯懷佳期兮屬三湘聲未終有畫艫浮漾而來中爲綵樓高百尺其上施帷帳欄檻有一人起舞含顰淒怨形類汜人舞而歌曰泝清風兮江之隅拖湘波兮嫋綠裾荷拳拳兮情未舒匪同歸兮將焉如舞畢斂袖翔然凝望須臾風波遂迷所在

龍城錄開元六年上皇與申天師道士鴻都客八月望日夜因天師作術三人同在雲上遊月中過一大門在月光中飛浮宮殿往來無定寒氣逼人露濡衣袖皆濕頃見一大宮府榜曰廣寒清虛之府其守門兵將甚嚴白刃粲然望之如凝雪時三人共立其下不得入天師引上皇起躍身如在煙霧中下視王城崔巍但聞清香靄鬱視下若萬里琉璃之田其間見有仙人道士乘雲駕鶴往來若遊戲少焉步向前覺翠色冷光相射目眩極寒不可進下見有素娥十餘人皆皓衣乘白鸞往來舞笑於廣陵大桂樹之下又聽樂音嘈雜亦甚清麗上皇素解音律熟覽而意已傳頃天師亟欲歸三

人下若旋風忽悟若醉中夢廻爾次夜上皇欲再求往天師但笑謝而不允上皇因想素娥風中飛舞袖帔編律成音製霓裳羽衣舞曲自古洎今清麗無復加於是矣

江南通志唐開元七年張氏子嗜酒飲輒一石猶髮如銀越三載白晝策驢上昇

續酉陽雜俎建中末書生何諷常買得黃紙古書一卷讀之卷中得髮卷規四寸如環無端何因絕之斷處兩頭滴水升餘燒之作髮氣嘗言於道者吁曰君固俗骨遇此不能羽化命也據仙經曰蠹魚三食神仙字則化爲此物名曰脈望夜以規映當天中星星使立降可求還丹取此水和而服之卽時換骨上賓因取古書閱之數處蠹漏尋義讀之皆神仙字諷方歎服　朱道士曾遊青城山丈人觀至龍橋見巖下有枯骨背石平坐按手膝上狀如鉤鏁附苔絡蔓色白如雪云祖父已嘗見不知年代其或鍊形濯魄之士乎

辛祕五經擢第後常州赴婚行至陝因息於樹陰傍有乞兒箕坐痂面蟣衣訪辛行止辛不耐而去乞兒亦隨之辛馬劣不能相遠乞兒強言不已前及一衣綠者辛揖而與之語乞兒後應和行里餘綠衣者忽前馬驟去辛怪之獨言此人何忽如是乞兒曰彼時至豈自由乎辛覺語異始問之曰君

言時至何也乞兒曰少頃當自知之將及店見數十人擁店問之乃綠衣者卒矣辛大驚異遽卑下之因襯衣衣之脫乖乖之乞兒初無謝意語言往往有精義至汴謂辛曰某止是矣公所適何事也辛以娶約語之乞兒笑曰公士人業不可止此非君妻公婚期甚遠隔一日乃拉一器酒與辛別指相國寺刹曰及午而焚可遲此而別如期刹無故火發壞其相輪臨去以綾帕複贈辛帶有一結語辛異時有疑當發視也積二十餘年辛爲渭南尉始婚裴氏泊裴生日會親賓忽憶乞兒之言解帕複結得楮幅大如手板署曰辛祕妻河東裴氏某月日生乃其日也辛計別乞兒之年妻尚未生豈蓬瀛籍者謫於人間乎方之蒙袂帽履有愧於黔婁擿植索塗見稱於揚子蓋不同耳　上都務本坊貞元中有一家因打牆掘地遇一石函發之見物如絲滿函飛出於外驚視之次忽有一人起於函被白髮長丈餘振衣而起出門失所在其家亦無他前記之中多言此事蓋道門太陰鍊形曰將滿人必露之

誠齋雜記貞元中許商舟行湖中青衣迎入一府女郎請書江海賦碧玉硯水銀玻璃爲匣

幽怪錄楊敬眞忽有仙樂綵雲來迎至一處云雲合峯有四人來謁號四眞馬信眞徐湛眞徐修眞

夏守眞曰須謁大仙伯問爲誰孝眞君也

杜陽雜編元和五年內給事張惟則自新羅使迴云於海上泊洲島間忽聞雞犬鳴吠似有煙火遂乘月閑步約及一二里則見花木臺殿金戶銀闕其中有數公子冠章甫冠著紫霞衣吟嘯自若惟則知其異遂請謁見公子曰汝何所從來惟則具言其故公子曰唐皇帝乃吾友也汝當旋去爲吾傳語俄而命一青衣捧金龜印以授惟則乃置之於寶函復謂惟則曰致意皇帝惟則遂識之還舟中迴顧舊路悉無蹤跡金龜印長五寸上負黃金玉印面方一寸八分其篆鳳芝龍木受命無疆惟則達京師即具以事進上曰朕前生豈非仙人乎及覽龜印歎異良久但不能諭其文爾因命緘以紫泥玉鎖致於帳內其上往往見五色光可長數尺是月寢殿前連理樹上生靈芝二株宛如龍鳳上因嘆曰鳳芝龍木寧非此驗乎

龍城錄退之嘗言李太白得仙去元和初有人自北海來見太白與一道士在高山上笑語久之頃道士於碧霧中跨赤虬而去太白聳身健步追久共乘之因不見此亦可驗也

前定錄袁孝叔者陳郡人也少事母以孝聞母嘗得疾恍惚踰月不痊孝叔忽夢一老父謂曰子母

疾可治孝叔問其名居不告曰明旦迎吾於石壇之上當有藥遺子及覺乃周覽四境所居之東十里有廢觀古石壇而見老父在焉孝叔喜拜迎至於家即於囊中取丸靈丹一圓以新汲水服之即日而瘳孝叔德之欲有所答皆不受或累月一來然不詳其所止孝叔意其必能歷算爵祿常欲發問而未敢言其後一旦來謂孝叔曰吾將有他適故來訪別於懷中探出一編書以遺之曰君之壽與位盡具於此事已前定非智力之所及也今之躁求者適足徒勞耳君藏吾此書勿預視但受一命即開一幅不爾當有所損孝叔跪受而別後孝叔寢疾殆將不救其家或問後事孝叔曰吾為神人授書一編曾未開卷何遽以後事問乎仍餘其疾果愈後孝叔以門蔭調授密州諸城縣尉五轉蒲晉縣令每之任輒視神人之書時日無差後秩滿歸閿鄉別墅因晨起欲就巾櫛忽有物墜於境中類蛇而有四足孝叔驚仆於地不語數日而卒後逾月其妻因閱其篋得父老所留之書猶餘半軸因歎曰神人之言亦有誣矣書尚未盡而人已亡乃開視之其後惟有空紙數幅畫一蛇而盤照中矣孝叔之叔修己元和初為太學生具說其事

神仙感遇傳權同休元和中舉進士不第遊江湖間遇病貧窘有村夫傭雇已一年矣秀才疾中思

甘豆湯令其市甘草屐者但具湯火意不為市疑其怠惰而未暇詰之忽見折小樹枝盈握搓之近火已成甘草又取麤沙挼之為豆湯成與眞無異秀才大異之疾稍愈謂屐者曰余貧病多時旣愈將他適欲女市酒肉會村中父老丐少路糧無以辦之屐者乃斫一枯桑樹成數筐札聚於盤上以水灑之悉成牛肉汲水數瓶為酒會村中父老皆至醉飽獲束縑三十緡秀才方慚謝屐者曰某遭遇道者過亦甚矣今請為僕役以師事焉屐者曰余少有失謫為凡賤合役於秀才自有限日勿請變常且卒其事秀才雖諾之每所呼指常蹙蹙不安屐者乃辭去因為說修短窮達之數且言萬物無不可化者唯淤泥中朱筯及髮藥力不能化因去不知所之

酉陽雜俎太和中鄭仁本表弟不記姓名常與一王秀才遊嵩山捫蘿越澗境極幽夐遂迷歸路將暮不知所之徙倚間忽覺叢中鼾睡聲披榛窺之見一人布衣甚潔白枕一襆物方眠熟卽呼之曰某偶入此徑迷路君知向官道否其人舉首略視不應復寢又再三呼之乃起坐顧曰來此二人因就之且問其所自其人笑曰君知月乃七寶合成乎月勢如丸其影日爍其凸處也常有八萬二千戶修之予卽一數因開襆有斤鑿數事玉屑飯兩裹授與二人曰分食此雖不足長生可一生無疾

耳乃起指一支徑曰君但由此自合官道矣言已不見

尙書故實盧元公鈞奉道暇日與賓友話言必及神仙之事云某有表弟韋卿材太和中選授江淮縣宰赴任出京日親朋相送離灞滻時已曛暮矣行一二十里外覺道路漸異非常日經過處旣而望中有燈燭熒煌之狀林木葱蒨似非人間頃之有謁於馬前者如州縣候吏問韋曰自何至此此非俗世俄頃復有一人至前謂謁者曰旣至矣則須速報上公韋問曰上公何品秩也吏亦不對却走而去逡巡遞聲連呼曰上公請韋下馬趨走入門則峻宇雕牆重廊複閣侍衛嚴肅擬於王侯見一人年僅四十戴平上幘衣素服遂謂韋曰上階韋拜而上命坐慰勞久之亦無餚酒湯果之設徐謂韋曰某因世亂百家相糺竄避於此推某爲長强謂之上公爾來數百年無教令約束但任之自然而已公得至此塵俗之幸也不可久留當宜速去命取絹十疋贈之韋出門上馬却尋舊路迴望亦無所見矣半夜月色微明信馬而行至明則已在官路逆旅暫歇詢之於人且無能知者取絹視之光白可鑒韋遂驟却入關詣相國具述其事因以戔戔分遺親愛相國得絹亦裁製自服韋云約其處乃在驪山藍田之間蓋地仙也

進士盧融嘗說盧元公鎭南海日疽發於鬢氣息惙然有

一少年道士直來牀前謂相國曰本師知尙書病瘡遣某將少膏藥來可傅之相國寵姬韓氏遂取膏藥貼於瘡上至暮而消數日平復於倉皇之際不知道士所來及令勘中門至衙門十數重並無出入處方知其異也盛膏小銀合子韓氏收得後猶在融卽相國親密目驗其事　公嘗說表弟盧某一日碧空澄澈仰見仙人乘鶴而過別有數鶴飛在前後適覩自一鶴背遷一鶴背亦如人換馬之狀

集異記李子牟者唐蔡王第七子也風儀爽秀才調高雅性閑音律尤善吹笛天下莫比其能江陵舊俗孟春望夕尙列影燈其時士女緣江𨋡闐縱觀子牟客遊荆門適逢其會因謂朋從曰吾吹笛一曲能令萬衆寂爾無譁於是同遊贊成其事子牟卽登樓臨軒奏清聲一發百戲皆停行人駐愁坐者起聽曲罷良久衆聲復喧而子牟恃能意氣自若忽有白叟自樓下小舟行吟而至狀貌古峭辭韻清越子牟洎座客爭前致敬叟謂子牟曰向者吹笛豈非王孫乎天格絕高惜將樂器常常耳子牟則曰僕之此笛乃先帝所賜也神鬼異物則僕不知音樂之中此爲至寶平生所視僅過萬數方僕所有皆莫能如而叟以爲常常豈有說乎叟曰吾少而習焉老猶未倦如君所有非吾敢知

王孫以爲不然當爲一試子牟以授之而叟引氣發聲聲成而笛裂四座駭愕莫測其人子牟因叩顙求哀希逢珍異叟對曰吾之所貯君莫能吹卽令小童自舟齎至子牟就視乃白玉耳叟付子牟令其發調氣力殆盡纖響無聞子牟彌不自寧虔恭備極叟乃授之微弄座客心骨泠然叟曰吾愍子志尙試爲一奏淸音激越遐韻泛溢五音六律所不能偕曲未終風濤噴騰雲雨昏晦少頃開霽則不知叟之所在矣

雲笈七籤會昌元年李師稷中丞爲浙東觀察使有商客遭風飄不知所止月餘至大山瑞雲霞繞奇花異樹盡非人間所覩山側有人迎問安得至此客具以告乃令移舟於岸旣登岸乃云須謁天師遂引至一處若大宮觀旣入見一道士眉鬢俱白侍衛十餘人坐大殿令上與語曰汝中國人也玆地有緣方得一到此卽蓬萊山也乃令左右引於宮內遊觀玉臺翠樹光彩奪目院宇數十皆有號至一院扃鎖嚴固窺之衆花滿亭堂有几褥焚香階下客問之此院誰何答曰此是白樂天院樂天在中國未來耳乃潛記之遂辭歸數旬至越具白廉使李公盡錄以報白公公已脫煙埃投棄軒冕與居昧昧者固不同也安知非謫仙哉

劇談錄大中末建州刺史嚴士則本穆宗朝爲尙醫奉御頗好眞道因午日於終南山採藥迷誤於巖嶂之間不覺遂行數日所齎糗糧既盡四遠復無居人計其道路去京不啻五六百里然而林岫深僻風景明麗忽有茅屋數間出於松竹之下煙蘿四合纔通小徑士則連扣其門良久竟無出者窺其籬隙之內有一人於石榻偃臥看書推戶直造其前方乃攝衣而起士則拜罷自陳行止因道坐於盤石之上亦問京華近事復詢天子嗣位幾年云自安史犯闕居此迄於今日士則具陳奔馳涉歷資糧已絕迫於枵腹請以食饌救之隱者曰自居山谷且無烟爨有一物可以療之念君遠來相遺自起於梁棟之間脫紙囊開啟其中有百餘顆如糯豆之狀俾於藥室取鐺拾薪汲泉而煮良久盛有香氣視之已如掌大曰可以食矣渴卽取鐺中餘水飲之士則方啗其半已極豐飽復曰汝得至此當有宿分自茲三十年間不饑渴俗慮將淡泊也他時位至方伯當取羅浮相近倘能脫去紛華兼獲長生之道辭家日久可以還矣士則將欲告歸因述慮失道曰勿憂去此二三里與採薪人相値可以隨之而至國門不遠既出於山隅果有採薪者在路側或問隱者姓名竟無所對纔經信宿已及樊川村野既還輦轂不喜更嘗滋味日覺氣壯神淸有驂鸞馭鶴之意衣褐杖藜多止

巖岫居守處僕射耽味元默思覩異人有道流述其事延之致於門下及開方伯之說因以處士忝官自梓州別駕作牧建溪時年已九十到郡纔經周歲解印乃歸羅浮及韋相公宙出鎮廣南使人訪之猶在山谷大中十四年之任建安路由江浙時諸相國觀風浙右於桂樓宿宴召之唯飲酒數杯他皆無食也

雲仙雜記王鯨逢賣蕨姥黃衣破結有饑色憫之乃以千錢買蕨姥謝而去及歸烝於烏頭甑盡成金釵蓋姥非常人也

神仙感遇傳吉宗老者豫章道士也巡遊名山訪師涉學而未有所得大中二年戊辰於舒州村觀遇一道士敝衣冒風雪甚急見其來投觀中與之道室而宿既暝無燈燭雪又甚忽見室內有光自隙而窺之見無燈燭而明唯以小葫蘆中出衾被帷幄裀褥器用陳設服翫無所不有宗老知其異扣門謁之道士不應而寢光亦尋滅宗老乃坐其門外一夕守之冀天曉之後聊得一見及曉推其門已失所在宗老刻心責己周遊天下以訪求焉　陳簡者婺州金華縣小吏也早入縣未啟關躊躇以候忽逢道流其行甚急睨簡不覺隨之行三五里所及一宮觀殿宇森竦旁倚大山引之至

一室內有几案筆墨之屬以黃素書一卷紙十餘幅授之曰以汝有書性爲我書之發褋視之皆古篆文素不識篆字亦未嘗攻學心甚難之道流已去無推讓之所試案本書之甚易半日已畢道流以一杯湯與之曰此金華神液不可妄得飲之者壽無窮限味甚甘美因勞謝而遣之曰世難卽復來此金華洞天也出門恍如夢覺已三日矣還家習篆書遒勁異常而不復飲食太守鮮梓方將受籙頗異其事以爲神仙嘉應判縣狀曰方傳祕籙有此嘉祥旣彰悟道之階允叶登眞之兆尋復入金華山去亦時還郡中

鄭又元者名家子居長安中其小與鄰舍閭丘氏子偕學於師氏又元性憍率自以門望清貴而閭丘子寒賤往往戲而罵之曰爾非類而與吾偕學吾雖不語爾寧不愧於心乎閭丘默有慚色歲餘乃死又十年又元明經上第補蜀州參軍旣至官郡守命假尉唐興有同舍仇生者大賈之子年始冠其家資產萬計日與又元宴遊又元累受仇生金錢之賂然以仇生非士族未嘗以禮貌接之一日又元置酒高會而仇生不得預及酒闌友謂又元曰仇生與子同舍子會宴而仇生不預豈其罪邪又元慙而召仇旣至又元以巵酒飲之生固辭不能引滿又元怒罵曰爾市井之販徒知錐刀何僭居官秩耶且吾與爾爲伍爾已幸矣又何敢辭酒乎因振衣起仇生

慙恥而退辭官閉門月餘病卒明年又元罷官僑居濮陽而常好黃老之道聞蜀山有異道士又元高其風往而詣之願爲門弟子留之且十年未嘗有所授又元稍惰辭之而還其後因入長安褒城道旅有一童子十餘歲貌秀而慧又元與語機辯萬變又元深奇之童子謂又元曰我與君故人有年矣省之乎又元曰忘之矣童子曰吾生閭丘氏居長安中與子偕學而子以我爲非類駡辱我又爲仇氏子作尉唐興與子同舍受我厚賂而謂我爲市井之眦何吾子驕傲之甚也子以簪纓之家而淩侮於物非道也哉我太淸眞人也上帝以爾有道氣使我生於人間與汝爲友將授汝神仙之訣而汝輕果高傲終不得其道吁可悲哉言訖忽不復見又元既悟其罪而竟以慚怍而卒矣

道教靈驗記賴處士者江湖人也在楊公元默門館爲客十餘年矣不知其道術所習楊公每盡禮敬之若師友焉多在宅內少有見者楊公時爲左軍有小判官數人有王有梁王則辯博聰明人多致敬必謂其有非常之位也梁則謙默謹靜愼重寡言人多疎之必謂其不肖也唯使宅軍將成君常與梁稍狎賴處士忽於宅門與成語曰致身之道先須識貴人頗識之乎成曰某愚闇何以能辨願仙丈教之處士曰梁大夫貴人也此後當主樞機重務吾子立身領旆節須在其手善依託焉王

大夫雖聰穎如此壽且不永將歿於他鄉此後宗社不寧天下荒亂兵戈競起祚曆甚危太上老君自降王宮作幼主以扶此難社稷可以存爾梁大夫主機務吾子領藩方皆在幼主之手可自保愛爾吾自此不復留也數日處士辭楊公而去成異其言禮敬於梁交結甚固俄而楊公罷樞位王有罪竄於南方死於道路其言愈驗咸通十四年秋梁爲內樞密成爲軍使僖宗即位三日對軍日色初出微照堦砌聖上起更衣未坐梁公醒然憶悟賴處士之說因臨堦與成話之左軍韓公頗異其私語詰之再三梁與成以實白之韓以少主初立中外未安聞此言極爲慰喜自是成持節滄州皆如賴處士之說中原紛擾禍亂積年社稷晏安宮城再復駐蹕數年聖德如一僖宗中興之力也

鄱陽龍括異志婺源公山二洞有穴咸通末有鄭道士以繩縋下百餘丈傍有光往視之路窮水阻隔岸有花木二道士對棊使一童子刺船而至問欲渡否答曰當還童子回舟去鄭復攀繩而出明日穴中有石筍塞其口自是無復入者

稽神錄天祐中饒州有柳翁常乘小舟釣鄱陽江中不知其居處妻子亦不見其飲食凡水族之類與山川之深遠者無不周知之凡鄱人漁釣者咸諮訪而後行呂師造爲刺史修城掘濠至城北則

雨止役則晴或問柳翁翁曰此下龍穴也震動其土則龍不安而出穴龍出則雨矣掘之不已必得其穴則霖雨方將爲患矣既深數丈果得大木長數丈交加構疊之累之數十重其下鬱氣衝人不可入而其上木皆腥涎縈之刻削平正非人力所致自是果霖雨爲患呂氏諸子將網魚於鄱陽江召問柳翁翁指南岸一處今日惟此處有魚然有一小龍在焉諸子不信網之果大獲舟中以瓦盆貯之中有一鱓魚長一二尺雙目精明有二長鬚繞盆而行羣魚皆翼從之將至北岸遂失所在柳翁竟不知所終

湖廣通志唐江叟常遇樵夫遺以鐵笛吹之無聲登白鶴山吹於紫荊臺聲震林谷忽有兩女出授神藥云服此當爲水仙蓋龍女也

園余錄唐楊收讀書廬山有道者謂之曰子貌可仙如仕卽至宰相能捨所事從余遊乎收時方覬進取謝不能道者遂去不見　黃損五代時人家連州慷慨有大志顧自謂高爵可立致嘗與桑維翰宋齊丘遊廬山有道者見之謂損曰子貌可仙卽仕不過州從事損怒罵之道者遂趨去已而果然

東坡志林虔州布衣賴仙芝言連州有黃損僕射者五代時人僕射蓋仕南漢也未老退歸一日忽遁去莫知其所存亡子孫畫像事之凡三十二年復歸坐阼階上呼家人其子適不在孫出見之索筆書壁云一別人間歲月多歸來不覺已消磨惟有門前鑑池水春風不改舊時波投筆竟出不可留子歸問其狀貌孫云甚似影堂老人也連人相傳如此其後頗有祿仕者

錄異記恩州大江之側崖壁萬仞高處有洞門中有仙人江中船人叫聲呼之往往即出多著紫衣下窺江岸躊躇久之方去洞下江灘水淺往來舟船於此搬載上岸船輕然後可行有旭川劉宰宏曾過此灘舟人具話其事因呼數聲仙人果出山上絕頂多有石筍迥然挺拔高者僅十尺亦有數百尺者皆光色潔白如凝酥積雪人跡不到大都黔峽諸山有大酉小酉皆是絕迹勝境爲神仙所居

嘉州夾江令檢校工部尚書朱播嘗居官得疾四支不能運用舉體沉重每轉側皆須數人扶舁以爲風廢藥餌攻之未效忽眼痛且腫晝夜煩懣又數日俄而渴作嗜水及湯飲不知石斗之量又數日心狂憤憤若有所覩賴其沉頓不能轉動若不然亦將披髮倮走無所畏懼矣旬日之中四疾相屬風露之危期在旦夕矣既晝夜不寐疲倦之極忽如睡不睡見七仙人列坐在前纔長五

六寸衣帔冠服眉目鬚髮歷歷分明五人相倚而坐二人兩畔橫坐攝心自思之正坐即有橫坐如何忽聞側畔空中有人應曰既為仙人無所不可何怪橫坐聞說亦不見所語之人七仙人亦復不見自此常覺有人為搖撼手足捫拍背髆所疾漸損其日所嗜冷水湯飲頓減一半如是三五日便能主持公事祇對賓客所疾全愈因畫北斗七星眞人供養焉　黃齊衛隊軍偏裨也常好道行陰功有歲年矣於朝天嶺遇一老人鬚鬢皎白顏色嬰孺肌膚如玉與之語曰子既好道五年之後當有大厄吾必相救勉思陰德無退前志其後齊下峽舟船覆溺流至灘上如有人相拯得及於岸視之乃前所遇老人也尋失所在自是往往見之忽於什邡縣市中相見召齊過其所居出北郭外行樹林中可三二里即到其家山川林木境趣幽勝留止一夕因言曰蜀之山川是大福之地久合為帝王之都多是前代聖賢鎮壓岡源穿絕地脈致其遲晚凡此去處吾皆知之又蜀字若去虫著金正應金德久遠王於西方四海可服汝當為我言之及明相送出門已在後城山內去縣七十餘里既歸亦話於人終無申達之路數月齊卒

野人閒話王侍中處回嘗於私第延接布素之士蓋亦尊藝術神仙之道有道士龐眉大鼻布衣襤

樵仙童從後遣謁王公於竹葉上大書道士王桃枝奉謁王公從容置酒觀其言論清風颯然甚仰之因曰弟子有志清閑思於青城山下致小道院居住道士曰未也偶喚山童取劍細點階前土尺餘囊中取花子種之令以盆覆土逡巡盆花已生矣漸隨日長大頗長五尺以來層層有花爛然可愛道士曰聊以寓目適性此仙家旌節花也王公命食不餐唯飲數杯而退曰珍重善爲保愛旋出門失所之後王公果除二節鎮方致仕自後往往有人收得其花種

北夢瑣言張建章爲幽州行軍司馬尤好經史聚書至萬卷所居有書樓但以披閱清淨爲事曾齎府帥命往渤海遇風波泊舟忽有青衣泛一葉舟而至謂建章曰奉大仙命請大夫建章應之至一大島見樓臺巋然中有女仙處之侍翼甚盛器食皆建章故鄉之常味也食畢告退女仙謂建章曰子不欺暗室所謂君子也勿患風濤之苦吾令此青衣往來導之及還風波寂然往來皆無所懼及迴至西岸經太宗征遼碑半沒水中建章以帛裹面摸而讀之不失一字其篤學如此薊門之人皆能說之

青陽縣志後唐天順二年太史奏仙氣貫斗牛分野遂遣使尋至陵陽城南有徵鑿其地有仙從地

出頂垂雙髻從石壁入其石復合有泉從石出使回聞其事建宮曰招隱題泉曰隱眞宋治平中賜額崇眞觀

茅亭客話僞蜀成都人周元裕攻寫貌時因避暑於大聖慈寺佛牙樓下或自長吁傍有一村人詰其吁嘆元裕荅云某攻寫眞有年矣生平薄命有請召寫眞者富室則不類貧家則酷似毋老供給不迨故有是歎村人因問元裕跧泊之處良久曰某有薄土在靈池縣鄰村有觀觀主欲要寫眞囑我多時來日詰朝同來相尋勿失此約翌日有一道流白皙長髭來求寫眞云夜來鄰村門徒話及特來奉謁元裕乃定思援毫立就其貌無少差異道流喜云門外有一僕將少相酬出門呼之已失道流蹤跡遂巡蜀城士庶咸言靈池朱眞人來周處士家寫眞求請眞容者日盈其門自此所獲供侍周瞻觀斯靈異得非有道之士出處人間救振貧苦者乎　僞蜀成都南米市橋有柳條家酒肆其時皆以當壚者名其酒肆柳條明悟人多狎之偶患沉綿經歲骨立尸居俟死而已有一道士常來貰酒柳條每加懃奉因愍其恭恪乃留丹數粒且云以醻酒債令三日但水吞一粒服盡此丹患當痊矣柳條依教初服一粒疾起能食再服杖而能行終服充盛如初有僞太廟吏王道賓者人

皆目為王太廟本漢州金堂縣人也因知其事遂懇求柳條取服餘之藥以鐵茶鐺盛水銀投丹煎之須臾水銀化為黃金因是將丹與金呈蜀主云此金為器皿可以辟毒為玩物可以祛邪若將服餌可以度世蜀主問合丹之法云有草生於三學山中乞宰金堂以便採藥乃授金堂宰明年藥既無成知其得丹於柳條遂誅之休復嘗見道書云未有不修道而希仙藝者苟或得之必招其禍而況諂詐者哉

大江集鑿山西北越橫嶺白鹿巖在焉相傳遼時有仙人騎白鹿往來斯巖故名

神仙部紀事二

行營雜錄太祖潛曜日常與一道士遊關河無定姓名自曰混沌或又曰眞無每劇飲爛醉且善歌能引其喉於杳冥之間作清徵之聲時或一二句隨天風飄下惟太祖聞之曰金猴虎頭四眞龍得眞位至醒詰之則曰醉夢豈足憑邪至膺圖受禪之日乃庚申正月初四也自御極不再見下詔草澤徧訪之或見於轘轅道中或嵩洛間後十六載乃開寶乙亥歲也上巳祓禊駕幸西沼道士忽醉坐水次木陰下笑揖上曰別來安否上大喜亟遣中人密引至後掖恐其遁急回蹕見之一如平時抵掌浩飲上曰久欲見汝決一事朕躬還得幾多在道士曰但今年十月二十日夜晴則可延一紀不爾則當速措置上酷留之俾居後苑苑吏或見宿於木末鳥巢中數日忽不見上切記其語至所期之夕上御太清閣以望氣是夕果晴星斗明燦上心方喜俄而陰霾四起天地陡變雪雹驟降移仗下閣急傳宮鑰開門召開封尹卽太宗也延入內寢酌酒對飲宦官宮妾悉屛出但遙見燭影下太宗時或避席有不可勝之狀飲訖漏三鼓雪已數寸上引柱斧戳雪顧太宗曰好做好做遂解帶

就寢鼻息如雷是夕太宗留宿禁內將五鼓周廬者寂無所聞帝已崩矣

茅亭客話綿州羅江縣羅璝山有羅璝洞昔羅眞人名璝修道上昇之所也其洞凡有水旱疾癘禱之靈無不應太平興國五年庚辰歲中秋彩霧輕烟月光如晝香風瑞氣瀰漫山谷四遠村民登層巒而望之唯聞音樂環珮之聲遲明但見車轍之跡去洞十里餘闊一丈以來碾土深三四寸其轍跡隨山勢高下直至洞門迤邐狹小卽不知神仙乘車出洞耶音樂之聲晝夜不絕遂聞諸州縣時殿前承旨兵馬監押知縣事陳覃縣尉鄒崇讓尋詣仙洞觀玆轍跡樂聲以事奏聞詔大九井山虎耳先生李洞賓齎香於洞前設醮禮察視之以祈靈貺虎耳先生大名府有道之士時呼爲李八百云已八百歲如五十許童顏鬒髮行速言徐每駐足士民聚觀者如堵先生卽於懷袖中探取銅錢二三文撒之則稍得人退因是每十步二十步取錢一撒至暮懷袖之中錢無缺焉翌日與諸官入洞行十里以來唯聞異香襲人樂聲隱隱人吏各持香燭屏息捫藤足履嶔崟魂竦汗瀝先生步無差跌神氣自若出洞之時衣履之上無泥滓霑汙之跡

福建通志楊萬大崇安人好恬靜結茅武夷漁樵山水間夜則懸燈獨坐彈琴咏詩自娛山下有津

渡一夕有道士黃冠元服貌甚偉扣門止宿自後數往來萬大禮之久而益勤一日復來謂曰吾非世人也今當歸洞天特來別汝觀汝所爲甚善天必有以報之命舟欲與偕去萬大始異之既而戚然告曰吾二親喪未卜窀穸豈可去道士曰待汝襄大事與汝偕往未晚因與共舟至甌窯豐樂里指示漢灣秀峰曰汝於某年月日奉父母柩於此俟白狸眠處卽葬所也白狸起卽葬時萬大俟期奉柩至山中果見白狸如所言葬之乃祥符四年也子孫多居之因名其地曰楊墩墓曰白狸時年九十有七嘗晝寢夢前道士來迎曰汝今家事畢當與俱去覺卽沐浴更衣端坐而逝明楊榮萬太之後也

行營雜錄祥符中封禪事竣宰執對於後殿上曰治平無事久欲與卿等一處閒玩今日可矣遂引羣公及內侍數人入一小殿多有假山甚高山面有洞上既入乃復招群公從行初覺甚暗數十步則天宇豁然千峯百嶂雜花流水盡天下之偉觀少焉至一所重樓複閣金碧照耀有一道士貌亦奇古來揖上執禮甚恭上亦答之良厚邀上主席上再三遜謝然後坐羣臣再拜居道士之次所論皆元妙之旨而牢醴之屬又非人間所見也鸞鶴舞庭除笙簫振林木至夕乃罷道士送上出門而

別曰萬幾之暇無惜與諸公頻見過也復由舊路以歸臣下因以請於上上曰此道家所謂蓬萊三山者也羣臣自失者累日後亦不復再往不知何術以致之也

蘇州府志宋孫鍇崑山人祥符末讀書於鎮州西山書院一日採藥迷入深山見茅茨數間有道士據榻而坐鍇再拜道士熟視曰窮薄人也當使汝足衣食與之丹砂一塊且授以符曰此可召役鬼神今歲河朔人疫汝以此砂書一符可取百錢既下山依教鬻符頗驗遊市井戴鐵冠被絳服至大名為太尉王嗣宗所擒鍇曰吾非造妖者向遇神人教我能令見其祖先試之果然因表送闕下補司天監保章正專主符禁後砂盡術衰遂逸去

文昌雜錄華嶽張超谷巖石下有僵尸齒髮皆完春時遊人多以酒灑口中呼為臥仙好事者作木榻以薦之嘉祐中有方石十餘丈自上而下正塞巖口豈未仙者所蛻山靈護之不欲人之褻慢耶

甲申雜記湖南提刑唐秠字碩夫過高郵謂余曰治平二年九月自吉州作邑過長沙一老人以扁舟載竹兀子就舟貨見其竹如白牙因買之至四年攝事京局因上馬馬蹶其兀壞竹腳中破內有雕刻字曰某年月日造某年月日破計其日俱無差其字以朱塗之既駭前識之異而竹未破時其

心安得而書之竹工必異人也又云其父謾爲湖北漕一日有一道人持刺造門但全幅書一叅字延坐問之曰徐叅也館之庵中不食日飲酒一斗或見羣卒飯輒取一掬食之而已間與鄭毅夫內翰宴飲雖妓女笑語戲弄無度或發其陰覗之童兒也間與唐漕飲取千里外物不移刻一日唐欲河東蒲桃又思峽中新荔子酒數巡則令人就其臥屏間取之皆美新若方折枝者唐坐中見劉莘老時劉爲荆南職官徐語唐曰此人異日爲宰相但不久耳久之告別甚遠唐曰何之答曰大抵天地間萬物皆有數不可逃也我將之復州願求一書與復守托以後事如其言既至復謁守曰乞一棺櫬開九穴葬於無人之境後三日卒復守如其言葬之以書報唐唐亟往與守倅僚吏發棺視之衣一襲而已後旬餘與毅夫語其事聞有京遞至發之得嵩山道士與毅夫書云徐先生來閱動靜甚詳校其至嵩日乃卒於復之日也碩夫親見之

墨客揮犀杜德俗呼爲杜麻胡送鋪中卒也附郵傳物至重者他卒莫當之德即荷而去曾不倦怠一日醉牽一虎臥於鋪前居人大驚德即枕而寐臥久方起解縛縱虎而去試訶之曰復歸嵩山不得害人虎瞑目若聽伏者乃去人始以此異之數日後與衣召等輩環坐共飲曰德性根好道宿業

所牽未能脫去乃此拘留近因引虎幾泄神妙吾不久去矣汝等善勤王事無生怠忽各宜保育翌日德果死德惟一身乃葬路傍治平年大雨水泛濫橫流德墓壞浮其屍出外爲耕夫立其屍於路旁爪髮鬚眉皆不墮扣之蓬蓬若空革有識者復葬之亦非常人也

湘山野錄熙甯丙辰歲交賊寇邕郡倅唐著作子正盡室遇害唐桂州人治平中赴京調舉至全州中途欲僦一僕得一肩夫乃遊袁州日所役舊奴也挈重擔勁若健羽雖鞭馬疾追常先百步之外恐他逸遂遣之其僕當日全州行至唐州凡二千七百餘里日午已到留書祝驛吏曰候桂州唐秀才至即付之君後月餘方到唐下馬於驛驛吏前曰君非桂州唐秀才否一月前有人留一書在此因出示之書面云呈桂州唐秀才歸眞子謹封唐曰吾豈識歸眞子邪因啟封惟一詩曰袁山相見又之全不遇先生道未緣大抵有心求富貴到頭無分學神仙篋中靈藥宜頻施鼎內丹砂莫妄傳待得角龍爲燕會好來黃壁臥林泉唐得之頗怪因請其形貌乃全州黠僕也留書之日即全州所遣之日始悟神仙中人寶詩於篋遇好事者則出之及遇害當丙辰正合詩中謂角龍也

張師正括異志三山會先生陸睿寓館於陳氏七載音信不通夏月青衿俱歇獨處一室有道人自

與山來謂之曰子思鄉之切何不少稱歸陟曰水陸三千里幾時得到道人剪紙爲馬令合眼上馬以水噀之其疾如風囑曰汝歸不可久留須臾到家門戶如舊妻令入浴易新衣陟曰我便去妻曰纔歸便去何不念父母妻子乎陟便上馬而行所騎馬足折驚寤乃身在書館中隨身衣服皆新製者道人亦不見惟留一藥盤中有一詩云一騎如龍送客歸銀鬃綠耳步相隨佳人未許輕分別不是仙翁豈得知

西溪叢語熙寧間江寧府句容簿失其姓名至茅山遇道人高坦被髮跣足與簿劇談飲酒終日書一詩留別而去莫知所之詩云巖下相逢不忍還狂歌醉酒且盤桓仇香莫問神仙事天上人間總一般

東軒筆錄秦州徐二公者異人也無家無子孫親屬亦不知其何許人日持一箒以掃神祠佛殿未嘗與人言有問則不對而走忽發一言則應禍福呂參政惠卿既除喪將赴闕便道訪二公拜而問之二公驚走呂追之忽回顧曰善守呂再拜而去意謂俾其善守富貴也及還朝除知建州徐禧沈括新敗總辭不行又乞與兩府同上殿神宗怒落資政殿學士知單州卽善守之應也

夢溪筆談神仙之說傳聞固多予之目覩者二事供奉官陳允任衢州監酒務日允已老髮禿齒脫有客候之稱孫希齡衣服甚襤褸贈允藥一刀圭令揩齒允不甚信之暇日因取揩上齒數揩而良久歸家家人見之皆笑曰何爲以墨染鬚允驚以鏡照之上髯黑如漆矣急去巾視童首之髮已長數寸脫齒亦隱然有生者余見允時年七十餘上髯及髮盡黑而下髯如雪又正郎蕭渤罷白波輦運至京師有黥卒姓石能以瓦石沙土手挼之悉成銀渤厚禮之問其法石曰此眞氣所化未可遽傳若服丹藥可呵而變也遂授渤丹數粒渤餌之取瓦石呵之亦皆成銀渤乃丞相荊公姻家是時丞相當國予爲宰士目覩此事都下士人求見石者如市遂逃去不知所在石纔去渤之術遂無驗石齊人也時曾子固守齊聞之亦使人訪其家了不知石所在渤既服其丹亦宜有補年壽然不數年間渤乃病卒疑其所化特幻耳　熙寧七年嘉興僧道親號通照大師爲秀州副僧正因遊溫州雁蕩山自大龍湫回欲至瑞鹿院見一人衣布襦行澗邊身輕若飛履木葉而過葉皆不動心疑其異人乃下澗中揖之遂相與坐於石上問其氏族閭里年齒皆不答鬚髮皓白面色如少年謂道親曰今宋朝第六帝也更後九年當有疾汝可持吾藥獻天子此藥人臣不可服服之有大責宜善

保守乃探囊出一丸指端大紫色重如金錫以授道親曰龍壽丹也欲去又謂道親曰明年歲當大疫吳越尤甚汝名已在死籍今食吾藥勉修善業當免此患探囊中取一柏葉與之道親卽時食之老人曰定免矣慎守吾藥至癸亥歲自詣闕獻之言訖遂去南方大疫兩浙無貧富皆病死者十有五六道親殊無恙至元豐六年夏夢老人趣之曰時至矣何不速詣闕獻藥夢中爲雷電驅逐惶懼而起徑詣秀州具述本末謁假入京詣尚書省獻之執政親問以爲狂人不受其獻明日因對奏知上急使人追尋付內侍省問狀以所遇對未數日先帝果不豫乃使勾當御藥院梁從政持御香賜裝錢百千同道親乘驛詣鴈蕩山求訪老人不復見乃於初遇處焚香而還先帝壽康復謂輔臣曰此但預示服藥兆耳聞其藥至今在彰善閣當時不曾進御

仇池筆記有宦吏自羅浮都虛觀游長壽中於路覩見道室數十間有道士據檻坐見吏不起吏大怒使人詰之至則人室皆亡矣

東坡志林章詧字隱之本閩人遷於成都數世矣善屬文不仕晚用太守王素薦賜號沖退處士一日夢有人寄書召之云東嶽道士書也明日與李士寧遊青城濯足水中詧謂士寧曰脚踏西溪流

去水士盜答曰手持東嶽寄來書詧大驚不知其所自來也未幾詧果死其子禩亦以逸民舉仕一命乃死士盜蓬州人也語默不常或以爲得道者百歲乃死常見予成都曰子甚貴當策舉首已而果然

玉照新志王子高遇芙蓉仙人事舉世皆知之子高初名迥後以傳其詞遍國中於是改名遼易字子開與蘇黃游甚稔見於尺牘東坡先生又作芙蓉詩云決別之時芙蓉授神丹一粒告曰無戚戚後當偕老於澄江之上初所未喻子開時方十八九已而結婚向氏十年而鰥居年四十再娶江陰巨室之女方二十矣合巹之後視其妻則清盼冶容修短合度與前所遇無纖毫之異詢以言語則惘然莫曉而澄江江陰之里名也子開由是遂爲澄江人焉服其丹年八十餘康強無疾大觀中猶在

龍川別志乖崖公張詠家在濮州少時尚氣節喜飲酒每遊京師寄封丘之逆旅有一道人與之鄰房初不相識而意相喜也日會飲酒家及將去復大飲至醉張公曰與子傾蓋於此不知何人異日何以相識客曰吾隱者何用姓名固問之曰我神和子也異日見子成都矣至張公爲成都守始異

其言西行常以物色訪之然一時入蜀終無所見後修天慶觀以家財建一閣榜曰望仙閣每暇日輒出遊焉屏騎從門外步而登閣燕坐終日冀有所遇如此者二年代者將至復一登之將絕意於此日暮出東廡下得一小逕隨入得一小院堂中四壁多古人畫像掃壁視之中有一道人髣髴道旅所見題曰神和子公悵然自失所見正此也按神和子姓屈突名無為字無不為五代時人所著書亦以神和子爲名

聞見近錄張文懿爲射洪令一道士詣邑熟視文懿不語久之頃間取瓢出藥十粒顧文懿曰可餌之文懿卽餌之道士微笑復取之餌至九十粒卽吐道士浴之使再餌之復吐其四實餌八十六粒道士曰明日可到城外觀也明日詣之謂文懿曰欲爲神仙耶欲爲宰相耶文懿曰欲爲相耳道士咨歎久之留一書封緘甚密且候作相老勌時開竟不知其何人也文懿八十六歲未嘗有疾至上元偶思道士所留書啟之乃彩選一冊因會子弟作選至宰相視上惟有眞人耳始悟道士意也明日道士忽至顧文懿曰打疊了未語畢而去使人訪之卽臥店中卒矣文懿忽覺腹痛須臾下藥八十六粒炳然如新遂葬藥於三寶堂下是夕薨

鄂州黃鶴樓下有石光徹名曰石照其右巨石

世傳以爲仙人洞也一守關老卒毎晨興卽拜洞下一夕月如晝見三道士自洞中出吟嘯久之將復入洞卒卽從之道士曰汝何人耶卒具言所以且乞富貴道士曰此洞間石速拖一塊去持卒而出石合無從而入明日視石黃金也鑿而貨之衣食頓富爲隊長所察執之以爲盜也卒以實告官就其家取石至都則金化矣非金非玉非石非鉛至今藏於軍資庫中子瞻有詩記之

墨莊漫錄鄱陽胡詠之朝散平生好道元符初嘗於信州弋陽縣見一道人青巾葛衣神氣特異因揖而延之對飲道人指取大杯滿引無算曰君有從軍之行去否胡竦然曰當去蓋是時欲就熙河帥姚之辟也道人曰西陲方用師好去索紙書詩曰濟世應須不世才調羹重見用鹽梅種成白璧人何處熟了黃粱夢未回相府舊開延士閣武夷新築望仙臺青雞唱徹函關曉好卷游韁歸去來授詠曰爲我以此寄章相公且曰章相公好箇人又錯了路逕也詠叩其說但云未可立談詠問其姓名亦不肯言曰吾早晚亦遊邊可以復相見夜艾詠曰先生可就此寢曰吾歸邸中只在河下乃拂衣去明日遣人往諸邸尋問皆云未嘗有道人因告縣令徧邑物色竟無曾見者詠至京師見王副車詵具告以此欲持詩謁子厚詵曰愼不可上方以邊事倚辦相公丞相得此必堅請去上必疑

怪詰其所以然君且得罪詠以為然徑趨姚幕從取青唐暨還闕則子厚已去矣他日子厚北歸闕有此詩就詠求之其眞本已為副車奄有乃錄寄之子厚見詩歎曰使吾早得此詩去位久矣豈復有今日之事乎方詠之在邊日嘗至秦州天慶觀聞說呂先生在此月餘近日方去矣問何以知其為呂道士云道人去時適道衆皆赴鄰郡醮道人顧小童曰吾且去借筆書壁候師歸示之小童辭以觀新修師戒勿令題涴乃曰煩貯火殿鑪吾欲禮三清而去既而行殿後砌下有石池水甚清泚乃以爪畫殿壁留詩云石池清水是吾心漫被桃花倒影沉一到邽山空闕內消閑塵累七絃琴後題回字衆驚嘆以為必呂翁也壁甚高其字非手可能及邽山卽秦山也詠思弋陽所遇有遊邊之約豈非斯人歟此說予聞江元一太初云

竹坡詩話西湖詩寺所存無幾唯南山靈石猶是舊屋寺僧言頃時有數道人來乞食拒而不與乃題詩屋上而去至今猶存字畫頗類李北海是唐人書也其詩云南塢數回泉石西峰幾壘煙雲登攜孰以為侶顏寓李甲蘿耘後好事者譯之前一句乃呂字第二句洞字第三句賓字是洞賓與三人者來耳李甲近世人東坡以比郭恕仙善畫而有文餘不知其為何人當是神仙也

談圃夏文莊父爲侍禁時文莊尙幼有道士愛之乞爲養子父止文莊一子弗許道士曰是兒有仙骨不爾位極人臣但可惜墮落了後文莊爲通判又見昔日道士曰尙可作地仙在成都復見道士跨驢於市搖手曰無及矣遂不復見

錢氏私誌蔡魯公帥成都一日於藥市中遇一婦人多髮如畫者毛女語蔡云三十年後相見言訖不知所在蔡後以太師魯國公致仕居京師一日在相國寺資聖閣下納涼一村人自外入直至蔡前云毛女有書蔡接書其人忽不見啟封大書東明二字蔡不曉其意後貶長沙死於東明寺因就葬焉　徐神翁自海陵到京師蔡謂徐云且喜天下太平是時河北盜賊方定徐云太平天上方遺許多魔君下生人間作壞世界蔡云如何得識其人徐笑云太師亦是　先太傅自蜀歸道中遇異人自稱方五見太傅曰先生乃西山施先生肩吾也遂授道蓋施公睦州桐廬人太傅晚乃自睦守掛冠蓋有緣契矣　祖母楚國夫人大觀庚寅在京師病累月醫藥莫效雖名醫如石藏用輩皆謂難治一日有老道人狀貌甚古銅冠緋氅一丫髻童子操長柄白紙扇從後過門自言疾無輕重一灸立愈先君延入問其術道人探囊出少艾取一瓶灸之祖母方臥忽覺腹間痛甚如火灼

道人自言九十歲遂徑去追之疾馳不可及祖母是時未六十復二十餘年年八十三乃終祖母沒後又二十年從兄子栱監三江鹽場偶飲於士人毛氏忽見道人衣冠及童子悉如祖母平日所言方愕然道人忽自言京師灸甎事詫遽遯去遍尋不可得毛君云其妻病道人爲灸屋柱十餘壯病脫然愈方欲謝之不意其去也世或疑神仙以爲渺茫豈不謬哉

退齋雅聞錄羅浮山有隱者自謂黃野人或云呂洞賓之流嘗題詩山間云雲來萬山動雲去山一色長嘯兩三聲天高秋月白

過庭錄洛陽朱敦復字無悔并弟希眞以才豪稱有學老子者曰劉跛子頗有異行時至洛看花一日告人曰吾某日當死至期果然與之善者遂葬於故長壽宮南託無悔銘其墓曰跛子劉姓河東鄉山老其名野夫字豐肯大腹右扶拐不知年壽及平生王侯士庶有敬問怒罵擊走或僵死洛陽十年爲花至政和辛卯以酒終南宮道旁冢三尺無孔鐵鎚今已矣劉公有一僕曰尚志隨劉四十年劉以畜生呼之及劉死人恐其有所得士夫競叩之尚志告曰何所得但吃畜生四十年矣無悔因作一詞曰尚志服事跛神仙辛勤了萬千般一朝身死入黃泉至誠地哭皇天旁人苦苦叩元言

不免得告諸賢禁法蝸兒不曾傳吃齋生四十年

春渚紀聞雲川莫蒙養正崇寧間過余言夜夢行西湖上見一人野服髽髻頎然而長參從數人軒軒然常在人前路人或指之而言曰此蘇翰林也養正少識之亟趨前拜且致恭曰蒙自爲兒時誦先生之文願執巾侍不可得也不知先生厭世仙去今何所領而參從如是也先生顧視久之曰是太學生莫蒙否蒙正對之曰然先生頷之曰某今爲紫府押衙語訖而覺後偶得先生嶺外手書一紙云夜登合江樓夢韓魏公騎鶴相過云受命與公同北歸中原當不久也已而果然小說載魏公爲紫府眞人則養正之夢不誣矣　陳無求宣事云嘗赴鶴林寺供佛既飯有一舉子雖衣褐不完而丰神秀穎居於座末主僧顧謂無求曰此道人頗有戲術今日告行當薄贈之且求其一戲爲別也舉子亦欣然呼一僧雛取盤器付之令相去二丈餘而立舉子謂之曰我此噓氣汝第張口受之覺腹熱急言不爾當燒爛汝腸也言訖噓氣向之須臾僧雛覺腸間如沸湯傾注乃大呼曰熱甚不可忍因使溺盤中舉子徐舉盤示座人曰誰能飲此者舉座穢唾之舉子乃大笑舉盤自飲言別而去明日僧雛遂大惡聞食氣日唯飲水數杯月餘出寺不復見也　余族兄次翁壻閻生一瘤

大如含桃而懼其浸長百方治之不瘥行至襄陽於客邸遇一道人喜飲而日與周旋臨別解衣出一小瓢如栗大傾藥如粟粒三授次翁曰汝夜以針刺瘤根納藥針穴明日瘤當自落其二粒留以救奇疾也次翁如其言因夜取針剔瘤根納藥至夜半但覺藥粒巡瘤根而轉至曉捫之則瘤已失去取鏡視之了無瘢痕也因大神之祕其餘藥不令人知其女為兒時蹶倒折齒不生次翁取藥納齒根一夕齒平復因以水銀一兩置銚間取藥投之則化為紫金方知神仙所煉大丹也　密院編修居世英彥寶之父人謂之居四郎者遇異人得丹竈術常使一僕守火歲久不懈因度之為僧居京師定曆院幾二十年時曾子宣當軸有堂吏通解可喜其婦得急勞數日而殂繼而病傳堂吏國醫不能療吏與居素善居視之云應須我神丹療之為啟爐取刀圭與服十數日即完復如初出參丞相子宣大驚云汝非遇仙丹不能起此病吏拜謝起白云某實幸獲居四郎之丹服之奪命鬼手耳子宣神之使人邀居不能至也即使門下之人宛轉啖其僧前後資給備至約竊丹為贈而僧誓不負心丞相亦延顧不替僧一日謁丞相而許分竊為獻子宣喜甚送僧降堦而僧退揖為馬臺蹶倒應時折足舁之而歸數日遂卒子宣即遣人厚貽其徒并爐取之不知所用但取丹膏圓如粟

粒服之一粒卽引水燥甚分諸子服皆然獨子紡公袞服兩粒無異也後不復加火亦不敢服子宣甕丹盡付石藏用矣　孫道人不知何許人寄居嚴州天慶觀爲人和易初不挾術及言人禍福但袖中嘗畜十數白鼠子每與人共飲酒酣出鼠爲戲人欲捕取卽走投袖中了無見也至約人飲則就酒家市一小尊酌之不竭人告酒困卽覆尊而去否則自晨至夕亦不別取也酒家是日必大售人頗以此異之紹興三年三月三日觀中士庶駢集道人拱坐告衆曰我今年九十歲矣久寓此土荷郡人周旋暫當小別勉力事善言訖坐逝一郡驚異瘞之城南而塑其像觀中歲餘有南商手持香一瓣封題甚固云我去年三月三日於成都府觀醮事有一道人云我始自嚴州來知子不久回浙幸爲我達嚴州天慶觀尋孫道人付之也入觀見塑像驚禮之曰此我成都所見付書人也因共發其藏則空棺矣

銷夏蘇庠養直嘗盛夏納涼與客對棋有衣褐者造謁云羅浮山道人江觀潮未及起迎道人直造就坐旁若無人養直驚愕問所從來答云羅浮黃眞人以公不好世人之所好烝母已成令某持丹度公可服之袖中出一小合藥黃色而膏融養直遲疑問道人曰此丹非金非石乃眞烝煉成疑卽

且止俟有急服之出門徑去俄頃不見養直以丹置佛室後與客飲醉後一夕暴卒所親記道人之言亟取丹視其堅如石磨以飲之卽甦自此康彊異常齒落者復生髮白者再黑目枯者更明紹興十七年歲旦日與家人酌別且告辭鄰里二日東方未明披衣曳杖出門行步如飛妻孥奔逐僅能挽其衣則已逝矣

玉照新志紹興辛酉冬仲信兄客臨安宵觀是歲南郊儀仗於龍山茶肆忽一長鬚偉男子衣青布袍於稠人中嘆息云吾元豐五年遊京師一見之後不曾再覩今日之盛殆與昔時無異焉仲信知其異人也亟下拜俛興已失之矣

續文獻通考李氏子平陽獨嶼人紹興末以游蕩不容於父遇一方士將以東遊不移時達樂清孝義橋下去家已三百餘里矣辭不能進方士出一小鏡使窺之恍然抵一山寺俄而如夢覺視其僧舍則已在靈巖寺矣

曾應龍括異志有人好道不知其方朝夕拜一枯樹輒云乞長生如此二十八年不倦一旦木生紫花甘津如蜜食之卽僊去

墨莊漫錄安惇處厚初謫潭州過儀真見客次亭有一丐者遽前自言有戲術願陳一笑安心異之欣然延禮丐者求一硯及紙筆幅紙香爐乃取土以唾和呵之成墨矣又取土呵之悉成蕭陸焚之芬馥乃研墨謂安曰吾不能書命小吏持筆題詩曰佳人如玉酒如油醉臥鴛鴦帳裏頭咫尺洞庭君不到長生不死最風流處厚讀之不曉自以無嗜欲久矣豈有佳人如玉醉臥鴛鴦之事乎且謂洞庭君不到是謂我不可僊矣遂謝丐者與酒一壺一飲而盡長揖而去安行將過洞庭之日被命歸消官資放歸田里乃悟前詩之異丐者必異人也詩中似隱神仙祕訣人不曉耳

辟寒建康府城之東郊壇門外嘗有一人不言姓名於北面野水構小屋而居纔可庇身屋中唯什器一兩事餘無他物日日入城乞丐亦不歷街巷市井但入寺觀遊逍遙而已人頗知之巡司以白上上令尋迹其出處而問其所欲及問之亦無所求時盛寒官方施貧者衲衣見其極單以一衲衣與之辭不受强與之乃轉以與人益怪之因逐之使移所居且觀所向乃毀屋移於元武門西南內侍張某果園多荒穢亦有野水復於水際構屋居之時大雪數日園人不見其出入意其凍死觀之見屋已壞謂果死矣遂白官司發屋視之則見熟寢於室中驚起了無寒色乃去不知所之 董

風子者不知其鄉里事母至孝以乾道元年暮冬過岳陽夜宿黃花市遇同店一叟破巾單袍而貌若嬰童絕無饑寒之態吟哦詩句油然自適董識其異就坐於傍問所從來殊不酬答良久再扣之始微笑云我俟子多日矣遂挽手同出寺西旗亭中買酒三升諭酒家僕不用煖熱董起白言某平日骨寒雖當暑盛亦去綿衣不得況今臘月若飲冷酒定足喪命惟先生諒之叟云毋慮董不獲已强進半杯便覺四肢和暢及再飲熱脫其衣移時出到大樹下授以至道之要董磬襟再拜曰敢問先生姓氏曰吾本東晉抱黃翁也知君孝通於天故來相見語罷陰雲四合迫於開豁失叟所在矣

蘇州府志宋王大猷朐山人乾道間仕忠翊省幹來居中街路忽夢神授養生之道自是虔志事神月朔朝禮值純陽誕辰齋百道士齋散一道人至黧面跣足弊褐片巾遍體瘡痍而略無穢氣大猷禮之問高隱何地道人曰得隱便隱無定處問姓名不答徐曰省幹當兼善天下豈宜獨善其身大猷答以天下人安吾道始安道人笑而去期年再至稽首趺坐大猷叩之不語有頃曰昔聞省幹有天下安之言其說有二或富貴而安或礜石而安大猷曰吾志不在富貴道人曰吾有異方藏之久矣今觀汝有道風不容祕令屏左右密授戒曰藥就可治一切風疾若不宦遊盡立售價以施養生

兼以濟物子孫寶之有利爲語既見孤鶴自天而下道人撫之又笑而別大猷遥乘飛去異香滿室復有群鶴環遶大猷與衆咸驚絶遂製藥博施後遂相傳王省幹宅遇仙丹

四川總志宋寶祐時有二仙女遊於小溪山人驟遇之冉冉昇雲而去異香杳靄至今名其地爲仙女鋪

齊東野語端平間周文璞趙師秀數詩人春日薄遊湖山極飲西泠橋酒壚皆大醉熟睡忽有髯道人過而睨之哂曰詩仙醉邪顧酒家善看客我當將償酒錢索水小盂以瓢中藥少投之入口略嗽噀之地上則皆精銀也時遊人方盛皆環視駭嘆忽失道人所在薄暮諸公始醒酒家具道所以皆悵然自失其家持銀往市得錢正可酬所直了無贏餘明日喧傳都下酒家圖其事於壁自以爲遇仙酒肆好事者競趨之遂爲湖山旗亭之甲而諸公亦若有悟云

幽怪錄景定間清河坊扇店有一道人求補扇店主乃與一新扇道人感之題詩扇板曰一輪明月四時新一握清風甚可人清風明月年年有人世炎涼知幾塵題畢擲扇而板厚數寸墨跡直透於背觀者紛紛賣扇比常十倍遂致富未幾道士復來以袖拂之字跡不見　賈似道母兩國夫人

嵩就道堂設雲水齋有一道人滿身疥癩謁齋衆惡不潔勉與齋罷曰此宅有鬼氣宜書符厭之索黃絹三尺畫一墨圈如大盤寘之壁間而去衆人笑之欲揭去忽見墨圈中一點通明如玉有金書正一祖師諱字蓋天師降也似道又嘗齋雲水千人其數已足有一道士衣裾襤褸至門求齋主者以數足不肯引入道士堅求不去不得已於門側齋爲齋罷覆其鉢於案而去衆將鉢力舉之不動啟於似道自往舉之乃有詩二句云得好休時便好休收花結子在綿州始知眞仙降臨而不識也其日綿州者蓋木棉庵之兆云

誠齋雜記賈知微遇曾城夫人杜若蘭以秋雲羅帕裹丹五十粒與之曰此羅帕是織女採玉繭織成後大雷雨失帕所在　　崔生入山遇仙女爲妻還家得隱形符潛游宮禁爲術士所知追捕甚急生逃還山中隔澗見其妻告之妻擲領巾成五色虹橋度崔追者不及

輟耕錄大德戊戌二月二十日張漢臣尙書趙松雪學士費北山漕侯同在杭州泛舟過西湖至毛家埠上岸乘肩輿將游水樂洞行里餘逢一尼寺趙公偕二公入寺訪親俄而從人來報張公之老僕戎顯卒死矣亟回至其所呼救不省氣絕身僵忽有二道士過一老一幼云不妨事老者卽於死

人面上吹呵幼者就籬落間摘一青葉度於老者若作法書符狀置死人項上隨卽再生頃間失二道士所在或云恐是洞賓變現隱括其姓如此耳　　趙公琪字元德官至贈湖廣行省參政謚文惠臨淄人飄然有神仙思常使方士燒水銀硫黃朱砂黃金等物爲神丹以資服食有玉溪李簡易先生者得道爲神仙數訪公授以其術久久隱去人或以爲不死公思之一日見其至喜而固留之先生曰吾遠來甚熱請具浴公卽具浴先生就浴室久之不聞聲日且暮公親候之見有光昱然在水上圓如初日出不復見先生所在先生書藏公家今稍稍傳人間虞文靖序其事如此云　　吾鄉台之黃巖諸山脈絡相連屬大江越州治北自州出南門陸行四五里許有委羽山特立不倚形如落辨鳳故得名然州人與之朝夕者俱弗自知其爲勝山旁廣而中深青樹翠蔓蔭翳蓊鬱幽泉琮琤若鳴珮環於修竹間千變萬態不可狀其略中藏洞穴仙家所謂空明洞天者是也好道之士嘗持炬入行兩日不可窮聞櫓聲乃出洞之側產方石周正光澤五色錯雜雖加琢磨殆不是過大者三四分小者比米粒而小以斧粉碎之亦無不端方見長老言嘗有素服靚妝飄飄若仙之女者當風清月白時則逍遙乎松杉竹柏之下或時變服叩里人門求水火里人所居去洞所不能百步

異其狀竊覘之逝遇從洞中去里人以爲怪蹤其地越數日里人家夜失火勢張甚不可滅室宇一空妻子僅以身免遂泒離他處識者以爲厭穢仙境故致此奇禍自是仙女不復出矣余幼時尙及見里人故址至今有欲得方石者裹糧撮許往洞口撒之隨意拾地上土則有石在土中不爾絕無有也

衡嶽志姚祖大元末爲郡吏經衡山望巖下有數年少並執筆作書祖謂是行侶休息乃枉道過之未至百步許少年相與翩然飛去遺一紙書在坐處前數句古時字自後皆鳥跡

袁州府志劉原祖名漢芳萬載人元至正六年建陰陽齋會七日忽有異僧古貌跣足破衲癩身氣穢難近持鉢覓食衆皆詬罵原祖獨食以飯問亦無言惟以背抵壁若搔癢狀須臾僧欻然去馨香滿室原祖知爲仙也急尾之不見視壁間有詩云不是山僧特地來因遊南嶽返天台靑衣童子多饒舌黃面瞿曇笑臉回鐵鉢滿盛衍子飯布衣難覓富家財殷勤傳語劉原祖伏虎巖前花正開旬餘原祖無病而逝或曰原祖前身在伏虎巖與此師同修以道行未圓謫轉凡劫至是師尋舊侶以去云

明通紀建文四年六月燕王卽位初建文中有道士歌於途曰莫逐燕逐燕日高飛高飛上帝畿已而忽不見人莫能測至是始驗其言云

異林福州安翁者以市酤爲業常有道人沽飲輒去不償直翁亦不責久之道人來會翁曰良意久不酬今幸枉過乞遂偕行翁許之須臾至一山下草庵中成賓主畢道人曰有一道友去此甚近亦有仙術僕往邀請共君相娛可乎翁喜諾道人遂去久不來翁且餒顧室中蕭然無供具惟破釜在壁下餘飯可升許仰視屋梁上懸橘數顆壁上張畫梅一軸翁不勝餒取釜中飯食訖道人適至曰道侶不遇無以爲款不陋貧居可遂留數日耳翁懇辭道人再三曰煩君遠臨無以相贈奈何此畫君既相愛吾當揭之耳既覆之以手拭之宛然如畫因題其上曰爲買東平酒一卮邇來相會話仙機盤天有路容人到凡骨無緣化鶴飛莫道烟霞愁縹緲好將家國認希夷可憐寂寞空歸去休向紅塵說是非翁持此遂別迷道不知所向問野中人曰福州離此四日程耳翁始悟遇仙悵怏而歸翁後以壽終於家云

二酉委譚甘州一山洞中有一立化神女名某母其旁有一屠者蹲踞而化云初屠者日見一女子

買豬肝三片疑之乃蹤其所往至一山洞中屠者就見焉女爲說法因各化去皆眞身也第神女身上無所繫下去地將一尺竟不知何以中懸助甫每往視輒令人手捫之竟不著地云奇事何所不有而愚者乃欲謗吾師道嗚呼彼神於事者尙不可疑況神於理者乎

蓺牀瀹餘戊辰冬杪偶至靈濟宮遇道人授一桃特大曰此與汝有緣故以相贈訝其非常受而啖之味甘美而核甚細旋於襟中捕一虱子擲地怒目曰汝負我汝負我驚顧間遽以氣噓之大如豕跨而疾馳遂烟迷而逝

存餘堂詩話王水部伯安正德間言事謫閩中過溪覆舟幾厄時有漁人泛溪中拯之上岸方徘徊間適遇一道者自稱舊識邀至中和堂主人處盤桓數日主人乃仙翁也臨行作詩送之云十五年前始識荆此來消息最先聞君將性命輕毫髮誰把綱常重一分寰海已知誇令德皇天終不喪斯文武夷山下經行處好對清樽醉夕曛

快雪堂漫錄虞長孺祖母今年八十一矣嘗云年三四十時秋夜露坐庭中見有三人挨月而過異之急呼長孺伯母同觀伯母出遲僅見其二須臾俱入月中矣親語陳季象爲余述之

甲乙剩青余下第後吳少君忽從北來人寄余一絕云趙氏連城辨得眞幾年聲價重西秦從來有眼皆能識何意猶逢按劍人得詩數夕後夢少君曰余詩中按劍人明日諱避之余亦不解其意明日飲朱汝修齋頭以口語相譴趙常吉忽使酒至按劍欲甘心焉汝修力救余得絕袖遶柱而逸趙猶率奴丁數里追索此余平生所遭最大危厄乃從朋友得之尹公他旦爲多愧而少君一詩遂於夢中點出趙氏按劍四字大可怪也

荆州府志明王相監利人補庠弟子員讀書城南小園月夜輒有黃冠扣戶入與談黃白術後則當晝亦來相事母極孝又不欲以殺牲供甘旨黃冠授以弓小如鉤以筋爲矢命射小雀發輒中往來三年許黃冠忽辭曰吾去三十年復來比相五十已忘之矣其初度日忽憶前約亟起詣園則黃冠已至卽張筵黃冠因指壁間隙呼男子美女六七人奏樂音樂畢以土書几上前二句字不可曉中云當年猶有維摩筆今日却無鍾子音鬧敲幾局乾坤老朗誦一聲天地驚勸君早擲王喬舄同作蓬萊門上人振衣而去約以中秋蟬鳴伺我階除是夕蟬自雲中墜鳴不休相舉手拾蟬而逝家人扶起則蟬大鳴東飛而上音達半晷越二日相體如生

宜黃縣志歐陽鍾號完宇邑南人六歲遇疹患目殆甚忽一道人白髮野服竟詣庭撫曰是兒目疾予爲療之就地信手取一小石向目數過尋復炯炯如故衆方驚訝而道人已揮麈而出遍索不知其往癸卯秋試結社南州又一道人於衆中求見公與之坐談同寢且謂曰汝一病將至遂於袖間取一丸置几去奚童未之知竟棄丸泥淖中一日背疾忽作買棹南歸政抱痾憶前道人未留其姓名而道人已至舟前曰吾已知前藥被豎子擲棄矣更與之藥疾遂愈後十餘年有人自閩來見一道人問曰汝知歐陽鍾否爲我帶書一封語之曰此向年醫背疾寄來者發視之得棗二枚內書數字公隱而不言越數日無疾而逝

保定府志婦蕭氏博野縣人馬姓妻初嫁時飲食起居與人無異居數月夢人啖之以桃覺而恆飽不復飲食年餘顏色敷腴一切女紅中饋職勞不倦孕育子女數人自崇禎時迄今四十年未變也

仙槐在安肅縣治西十里屯相傳有馬姓者患病幾不起一日有異人至授以丹餌令服之且給之曰病愈當割半產謝我疾果差恐其索謝仍佯爲疾異人已知之遂從其耳取一物而去出門見枯槐投丹於中樹後榮茂土人有病者取其枝榦之皮煮水服之卽愈

金華府志騎牛者士人入金華山遇緇冠騎牛者扣角歌曰靜居青嶂裏長嘯紫煙中塵界連仙界
瓊田前路通馳赴之不及望北山去焉

珍珠船方丈山仙家數千萬耕田種芝草課計頃畝如種稻狀羣仙不欲昇天者皆往來其上

扶桑有椹樹兩兩同根偶生更相依倚是以名為扶桑仙人食其椹皆作金光之色飛翔立虛椹色
赤九歲始一生

漢陽府志九真山有九仙女飛昇石及煉丹井

辰州府志麻陽民種菽一畝屢為羣羊踐食民憤甚再伺羊出杖逐之羣羊奔入山中石罅民隨逐
入其內漸闊里許忽見綠溪修篁宮闕丹碧一老人銀鬚鶴髮坐皐比講易左右侍聽者數十內有
一少年執經前問老人呵之曰憒憒民竊聽良久問之應門者曰老人中坐者河上公其少年乃王
弼也

滁州志槐花洞仙龍蟠寺山有洞三形若品字其一塞不可入俗稱之云槐花洞頃牧豎飯牛其旁
見有髮鬚而衲者笑語其中投之以塊弗動亟呼長老眎則闃無人矣郡人胡松有詩懷之因更名

曰懷仙云

廣東通志廣州府五仙觀初有五仙人皆手持穀穗一莖六出乘五羊而至仙人之服與五羊同色五羊俱五色如五方既遺穗與廣人仙忽飛昇而去羊留化爲石廣人因卽其地祠之

卷終

神仙部雜錄

申鑒或問神僊之術曰誕哉末之也已矣聖人弗學非惡生也終始運也短長數也運數非人力之爲也曰亦有僊人乎曰僬僥桂莽產乎異俗就有僊人亦殊類矣　或問有數百歲人乎曰力稱烏獲捷言羌亥勇期賁育聖云仲尼壽稱彭祖物有俊傑不可誣也　或曰人有自變化而僊者信乎曰未之前聞也然則異也非僊也男化爲女者有矣人死復生者有矣夫豈人之性哉氣數不存焉

博物志潁川陳元方韓元長時之通才也所以並信有僊者其父時所傳聞河南密縣有成公其人出行不知所至復來還語其家云我得僊因與家人辭訣而去其步漸高良久乃沒而不見至今密縣傳其僊去二君以信有僊蓋由此也　老子云萬民皆付西王母唯王聖人眞人僊人道人之命上屬九天君耳　抱朴子曰黃帝東至清丘過風山見紫府先生受三皇內文以劾召萬神南至璽隂建木觀百靈西至中黃子授之九加之方過崆峒從廣成子受自然之經北至洪堤上具茨

見大隗君黃蓋童子受神芝圖還陟王屋得神丹注記室峨嵋山見黃人於玉堂問眞一之道曰夫長生僊方惟有金液守形却惡獨有眞一之道古人尤重也黃帝自然體道者也猶復陟王屋而受丹經登崆峒而問廣成往具茨而事大隗適東岱而奉中黃入金谷而咨子心論道養而澄元素精推步而授雷岐窮神姦而記白澤故能畢該祕要窮盡道眞按神仙經云昔黃帝老子奉事元君元君以授要訣況乎不逮彼二君者安能自得仙度世者乎按荆山經及龍首記皆云黃帝服神丹

又曰彭祖八百年安期千年期壽之過人遠矣若果有不死之道彼何不遂仙乎豈非稟命受氣偶得其多者乎按彭祖經云佐堯歷夏至商爲大夫商王從受還年之術行之有效欲殺彭祖以絕其術祖覺而逃去去時年八百　又曰元洲仙伯關天萬仙眞書東海小童以授得道人佩之一名仙人道籙一名鳳直籙太元登仙盟文又崑崙墉臺飛太眞太上丈人以授得道者佩之周行五嶽山神授職一名五嶽兵符佩之金石爲開

舊唐書太宗本紀貞觀元年冬十二月壬午上謂侍臣曰神仙事本虛妄空有其名秦始皇非分愛好遂爲方士所詐乃遣童男女數千人隨徐福入海求仙藥方士避秦苛虐因留不歸始皇猶海側

踟躕以待之還至沙丘而死漢武帝爲求仙乃將女嫁道術人事既無驗便行誅戮據此二事神仙不煩妄求也

續博物志劉向列仙傳葛洪神仙傳沈份續仙傳曾慥集仙傳以異代事著於本朝者自尒朱洞賓呂嵓陳摶賀元曾被祖宗眷異者名臣如歐陽修劉九石延年皆在賀元仕石晉爲水部員外郎章聖東封謁道左天聖初使弟子喻澄詣闕獻浮屠老子像直數十萬　孔安國撰孔子弟子七十二人劉向傳列仙亦七十二人皇甫士安撰高士亦七十二人陳長文撰耆舊亦七十二人

酉陽雜俎人死形如生足皮不青惡目光不毀頭髮盡脫皆尸解也白日去曰上解夜半去曰下解向曉向暮謂之地下主者太乙守尸三魂營骨七魄衛肉胎靈錄氣所謂太陰鍊形也趙成子後五六年肉朽骨在液血於內紫色發外又曰若人暫死適太陰權過三官血沈脈散而五藏自生白骨如玉三光惟息太神內閉或三年至三十年　句曲山五芝求之者投金環二雙於石間勿顧念必得矣第一芝名龍仙食之爲太極仙第二芝名參成食之爲太極大夫第三芝名燕胎食之爲正一郎中第四芝名夜光洞鼻食之爲太清左御史第五芝名料玉食之爲三官眞御史　又曰白

日尸解自是仙非尸解也鹿皮公吞玉華而流蟲出尸王西城漱龍胎而死訣飲瓊精而扣棺仇季子咽金液而臭徹百里季主服霜散以潛升而頭足異處黑狄咽虹丹而投水寧生服石腦而赴火柏成納氣而胃腸三腐　眞人用寶劍以尸解者蟬化之上品也鍛用七月庚申八月辛酉長三尺九寸廣一寸四分厚三分半杪九寸名子干字良非青烏公入華山四百七十一歲十二試三不過後服金汋而升太極以爲試三不過但仙人而已不得眞人位　夏啟爲東明公文王爲西明公召公爲南明公季札爲北明公四時主四方鬼至忠至孝之人命終皆爲地下主者一百四十年乃授下仙之教授以大道有上聖之德命終受三官書爲地下主者一千年乃轉三官之五帝復一千四百年方得遊行太清爲九宮之中仙又有爲善爽鬼者三官清鬼者或先世有功在三官流逮後嗣易世鍊化改世更生此七世陰德根葉相及也命終當道遺腳一骨以歸三官餘骨隨身而遷男左女右皆受書爲地下主者二百八十年乃得進處地仙之道矣　孔子爲元宮仙佛爲三十三天仙延賓宮主所爲道在竺乾有古光生善入無爲　太極眞僊中莊周爲闈編郎八十一戒千二百善入洞天二百三十戒二千善登山上靈宮萬善升玉清白誌見腹名在瑤簡者目有綠筋

名在金赤書者陰有伏骨名在琳札青書者胸有偃骨名在星書者眼四規名在方諸者掌理廻菌名在綠籍者有前相皆上仙也可不學其道自至其次鼻有元山腹有元丘亦仙相也或口氣不潔性耐穢則壞元丘之相矣　仙經言穿地六尺以鐶實一枚種之灌以黃水五合以土堅築之三年生苗如匏實如桃五色名鳳腦芝食其實唾地爲鳳乘升太極　凡學道三十年不倦天下金翅鳥銜芝至羅門山食石芝得地仙

玉潤雜書司馬子微作坐忘論七篇一曰敬信二曰斷緣三曰收心四曰簡事五曰眞觀六曰泰定七曰得道又爲樞一篇以總其要而別爲三戒曰簡緣無欲靜心且謂得道者心有五時身有七候一動多靜少二動靜相半三靜多動少四無事則靜事觸還動五心與道合觸而不動謂之五時一舉動順時容色和悅二宿疾益消身心輕爽三塡補天傷還元復命四延數千歲名曰仙人五鍊形爲氣名曰天人六鍊氣爲神名曰神人七鍊神合道名曰至人謂之七候道釋二氏本相矛盾而子微之學乃全本於釋氏大抵以戒定慧爲宗觀七篇序可見而樞之所載尤簡徑明白夫欲修道先去邪僻之行外事都絕無以干心然後端坐內觀正覺一念起卽須除滅隨起隨滅動心不滅照心

俱冥虛心不冥有心不依一物而心常住定心之上豁然無礙定心之下曠然無基又云善巧方便唯能入定發慧遲速則不由人忽於定中急急求慧求則傷定傷定則無慧定而慧生此眞慧也此言與智者所論止觀實相表裏子微中年隱天台玉霄峯蓋智者所居疑其源流有自初潛師正授陶隱居正一法於王知遠以傳子微而陶通明自謂勝力菩薩復生其言亦多出釋氏唐書本傳不載其仙去事沈份續仙傳云謝自然泛海將詣蓬萊求師爲風飄到一山見道人指言天台山司馬子微名在丹臺身居赤城此眞師也而子微臨終亦自言吾於玉霄峯東望蓬萊有眞靈降駕今爲東海青童君東華君所召俄頃解化李綽又言子微貌類陶通明明皇帝以爲通明後身天降車上有字曰賜司馬承禎尸解去白雲鶴滿庭子微號白雲先生後人因爲其車曰白雲車至文宗時取以入內此事雖近怪史臣所雜書然其傳亦必有據

續翰林志太宗曰詞臣實神僊之職也玉堂東西壁悉畫水以布之風濤浩渺瀛洲之象也修篁皓鶴悉圖廊廡奇花異木羅植軒砌風傳禁漏月色滿庭眞人世之僊境新學士入院上事宣徽告報敕設儀鸞宿陳席幕大官備珍饌設上尊酒茗悉至赴是設者止鳳閣舍人餘不得預坐居是職者

苟能節用以安貧杜門以省事探眞如之旨養浩然之氣來者瞻望其出處侍者儼假其顏色逍遙卒歲非神僊而何

太平廣記凡今之人死必視其形如生乃尸解也足不青皮不皺亦尸解也目光不毀頭髮盡脫不失其形骨者皆尸解也有未斂而失尸者有人形猶在而無復骨者有衣在形去者有髮脫而形去者白日去謂之上尸解夜半去謂之下尸解向曉暮之際謂之地下主者得仙眞品

辨惑論揚子曰老子之言道德吾有取焉耳及搥提仁義絕滅禮樂吾無取焉耳又或問莊周有取乎曰少欲鄒衍有取乎曰自持至周罔君臣之義衍無知於天地之間雖鄰不覿也　或問長生神仙之道文中子曰仁義不修孝弟不立奚爲長生甚矣人之無厭也

東坡文集介朱道士晚客於眉山故蜀人多記其事自言受記於師云汝後遇白石浮當飛仙去介朱雖以此語人亦莫識所謂後去眉山乃客於涪州愛其產丹砂雖瑣碎而皆矢鏃狀瑩徹不雜土石遂止鍊丹數年竟於涪之白石縣仙去乃知師所言不謬吾聞長老道其事甚多然不記其名字可恨也本草言丹砂出符陵而陶隱居云符陵是涪州今無復採者吾問熟於涪者云採藥者時復

得之但時方黃辰錦砂故此不甚採爾讀本草偶記之　嘗有三老人相遇或問之年一人曰吾年不可記但憶少年時與盤古有舊一人曰海水變桑田時吾輒下一籌邇來吾籌已滿十間屋一人曰吾所食蟠桃棄其核於崐崙山下今已與崐崙齊矣以予觀之三子者與蜉蝣朝菌何以異哉

東坡志林王烈入山得石髓懷之以餉嵇叔夜叔夜視之則堅為石矣當時若杵碎或錯磨食之豈不賢於雲母鍾乳哉然神仙要有定分不可力求退之有言我能詬曲自世間安能從汝巢神仙如退之性氣雖出世間人亦不能容叔夜悻急又甚於退之也

仇池筆記吾昔謫黃州曾子固居憂臨川死焉人有妄傳吾與子固同日化去且云如李長吉時事以上帝召他時先帝亦聞其語以問蜀人蒲宗孟且有歎息語今謫海南又有傳吾得道乘小舟入海不復返者京師皆云兒子書來言之今日有從黃州來者云太守何述言吾在儋耳一日忽失所在獨道服在耳蓋上賓也吾平生遭口語無數蓋生時與韓退之相似吾命在斗間而身宮在焉故其詩曰我生之辰月宿斗直且曰無善聲以聞無惡聲以揚今謗我者或云死或云仙退之之言良非虛爾　有官吏自羅浮都虛觀游長壽中路覩見道室數十間有道士據檻坐見吏不起吏大

怒使人詣之至則人室皆亡矣乃知羅浮凡聖雜處似此等異境平生修行人有不得見者吏何人乃獨見之正使一凡道士見己不起何足怒吏無狀如此得見此者必前緣也

避暑錄話眞誥載蕚綠華事細考之近今之紫姑神晉人好奇稍緣飾之耳紫姑神止爲詩文自託於仙不與人相接而蕚綠華事乃近褻豈有眞仙若此哉或曰釋氏至四禪天乃無欲自三禪而下皆未免於欲蕚綠華蓋未離乎欲界者也亦不然所謂界者豈眞與世人同僅有偶而已後世並緣遂肆爲瀆慢高眞之言無所不至流俗爭信之唐人至有爲后土夫人傳者今所在多有爲后土夫人祠而揚州尤盛皆塑爲婦人像流俗之謬妄如此亦起於西漢所謂神媪者謂小孤爲姑何足怪哉后土夫人蓋以譏武后然託論亦不當如此也

白樂天集自載李浙東言海上有仙館待其來之說作詩云吾學空門非學仙恐君此說是虛傳海山不是吾歸處歸則須歸兜率天頃讀盧肇逸史記此事差詳李浙東李君稷也會昌初爲浙東觀察使言有海賈遭風飄海中一大山視其殿榜曰蓬萊旁有一院扃鎖甚嚴花木盈庭中設几案或人告之曰此白樂天院在中國未來耳唐小說事多誕此旣自見於樂天詩當不謬近世多傳王平

甫館宿夢至靈芝宮亦自爲詩紀之曰萬頃波濤木葉飛笙歌宮殿號靈芝揮毫不是人間世長樂鐘聲夢覺時與白樂天院絕相類乃知天地間英靈之氣亦無幾爲人爲仙不在此則在彼更去迭來無足怪者

神仙出沒人間不得爲無有但區區求遇其人而學之者皆妄人也神仙本出於人孰不可爲不先求己之仙而待人以爲仙豈有是理乎今鄉里之善人且恥與之接矣安有神仙而輕求於妄人者古今言嘗遇仙必天下第一等人顧未必皆授以道然或前告人以禍福使有所避就或付之藥餌使壽考康彊非見之也彼自以類求耳唐人多言顏魯公爲神仙近世傳歐陽文忠公韓魏公皆爲仙此復何疑哉

芥隱筆記杜牧之詩老翁四百牙爪利擲火萬里精神高蓋用天蓬呪蒼舌綠齒四目老翁而今本誤以目爲百爾擲火萬里亦用度人經擲火萬里流鈴八衝之語而東坡亦用之於芙蓉城詩云仙風鏘然韻流鈴也

東坡宸奎閣碑銘巍巍仁皇體合自然神曜得道非有師傳蓋出八師經吾今自然神曜得道非有師也

蒙齋筆談世傳神仙呂洞賓名巖洞賓其字也唐呂渭之後五代間從鍾離權得道權漢人迥者自本朝以來與權更出沒人間權不甚多而洞賓蹤迹數見好道者每以為口實余記童子見大父魏公自湖外罷官還道岳州客有言洞賓事者云近歲常過城南一古寺題二詩壁間而去其一云朝遊岳鄂暮蒼梧袖有青蛇膽氣粗三入岳陽人不識朗吟飛過洞庭湖其一云獨自行時獨自坐無限時人不識我惟有城南老樹精分明知道神仙過說者云寺有古大松呂始至時無能知者有老人自松顛徐下致恭故詩云然先大父使余誦之後得李觀所記洞賓事碑與少所聞正同青蛇世多言呂初由劍俠入非是此正道家以氣鍊劍者自有成法神仙事渺茫不可知疑信者蓋相半然是身本何物固自有主之者區區百骸亦何足言棄之則為佛存之則為仙在去留間爾洞賓雖非余所得見然世要必有此人也

東齋記事洪崖先生有二其一三皇時伶倫得仙者號洪崖神仙衛叔卿與數人博戲於華山石上其子度世曰不審與父並坐者誰也叔卿曰洪崖先生許由巢父耳郭璞詩左挹浮丘袖右拍洪崖肩即此是也其一唐有張氳亦號洪崖先生按本傳又豫章職方乘云氳晉州神山縣湛露殿道士

開元十六年洪州大疫氲至施藥病者立愈州以上聞元宗意其爲氲驛召之果氲也常服烏方帽紅蕉衣黑犀帶跨白驢從者負六角扇垂雲笠鐵如意往來市間人莫知其歲耳今人好圖其像者即此是也豫章有洪崖蓋古洪崖得道處也後張洪崖亦至其處

誠齋雜記蕭仙宣王之末史籍散亂蕭仙能文著本末以備史之不及人以史稱之實無名也

樂郊私語天仙湖急遞鋪在城西十里僅一大港耳湖旁相傳有徐灣故居灣得仙道者後以委蛻仙去故以名湖然復有廟神稱徐王蓋誤以徐灣爲徐王也

文章九命自古文章之士稱以仙去者理或有之蓋天地冲美之氣見鍾獨多生有所自出有所爲則去有所歸固其宜耳淮南王與八公上昇東方朔西入瑤池司馬季主委羽蛻化莊周爲太元博士嵇康爲中央鬼帝郭璞爲都錄司命賈誼爲西明都禁郎陶侃爲西河侯謝幼輿爲左副監曹植爲遮須國王蔡邕爲修文郎季札荀彧俱爲北明公劉楨徐幹王粲俱爲郎中王茂弘爲尚書令陶隱居爲蓬萊都水監李長吉召賦玉樓記白居易爲海山院主韓退之爲眞官寇萊公爲閻浮提王石曼卿爲芙蓉城主蘇子瞻爲奎宿劉景文爲雷部掌事沈文通爲地下曹司杜少陵爲文星典吏

元機通或問飛昇有諸曰黃帝葬橋山信矣使果騎龍上昇今何居乎空同之訪廣成恐莊寓言也

鴻苞軒轅黃帝紀於時有神人西王母者太陰之精天帝之女也人身虎首豹尾蓬頭戴勝顥然白首善嘯石城金臺而穴居坐於少廣之山山海經亦云然不知此形貌乃西方白虎之神西王母使者非王母眞形也王母眞形天姿掩靄端正美麗如三十許姣好婦人豈有天眞靈人而虎首豹尾者乎此萬古傳訛之過也漢武帝外傳狀西王母得之矣眞仙通鑑載太上老君初三皇時化身號萬法天師中三皇時化身號盤古先生後天皇伏羲時化身號鬱華子神農時爲大成子亦曰九靈老子祝融時爲廣壽子黃帝時爲廣成子顓頊時爲赤精子帝嚳時爲祿圖子堯時爲務成子舜時爲尹壽子夏禹時爲眞行子殷湯時爲錫則子文王時爲文邑先生葛穉川云夫有天地則有道術道術之士何時暫乏是以伏羲以來至於三代顯名道術世世有之何必常是一老子也愚謂大道在人得之則爲有道道人人本具道何必萬古只一老子乎穉川之言是矣

珍珠船齊桓公爲三官都禁郎主生死簡籙晋文公爲水官司命此等名位是三官之僚無預眞仙家事處女得道者居含臺童男得道者蕭臺　秦少游遊仙詞云上清欲問因何至先請先生十

賛文仙家十賛猶人間九錫也陶貞白有遺芽子陸敬游十賛文　耕耘五德朝種暮穫註鍳氏
風角五德東方甲南方丙西方庚北方壬中方戊種五色禾於此而耕耘也此言仙事
太平清話麻姑姓黎字瓊仙唐放出宮人也出昨餘雜錄而王方平蔡經事則又似漢前人
筆記青元眞人註度人經云三界之上四種民天多是歷代聖君賢臣居之如浩劫交周鴻濛開闢
此諸天人降生人間元祐姦黨碑諸名賢多是星宿晦庵亦自是武夷洞天神仙出來
湖廣通志茉莉夫人即諸天中所稱摩利天鬼子母又張三峯集有茉莉元君疑即夫人也

神仙部外編

拾遺記堯登位三十年有巨槎浮於西海槎上有光夜明晝滅海人望其光乍大乍小若星月之出
入矣槎常浮繞四海十二年一周天周而復始名曰貫月槎亦謂挂星槎羽人棲息其上羣仙含露
以漱日月之光則如暝矣虞夏之季不復記其出沒遊海之人猶傳其神仙也
搜神記羿請不死之藥於西王母嫦娥竊之以奔月將往筮之於有黃有黃占之曰吉翩翩歸妹獨
將西行逢天晦芒毋恐毋驚後且大昌嫦娥遂托身於月是爲蟾蠩

拾遺記周昭王卽位二十年王坐祇明之室晝而假寐忽夢白雲蓊蔚而起有人衣服皆毛羽因名羽人夢中與語問以上仙之術羽人曰大王精智未開欲求長生久視不可得也王跪而請受絕欲之教羽人乃以指畫王心應手卽裂王乃驚寤而血濕襟席因患心疾卽卻膳撤樂移於旬日忽見所夢者復來語王曰先欲易王之心乃出方寸綠囊中有藥名曰續脈明丸補血精散以手摩王之臆俄而卽愈王卽請此藥貯以玉缶緘以金繩以之塗足則飛天地萬里之外如遊咫尺之內有得服之後天而死　靈王二十三年起昆昭之臺亦名宣昭聚天下異木神工得崿谷陰生之樹其樹千尋文理盤錯以此一樹而臺用足焉大幹爲桁棟小枝爲栭桷其木有龍蛇百獸之形又篩水精以爲泥臺高百丈昇之以望雲色時有萇弘能招致神異王乃登臺望雲氣蓊鬱忽見二人乘雲而至鬚髮皆黃非世俗之類也乘遊龍飛鳳之輦駕以青螭其衣皆縫緝毛羽也王卽迎之上席時天下大旱地裂木燃一人先唱能爲霜雪引氣一噴則雲起雪飛坐者皆凜然宮中池井堅冰可琢又設狐腋素裘紫羆文褥羆褥是西域所獻也施於臺上坐者皆溫又有一人唱能使卽席爲炎乃以指彈席上而暄風入室裘褥皆棄於臺下時有容成子諫曰大王以天下爲家而染異術使變夏

改寒以誣百姓文武周公之所不取也王乃疎萇弘而求正諫之士時異方貢玉人石鏡此石色白如月照面如雪謂之月鏡有玉人機巧自能轉動萇弘言於王曰聖德所招也故周人以萇弘媚諂而殺之流血成石或言成碧不見其尸矣　有韓房者自渠胥國來獻玉駝高五丈虎魄鳳凰高六尺火齊鏡廣三尺闇中視物如晝向鏡語則鏡中影應聲而答韓房身長一丈垂髮至膝以丹砂畫左右手如日月盈缺之勢可照百餘步周人見之如神明矣靈王末年亦不知所在

周羣妙閑算術讖說遊岷山採藥見一白猿從絕峯而下對羣而立羣抽所佩書刀投猿猿化爲一老翁握中有玉版長八寸以授羣羣問曰公是何年生答曰已衰邁也忘其年月猶憶軒轅之時始學曆數風后容成皆黃帝之史就余授曆術至顓頊時考定日月星辰之運尤多差異及春秋時有子韋子野裨竈之徒權略雖驗未得其門邇來世代興亡不復可紀因以相襲至大漢得有洛下閎頗得其旨羣服其言更精勤算術及考校年曆之運驗於圖緯知蜀應滅及明年歸命奔吳皆稱周羣詳陰陽之精妙也蜀人謂之後聖白猿之異有似越人所記而事皆迂誕似是而非

搜神記魏濟北郡從事掾弦超字義起以嘉平中夜獨宿夢有神女來從之自稱天上玉女東郡人

姓成公字知瓊早失父母天帝哀其孤苦遣令下嫁從夫超當其夢也精爽感悟嘉其美異非常人之容覺寤欽想若存若亡如此三四夕一旦顯然來遊駕輜軿車從八婢服綾羅綺繡之衣姿顏容體狀若飛仙自言年七十視之如十五六女車上有壺榼青白瑠璃五具飲啗奇異饌具醴酒與超共飲食謂超曰我天上玉女見遣下嫁故來從君不謂君德宿時感運宜爲夫婦不能有益亦不能爲損然往來常可得駕輕車乘肥馬飲食常可得遠味異膳繒素常可得充用不乏然我神人不爲君生子亦無妒忌之性不害君婚姻之義遂爲夫婦贈詩一篇其文曰飄颻浮勃逢敖曹雲石滋芝英不須潤至德與時期神仙豈虛感應運來相之納我榮五族逆我致禍菑此其詩之大較其文二百餘言不能悉錄兼註易七卷有卦有象以彖爲屬故其文言既有義理又可以占吉凶猶揚子之太元薛氏之中經也超皆能通其旨義用之占候作夫婦經七八年父母爲超娶婦之後分日而燕分夕而寢夜來晨去倏忽若飛唯超見之他人不見雖居闇室輒聞人聲常見蹤跡然不覩其形後人怪問漏泄其事玉女遂求去云我神人也雖與君交不願人知而君性疎漏我今本末已露不復與君通接積年交結恩義不輕一旦分別豈不愴恨勢不得不爾各自努力又呼侍御下酒飲啗發

能取織成裙衫兩副遺超又贈詩一首把臂告辭涕泣流漓肅然昇車去若飛迅超憂感積日殆至委頓去後五年超奉郡使至洛到濟北魚山下陌上西行遙望曲道頭有一車馬似知瓊驅馳前至果是也遂披帷相見悲喜交切控左援綏同乘至洛遂爲室家剋復舊好至太康中猶在但不日日往來每於三月三日五月五日七月七日九月九日月旦十五日輒下往來經宿而去張茂先爲之作神女賦

拾遺記泰始元年魏帝爲陳留王頻斯國人來朝以五色玉爲衣如今之鎧不食中國滋味自齎金壺壺中有凝漿如脂嘗一滴則壽千歲其國傍有丹石井非人工所鑿下及漏泉水常沸湧諸仙欲飲之時以長綆引汲也其國人皆多力不食五穀日中無影飲桂漿雲霧羽毛爲衣髮大如縷堅韌如筋伸之幾至一丈置之自縮如蠡續人髮以爲繩汲丹井之水久久方得升合之水水中有白蛙兩翅常來去井上仙者食之至周王子晉臨井而窺有青雀銜玉杓以授子晉子晉取而食之乃有雲起雪飛子晉以衣袖揮雪則雲霽雪止白蛙化爲雙白鳩入雲望之遂滅皆頻斯國之所記蓋其人年不可測也使圖其國山川地勢瑰異之屬以示張華華云此神異之國難可驗信以車馬珍服

送之出關

廣喜志林王璞遇鬼物言我見蔡邕作仙人飛去飛來甚快樂也

述異記晉安郡有一書生謝端爲性介潔不染聲色嘗於海岸觀濤得一大螺大如一石米斛剖之中有美女曰予天漢中白水素女天帝矜卿純正令爲君作婦端以爲妖呵責遣之女歎息升雲而去

續酉陽雜俎倭國僧金剛三昧蜀僧廣昇在峨嵋縣與邑人約遊峨嵋同雇一夫負笈荷糗藥山南頂徑狹俄轉而待負笈忽入石罅僧廣昇先覽即牽之力不勝視石罅甚細若隨笈而開也衆因組衣斷蔓厲其腰肋出之笈纔出罅亦隨合衆詰之曰我常薪於此有道士住此隙內每假我舂藥適亦招我我不覺入時元和十三年

衡嶽西原近朱陵洞其處絕險多大木猛獸人到者率迷路或遇巨虵不得進長慶中有頭陀悟空常裹糧持錫夜入山林越兕侵虎初無所懼至朱陵原遊覽累日捫蘿垂躡無幽不跡因是蹲踞憩於巖下長吁曰饑渴如此不遇主人忽見前巖有道士坐繩牀僧詣之不動遂責其無賓主意復告以饑困道士欻起指石地曰此有米乃持钁斸石深數寸令

僧探之得陳米升餘卽著於釜承瀑敲火煮飯勸僧食一口未盡辭以未熟道士笑曰君餐止此可謂薄分我當畢之遂吃硬飯又曰我爲客設戲乃處木鳥枝投蓋危石猿懸鳥跂其捷閃目有頃又旋繞繩牀劾步漸趨以至蓬轉渦急但覩衣色成規倏忽失所僧尋路歸寺數日不復饑渴矣

醴泉尉崔汾仲兄居長安崇賢里夏月乘涼於庭際月色方午風過覺有異香頃聞南垣土動簌簌崔生意其虵鼠也忽覩一道士大言曰大好月色崔驚懼遽走道士緩步庭中年可四十風儀清古良久妓女十餘排大門而入輕綃翠翹艷冶絕世有從者具香茵列坐月中崔生疑其狐媚以枕投門闔驚之道士小顧怒曰我以此差靜復貪月色初無延佇之意敢此麤率復厲聲曰此處有地界耶歘有二人長纔三尺巨首儋耳唯伏其前道士顧指崔生所止曰此人合有親屬入陰籍可領來二人趨出一餉間崔生見其父母及兄悉至衛者數十捽曳批之道士叱曰我在此敢縱子無禮乎父母叩頭曰幽明隔絕誨責不及道士叱遣之復顧二鬼曰捉此癡人來二鬼跳及門以赤物如彈丸遙投崔生口中乃細赤綆也遂鉤出於庭中又詬辱之崔驚失音不得自理崔僕妾號泣其妓羅拜曰彼凡人因訝仙官無故而至非有大過怒解乃拂衣由大門而去崔病如中惡五六日方差

因迎祭醮謝亦無他

異聞實錄陳季卿者江南人舉進士至長安十年不歸一日於青龍寺訪僧不值憩於大閣有終南山翁亦候僧偶坐久之壁間有寰瀛圖季卿尋江南路太息曰得此歸不悔無成翁曰此何難乃折堦前竹葉跂圖上渭水中謂陳曰注目於此如願矣季卿熟視即渭水波濤洶洶涌一舟甚大恍然登舟其去極速行次禪窟寺題詩云霜鐘鳴時夕風急亂鴉又望寒林集此時輟棹悲且吟獨對蓮花一峯立明日次潼關又作詩題之末句云已作羞歸計猶勝羞不歸旬餘至家兄弟妻子迎見甚喜信宿謂其妻曰我試期已逼不可久留乃復進棹又作詩別其妻云酒至添愁飲詩成和淚吟飄然而去家人號皆驚爲鬼物矣季卿忽復至渭水從趨青龍寺山翁尙擁褐而坐僧猶未歸季卿謝曰豈非夢耶翁曰他日自知經月家人來訪且述所題詩皆在

紀聞滎陽鄭曙著作郎鄭虔之弟也博學多能好奇任俠嘗因會客言及人間奇事曙曰諸公頗讀晉書乎見太尉郗鑒事跡否晉書雖言其人死今則存座客驚曰願聞其說曙曰某所善武威段敭爲定襄令敭有子曰碧少好清虛慕道不食酒肉年十六請於父曰願尋名山訪異人求道敭許之

賜錢十萬從其志段子天寶五載行過魏郡舍於逆旅逆旅有客焉自稱一驢市藥數十斤皆養生辟穀之物也而其藥有難求未備者日日於市邸謁胡商覓之韶視此客七十餘矣鬚眉霜鬢而貌如桃花亦不食穀韶知是道者大喜伺其休暇市珍果美膳藥食醇醪薦之客甚驚謂韶曰吾山叟市藥來此不願世人知子何得覺吾而致此耶韶曰某雖幼齡性好虛靜見翁所爲必是道者故願歡會客悅爲飲至夕因同宿數日事畢將去謂韶曰吾姓孟名期思居在恆山於行唐縣西北九十里子欲知吾名氏如此韶又爲祈懇叩頭誠祈願至山中給使受道要叟曰若然者觀子志堅可與居矣然山中居甚苦須忍饑寒故學道之人多生退志又山中有耆宿當須啟白子熟計之韶又固請叟知其有志乃謂之曰前至八月二十日當赴行唐可於西北行三十里有一孤姥莊莊內孤姥甚是奇人汝當謁之因言行意坐以待我韶再拜受約至期而往果得此孤姥莊老姥出問之韶具以告姥撫背言曰小子年幼若此而能好道美哉因納其發裝於櫃中坐韶於堂前閤內姥家甚富給韶所須甚厚居二十日而孟先生至顧韶言曰本謂率語耳寧期果來然吾有事到恆州汝且居此數日當返如言却到又謂韶曰吾更啟白耆宿當與君俱往數日復來令姥盡收掌韶資裝而使韶

持隨身衣食往碧於是從先生入初行三十里大艱險猶能踐履又三十里卽手捫藤葛足履欹巖魂竦汗出而僅能至其所居也則東向南面盡崇山巨石林木森翠北面差平卽諸陵嶺西面懸下壑谿千仞而有良田山人頗種植其中有瓦屋六間前後數架在其北諸先生居之東廂有廚竈飛泉簷間落地以代汲井其北戶內西二間爲一室閉其門東西間爲二室有先生六人居之其室前廡下有數架書三二千卷穀千石藥物至多醇酒常有數石碧既謁諸先生先生告曰夫居山異於人間亦大辛苦須忍饑餒食藥餌能甘此乃可居子能之乎碧曰能於是留止凡五日孟先生曰今日吉謁老先生於是啟西室室中有石堂堂北開直下臨眺川谷而老先生據繩牀北面而齋心焉碧敬謁拜老先生良久開目謂孟叟曰是爾所言者耶此兒佳矣便與汝充弟子於是辭出又閉戶其庭前臨西澗有松樹十株皆長數仞其下磐石可坐百人則於石中鐫局諸先生休暇常對棋而飲酒焉碧爲侍者觀先生棋皆不工也因教其形勢諸先生曰汝亦曉棋可坐因與諸叟對叟皆不敵於是老先生命開戶出植杖臨崖而立西望移時因顧謂叟可對棋孟期思曰諸人皆不敵此小子老先生笑因坐召碧與爾對之既而先生棋少劣於碧又微笑謂碧曰欲習何藝乎碧幼年不識

求方術而但言願且受周易老先生詔孟叟授之老先生又歸室閉其門⿱習石習易踰年而日曉占候布卦言事若神⿱習石在山四年前後見老先生出戶不過五六度但於室內端坐繩牀正心禪觀動則三百二百日不出老先生常不多開目貌有童顏體至肥充都不復食每出禪時或飲少藥汁亦不識其藥名後老先生忽云吾與南嶽諸葛仙家爲期今到矣須去⿱習石在山久忽思家因請還家省覲即却還孟先生怒曰歸即歸矣何却還之有因白老先生先生讓孟叟曰知此人不終何與來也於是使歸歸後一歲又卻尋諸先生至則室屋如故門戶封閉遂無一人下山問孤莊老姥姥曰諸先生不來向一年矣⿱習石因悔恨殆死⿱習石在山間常問孟叟老先生何姓名叟取晉書鄧騭傳令讀之謂曰欲識老先生即鄧太尉也

仙傳拾遺馮大亮者導江人也家貧好道亦無所修習每道士方術之人至其門必留連延接唯一牛拽步磨以自給一旦牛死其妻對泣歎曰衣食所給在此牛耳牛既死矣何以資口食乎慈母山道士每過其家即憩歇累日是時道士復來夫婦以此語之道士曰皮角在乎曰在即取皮攣綴如牛形斫木爲脚以繩繫其口驅之遂起肥健如常曰此牛不復飲食但晝夜使之可也愼勿解其口

爾以此牛拽磨力倍於常道士亦不復來數年盛暑牛喘甚急牧童憐之因解其口遂成皮骨而已然其家已漸富改置酒肆常以奉道祈感遇仙人仍力行救物好賓客有樵叟三五人詣其家飲酒常不言錢禮而接之雖數益敬忽一人曰我輩八人明日俱來共謀一醉無以人多為訝至時樵叟八人偕至客於袖中出栟木一枝纔五六寸栽於庭中便飲酒盡懽而去曰勞置美酒無以為報此樹徑尺則家財百萬此時可貢助天子垂名國史十年後會於岷嶺巨人宮當授以飛仙之道言訖而去旬日而樹已凌空高十餘丈大已徑尺其家金玉自至寶貨自積殷富彌甚雖王孫麋竺之家不能及也五年元宗幸蜀大亮貢錢三十萬貫以資國用

瀟湘錄楊貴妃忽晝寢驚覺見簾外有雲氣氤氳令宮人視之見一白鳳銜一書有似詔勅自空而下立於寢殿前宮人白貴妃貴妃起而熟視之遂命焚香親受其書命宮嬪披讀其文曰勅謫仙子楊氏爾居玉闕之時常多傲慢謫居塵寰之後轉有驕矜以聲色惑人君以寵愛庇族屬內則韓虢蠱政外則國忠秉權殊無知過之心顯有亂時之迹比當限滿合議復歸其如罪更愈深法不可貸專茲告示且與沉淪宜令死於人世貴妃極惡之令宮闈閒切祕此事亦不聞於上其鳳尋飛去其書

藏於玉匣中三日後失之

神仙感遇傳韋弇字景照開元中舉進士下第遊蜀時將春暮勝景尚多與其友尋花訪異日爲遊宴忽一日有請者曰郡南十里許有鄭氏林亭花卉方茂有出塵之勝願偕遊焉弇喜遂與俱往果南十里得鄭氏亭焉端室巍巍横然四峙山門花關曲徑烟嵐而望之不暇他視眞塵外景也俄而延弇升亘亭之上廻廊環構飾以珠玉殆非人世所有卽引見仙子十數左右侍衛華麗靚粧亦非常世所覩中有一人與弇語弇遍拜且請之美人曰聞吾子西遊蜀都歷訪佳景春煦將盡花卉芳妍願奉一醉無以延歡爲疑也旣坐卽張樂飲酒其陳設餚膳奇味珍果旣非世之所嘗金石絲竹雅音清唱又非世之所聞弇乘間問曰某自上國歷二京至於帝宅爵嚴侯家繁盛莫不見之今之所覩固不可偕矣然女郎何爲若此之貴耶美人曰余非世間人此蓋玉清仙府也適欲奉召假以鄭氏之亭耳余有新曲名曰紫雲今天子奉尚神仙之道余以此樂授於吾子而貢於聖唐之君以此相託可乎弇曰某一儒生耳在長安中區區於九陌以干一名望天子門不可見又非知音諳若將貢新曲固不可爲也美人曰君既不能余當寓夢而授於天子然子已至此亦道分使然願以

三寶爲贈子其售之可畢世之富也飲畢命侍者出一杯謂之碧瑤盃光瑩洞徹又出一枕謂之紅蕤枕似玉而粟其文微紅而光彩瑩朗又出一紫玉函似布光彩甚於玉俱授於弇拜而謝之卽別去行未及一里廻顧失向亭臺但荒榛而已遂挈寶入長安明年復下第東遊廣陵胡商詣弇以訪其寶出而示之胡人拜而言曰此玉清眞人之寶千萬年人無見者信天下之奇貨矣以數十萬金易而求之弇以大富因築室江都竟不求聞達亦不知所終焉後數年元宗夢神仙十餘人持樂器集於庭奏曲以授請爲中原正始之音曲名紫雲旣晨興卽以玉笛吹而習之傳於樂府此乃符弇之所遇欲使弇上奏之曲也

太平廣記唐元宗常夢仙子十餘輩御卿雲而下列於庭各執樂器而奏之其度曲清越眞仙府之音也及樂闋有一仙人前而言曰陛下知此樂乎此神仙紫雲曲也今願傳授陛下爲聖唐正始音與夫咸池大夏固不同矣元宗喜甚卽傳受焉俄而寤其餘響猶若在耳元宗遽命玉笛吹而習之盡得其節奏然嘿不泄及曉聽政於紫宸殿宰臣崇姚宋璟入奏事於御前元宗俛若不聞二相懼又奏之元宗卽起卒不顧二相二相益恐趨出時高力士侍於元宗卽奏曰宰相請事陛下宜面決

可否向者崇璟所言皆軍國大政而陛下卒不顧豈二相有罪乎元宗笑曰我昨夕夢仙人奏樂曰紫雲曲因以授我我失其節奏由是懨而習之故不暇聽二相奏事即於衣中出玉笛以示力士是日力士至中書以事語於二相二相懼少解由後傳於樂府

唐宰相韓滉廉問浙西頗強悍自負常有不軌之志一旦有商客李順泊舟於京口堰下夜深纜斷漂船不知所止及明泊一山下風波稍定上岸尋求微有鳥徑行五六里見一人烏巾岸幘古服與常有異相引登山詣一宮闕臺閣華麗殆非人間入門數重庭除甚廣望殿遙拜有人自簾中出語之曰欲與金陵韓公一書無訝相勞也則出書一函拜而受之贊者引出門送至舟所因問贊者曰此為何處也韓公諸問又是何人致書答曰此東海廣桑山也是魯國宣父仲尼得道為真官理於此山韓公即仲由也性強自恃夫子恐其掇刑網致書以諭之言訖別去李順却還舟中有一使者戒舟中人曰安坐勿驚懼不得顧船外逡巡即達舊所若違此戒必致傾覆舟中人皆如其言不敢顧視舟行如飛頃之復在京口堰下不知所行幾千萬里也既而詣衙投所得之書韓公發函視之古文九字皆科斗之書了不可識詰問其由深以為異拘繫李順以為妖妄欲加嚴刑復博訪能篆籀之人數輩皆不能辨有一客廬

眉古服自謂賓位言善識古文韓公見以書示之客捧書於頂再拜賀曰此孔宣父之書乃夏禹科斗文也文曰告韓滉謹臣節勿妄動公異禮加敬客出門不知所止韓慘然默坐良久了然自憶嚴桑之事以爲非遠厚禮遣謝李順自是恭默謙謹克保終始焉　　金庭客咸通中自剡溪金庭路由林嶺間將抵明州行三二十里忽迷失舊路悤悤而行日已將暮莫知栖息之所因遇一道士荷鋤問津焉道士曰此去人家稍遠無寓宿之所不嫌弊陋宿於吾廬可也引及其家則林徑幽邃山谷沖寂既憩廡下久之烹野蔬藥苗食之頃有扣其門者童子報云隱雲觀請來日齋既曉道士去約童子曰善祗奉客客因問隱雲觀置來幾年去此觀遠近答曰自古有此觀去此五百里常隱雲中世人不見故以爲名客驚曰五百甚遠尊師何時當還答曰吾師往來亦頃刻耳俄而道士復歸欲留客久住客方有鄉關之念懇辭而出乃遣弟子示以歸路行三二里失向來所在及問歲月已三四年矣尋卽復往再訪其蹤無能知其處所矣　　越僧懷一居雲門寺咸通中淩晨欲上殿燃香忽見一道流相顧而語曰有一奇境能往遊乎懷一許諾相與入山花木繁茂水石幽勝或連峯概天長松夾道或瓊樓蔽日層城倚空所見之異不可殫述久之覺饑道流已知矣謂曰此有仙桃

千歲一實可以療饑以一桃授之大如二升器奇香珍味非世所有食訖復行或淩波不濡或騰虛不礙或矯身雲末或振袂空中或仰視日月下窺星漢如是復歸舊居已周歲矣懷一自此不食周遊人間與父母話其事因入道歷詣仙山更尋靈勝去而不復返

布衣王廓咸通中自荊渚隨船將過洞庭風甚泊舟君山下與數人出岸尋山徑登山而行忽聞酒香問諸同行皆曰無良久香愈甚路側崖間見有洞穴廓心疑焉遂入穴中行十餘步平石上有窪穴中有酒掬而飲之味極醇美飲可半斗餘陶然似醉坐歇窪穴之側稍醒乃歸舟中話於同侶衆人爭往求之無復所見自此充悅無疾漸厭五穀乃入名山學道去後看仙經云君山有天酒飲之昇仙廓之所遇者乃此酒也

張鎬南陽人也少爲業勤苦隱王屋山未嘗釋卷山下有酒家鎬執卷詣之飲二三盃而歸一日見美婦人在酒家揖之與語命以同飲欣然無拒色詞旨明辨容狀佳麗既晚告去鎬深念之通夕不寐未明復往伺之已在酒家矣復召與飲微詞調之婦人曰君非常人願有所託能終身即所願也鎬許諾與之歸山居十年而鎬勤於墳典意漸疎薄時或忿恚婦人曰君情若此我不可久住但得鯉魚脂一斗合藥即足矣鎬未測所用力求以授之婦以鯉魚脂投井中身亦隨下須臾乘

一經自井躍出淩空欲去謂鎬曰吾比待子立功立事同昇太清今既如斯固子之薄福也他日守位不終悔亦何及鎬拜謝悔過於是乘魚昇天而去鎬後出山歷官位至宰輔爲河南都統常心念不終之言每自咎責後貶辰州司戶復徵用髮時年方六十每話於賓友終身爲恨矣　費冠卿者池州人也進士擢第將歸故鄉別相國鄭餘慶公素與秋浦劉令友善爲費之行託以寓書爲手札盈幅緘授費戒之曰劉令久在名場所以不登甲乙之選者以其褊率不拘於時捨高科而就此官可善遇之也費因請公略批行止於書末託其因所慰薦稍垂青眼公然之發緘批數行復緘之如初費至秋浦先投剌於劉劉閱剌委諸案上略不顧盼費悚立俟命久之而無報疑其不可干也即以相國書授閽者劉發緘覽畢謾罵曰鄭某老漢用此書何爲擘而棄之費愈懼排闥而入趨拜於前劉忽憫然顧之揖坐與語曰已暮矣劉促令回店費曰日已昏黑或得逆旅而舍之已不及矣乞於廳廡下席地一宵明日卻詣店所即自解囊裝舒氈席於地劉即拂衣而入良久出曰此非延賓之所有一閤子可以憩息僕乘於外可也即令左右引僕夫衛子分給下處劉引費挈氈席入廳後對堂小閤子中既而閉門鎖繫甚嚴費莫知所以據榻而息是夕月明於門𨻶中窺其外悄然無

聲見劉令自操箕帚掃除堂之內外庭廡階壁靡不周悉覺異其事危坐屏息不寐而伺焉將及二更忽有異香之氣非人世所有良久劉攝服恭立於庭似有所候香氣彌甚即見雲冠紫衣仙人長八九尺數十人擁從而至劉再拜稽首此仙人直詣堂中劉立侍其側俄有筵席羅列餚饌奇果香溢閣中覺聞之已覺神清氣爽須臾奏樂飲酒命劉令布席於地亦侍飲焉樂之音調非世間之曲仙人忽問曰得鄭某信否對曰得信甚安頃之又問得鄭書否對曰費冠卿先進在長安中來得書曰費冠卿且喜及第也今在此耶對曰在仙人曰吾未合與之相見且與一杯酒但向道早修行即得相見矣即命劉酌一杯酒送閣子中費冠卿竊見劉自呷酒了即於堦下取盆中水投之費疑而未飲仙人忽下階與徒從乘雲而去劉拜辭嗚咽仙人戒曰爾見鄭某但令修行即得相見也既去即詣閣中見酒猶在驚曰此酒萬劫不可一遇何不飲也費力爭得一兩呷劉即與冠卿為修道之友卜居九華山以左拾遺徵竟不起鄭相國尋即去世劉費頗祕其事不知所降是何仙也　鄭南海為牧梁宋其表弟進士劉生寓居汝州有紫邏山即神仙靈境也劉以寓居力困欲之梁宋求救因行詣藥肆中既坐有樵叟倚擔於壁亦坐焉主人連叱之曰此有官客何忽唐突劉斂衽而起

謂主人曰某閑人也樵叟之來必有所求或要藥物有急難所請不可令去愬揖叟令坐問其所要叟曰請一幅紙及筆硯耳劉卽取肆中紙筆以授之叟揮毫自若書畢以授於劉書曰承欲往梁宋梁宋灾方重旦夕爲人訟承欲訪鄭生鄭生將有厄卽爲千里客兼亦變衫色紫邏樵叟任某書畢劉覽驚異筆勢遒逸超逾常倫看讀之際失叟所在月餘鄭爲人所訟黜官千里之外皆如其言劉卽於紫邏尋居物色求訪不復見叟世寶其書巢寇犯闕方失其所在也

太平廣記吳興柳歸舜隋開皇二十年自江南抵巴陵大風吹至君山下因維舟登岸尋小徑不覺行四五里興酣踰越磎澗不由路徑忽道傍有一大石表裏洞徹圓而砥平周匝六七畝其外盡生翠竹圓大如盎高百餘尺葉曳白雲森羅映天清風徐吹戛爲絲竹音石中央又生一樹高百尺條榦偃陰爲五色翠葉如盤花徑尺餘色深碧蘂深紅異香成煙著物霏霏有鸚鵡數千丹嘴翠衣尾長二三尺翱翔其間相呼姓字音旨清越有名武游郎者有名阿蘇兒者有名武仙郎者有名自在先生者有名踏蓮露者有名鳳花臺者有名戴蟬兒者有名多花子者或有唱歌者曰吾此出是漢武鉤弋夫人常所唱詞曰戴蟬兒分明傳與君王語建章殿裏未得歸朱箔金缸雙鳳舞名阿蘇兒

者曰我憶阿嬌深宮下淚唱曰昔請司馬相如爲作長門賦徒使費百金君王終不顧又有誦司馬相如大人賦者曰吾初學賦時爲趙昭儀抽七寶釵橫鞭余痛不徹今日誦得還是終身一恥名武游郎者言余昔見漢武帝乘鸞金轝泛積翠池自吹紫玉簫音韻朗暢帝意歡適李夫人歌以隨歌曰顧鄙賤蒙恩私願吾君萬歲期又名武仙郎者問歸舜曰君何姓氏行第歸舜曰姓柳第十二曰柳十二自何許來歸舜曰吾將至巴陵遭風泊舟興酣至此耳武仙郎曰柳十二官偶因遭風得臻異境此所謂因病致妍耳然下官禽鳥不能致力生人爲足下轉達桂家三十娘子因遙呼曰阿春此間有客郎有紫雲數片自西南飛來去地丈餘雲氣漸散遂見珠樓翠幕重檻飛櫺周匝石際一青衣自戶出年始十三四身衣珠翠顏甚姝美謂歸舜曰三十娘子使阿春傳語郎君貧居僻遠勞此檢校不知朝來食否請垂略坐以具蔬饌郎有捧水精牀出者歸舜再讓而坐阿春因教鳳花臺鳥何不看客三十娘子以黃郎不在不敢接對郎君汝若等閑似前度受捶有一鸚鵡郎飛至曰吾乃鳳花臺也近有一篇君能聽乎歸舜曰平生所好實契所願鳳花臺乃曰吾昨過蓬萊玉樓因有一章詩曰露接朝陽生海波翻水晶玉樓瞰寥廓天地相照明此時下棲止投跡依蕊櫺顧余復何

忝日侍群仙行歸舜曰麗則麗矣足下師乃誰人鳳花臺曰僕在王丹左右一千餘歲杜蘭香教我眞籙東方朔授我祕訣漢武帝求太中大夫遂在石渠署見揚雄王褒等賦頌始曉箴論王莽之亂方得還吳後爲朱然所得轉遺陸遜復見機雲製作方學綴篇什機雲被戮便至於此殊不知近日誰爲宗匠歸舜曰薛道衡江總也因誦數篇示之鳳花臺曰近代非不靡麗殊少骨氣俄而阿春捧赤玉盤珍羞萬品目所不識甘香裂鼻飲食訖忽有二道士自空飛下顧見歸舜曰大難得與鸚鵡相對君非柳十二乎君船以風便索君甚急何不促回因投一尺驍曰以此掩眼即去矣歸舜從之忽如身飛卻墜巴陵遣舟所舟人欲發闕之失歸舜已三日矣後卻至此泊舟尋訪不復再見也

唐開元天寶中有崔書生於東州邏谷口居好植名花暮春之中英蕊芬鬱遠聞百步書生每初晨必盥漱看之忽有一女自西乘馬而來青衣老少數人隨後女有殊色所乘駿馬極佳崔生未及細視則已過矣明日又過崔生乃於花下先致酒茗樽杓鋪陳茵席乃迎馬首拜曰某性好花木此園無非手植今正值香茂頗堪流眄計僕馭當疲敢具單醪以俟憩息女不顧而過其後青衣曰但具酒饌何憂不至女顧叱曰何故輕與人言崔生明日又先及鞭馬隨之到別墅之前又下馬拜請良

久一老青衣謂女曰馬大疲暫歇無爽因自控馬至當寢下老青衣謂崔生曰君既求婚予為媒妁可乎崔生大悅載拜跪請青衣曰事亦必定後十五六日大是吉辰君於此時但具婚禮所要并於此備酒肴今小娘子阿姊在邏谷中有小疾故日往看省向某去後便當咨啟期到皆至此矣於是俱行崔生在後即依言營備吉日所要至期女及姊皆到其姊亦儀質極麗遂留女歸于崔生崔生母在故居殊不知崔生納室崔生以不告而娶但啟以婢媵母見新婦之姿甚美經月餘忽有人送食於女甘香殊異後崔生覺母慈顏衰悴因伏問几下母曰有汝一子冀得求全今汝所納新婦妖媚無雙吾於土塑圖畫之中未曾見此必是狐魅之輩傷害於汝故致吾憂崔生入室見女淚涕交下曰本侍箕箒望以終天不知尊大人待以狐魅輩明晨即別崔生亦揮涕不能言明日女車騎復至女乘一馬崔生亦乘一馬從送之入邏谷三十里山間有一川川中有異花珍果不可言紀館宇屋室侈於王者青衣百許迎拜曰無行崔郎何必將來於是捧入留崔生於門外未幾一青衣女傳姊言曰崔郎遣行太夫人疑阻事宜便絕不合相見然小妹曾奉周旋亦當奉屈俄而召崔生入賚誚再三詞辯清婉崔生但拜伏受譴而已後遂坐於中寢對食食訖命酒召女樂洽奏鏗鏘萬變樂

閱其姊謂女曰須令崔郎却廻汝有何物贈送女遂袖中取白玉盒子遺崔生生亦留別於是各嗚咽而出行至邏谷口回望千巖萬壑無有逕路因慟哭歸家常持玉盒子鬱鬱不樂忽有胡僧扣門求食曰君有至寶乞相示也崔生曰某貧士何有是請僧曰君豈不有異人奉贈乎貧道望氣知之崔生試出玉盒子示僧僧起請以百萬市之遂往崔生問僧曰女郎誰耶曰君所納妻西王母第三女玉巵娘子也姊亦負美名於仙都況復人間所惜君納之不得久遠若住得一年君舉家不死矣

盧杞少時窮居東都於廢宅內賃舍鄰有麻氏嫗孤獨杞遇暴疾臥月餘麻婆來作羹粥疾愈後晚從外歸見金犢車子在麻婆門外盧公驚異窺之見一女年十四五眞神人明日潛訪麻婆麻婆曰莫要作婚姻否試與商量杞曰某貧賤焉敢輒有此意麻婆曰亦何妨既夜麻婆曰事諧矣請齋三日會於城東廢觀既至見古木荒草久無人居逡巡雷電風雨暴起化出樓臺金殿玉帳景物華麗有輜輧降空卽前時女子也與杞相見曰某卽天人奉上帝命遣人間自求匹偶耳君有仙相故遣麻婆傳意更七日清齋當再奉見女子呼麻婆付兩丸藥須臾雷電黑雲女子已不見古木荒草如舊麻婆與杞歸清齋七日斸地種藥纔種已蔓生未頃刻二葫蘆生於蔓上漸大如兩斛甕麻婆以

刀剝其中麻婆與杞各處其一仍令具油衣三領風雷忽起騰上碧霄滿耳只聞波濤之聲久之覺寒令著油衫如在冰雪中復令著至三重甚煖麻婆曰去洛已八萬里良久葫蘆止息遂見宮闕樓臺皆以水晶為牆垣被甲仗戈者數百人麻婆引杞入見紫殿從女百人命杞坐具酒饌麻婆屏立於諸衛下女子謂杞君合得三事任取一事常留此宮壽與天畢次為地仙常居人間時得至此下為中國宰相杞曰在此處實為上願女子喜曰此水晶宮也某為太陰夫人仙格已高足下便是白日昇天然須定不得改移以致相累也乃齎青紙為表當庭拜奏曰須啟上帝少頃聞東北間聲云上帝使至太陰夫人與諸仙趨降俄有幢節香幡引朱衣少年立階下朱衣宣帝命曰盧杞得太陰夫人狀云欲住水晶宮如何杞無言夫人但令疾應又無言夫人及左右大懼馳入取鮫綃五匹以賂使者欲其稽緩食頃問又問盧杞欲水晶宮住作地仙及人間宰相此度須快杞大呼曰人間宰相朱衣趨去太陰夫人失色曰此麻婆之過速領回推入葫蘆又聞風水之聲卻至故居塵榻宛然時已夜半葫蘆與麻婆並不見矣　唐元和初萬年縣有馬士良者犯事時進士王爽為京尹執法嚴酷欲殺之士良乃亾命入南山至炭谷湫岸潛於大柳樹下纔曉見五色雲下一仙女於水濱

有金槌玉板連扣數下青蓮湧出每葉施開仙女取嘗三四枚食之乃乘雲去士良見金槌玉板尙在躍下扣之少頃復出士良盡食之十數枚頓覺身輕卽能飛舉遂捫蘿尋向者五色雲所俄見大殿崇宮食蓮女子與群仙處於中覩之大驚趨下以其竹杖連擊墜於洪崖澗邊澗水淸潔因憊熟睡及覺見雙鬟小女磨刀謂曰君盜靈藥奉命來取君命士良大懼俯伏求救解之答曰此應難免唯有神液可以救君君當以我爲妻遂去逡巡持一小碧甌內有飯白色士良盡食復寢須臾起雙鬟曰藥已成矣以示之七顆光瑩如空青色士良喜歎看其腹有似紅線處乃刀痕也女以藥摩之隨手不見戒曰但自修學愼勿語人倘漏洩腹瘡必裂遂同住於湫側又曰我谷神之女也守護上仙靈藥故得救君耳至會昌初往往人見於炭谷湫捕魚不獲投一帖子必隨斤兩數而得

長安安業唐昌觀舊有玉蘂花其花每發若瓊林瑤樹唐元和中春物方盛車馬尋玩者相繼忽一日有女子年可十七八衣綠繡衣垂雙髻無簪珥之飾容色婉娩迴出於衆從以二女冠三小僕皆丱髻黃衫端麗無比旣而下馬以白角扇障面直造花所異香芬馥聞於數十步外觀者疑出自宮掖莫敢逼而視之佇立良久令女僕取花數枝而出將乘馬顧謂黃衫者曰曩有玉峯之期自此行矣

時觀者如堵咸覺烟飛鶴唳景物輝煥舉轡百餘步有輕風擁塵隨之而去須臾塵滅望之已在半空方悟神仙之遊餘香不散者經月餘時嚴休復元稹劉禹錫白居易俱作玉蘂院真人降詩

唐太和二年長安城南韋曲慈恩寺塔院月夕忽見一美婦人從三四青衣來遶佛塔言笑甚有風味回顧侍婢曰白院主借筆硯來乃於北廊壁上題詩曰黄子陂頭好明月忘却華筵到曉行烟收山低翠黛橫折得荷花贈遠生題訖院主執燭將視之悉變爲白鶴沖天而去書迹至今尚存

唐開成初進士許瀍游河中忽得大病不知人事親友數人環坐守之至三日蹶然而起取筆大書於壁曰曉入瑤臺露氣清坐中唯有許飛瓊塵心未盡俗緣在十里下山空月明書畢復寐及明日又驚起取筆改其第二句曰天風飛下步虛聲書訖兀然如醉不復寐矣良久漸言曰昨夢到瑤臺有仙女三百餘人皆處大屋內一人云是許飛瓊遣賦詩及成又令改曰不欲世間人知有我也既畢甚被賞歎令諸仙皆和曰君終至此且歸若有人導引者遂得回耳

談淵天禧中泰州言濱州軍士王貴至州自云得于闐國王印一以獻初太平興國中貴晝日忽見使者至營急召偕行至河橋驛馬已具即命乘之俄覺騰空而去頃之駐馬但見屋宇宏麗使者使

貴入其容衛制度悉為王者謂貴曰俟年如五十八當往于闐國北通聖山取一異寶以奉皇帝宜志之遂復乘馬凌雲而旋軍中失貴已數日矣驗所乘卽營卒之馬也知州宋煦以聞奏太宗釋之至是貴自陳年已五十八願遵前戒西至于闐朝許其行貴至神州以道遠悔懼俄於市中遇一道士引貴至州城登高原問所欲貴具以實對卽命貴閉目少選令開目視見山川頓異道士曰此于闐國北境通聖山也復引貴至一池池中有仙童出一物授之謂曰持此奉皇帝又令瞑目俄頃復至秦州向之道士已失所發其物乃玉印也文曰國王趙萬年永寶

侍兒小名錄拾遺劉商少遊湘中秋月方皎忽見一舟中有七八女子瓌麗容止若為呼盧戲其具俱希世之寶前有紅蠟枝擎以金盤商駭訝未絕聞舟中語曰紫陽眞人貽給劉商黃精二斤乃玉帝所餌之餘食之者為地仙一女子曰此人不遠可邀致之忽聞人呼商遂卽舟過拜一女子命侍兒楊孟珠斟一杯雲母漿商取飲一女子笑曰此人不固者無丹元氣耳因曰愼自精修去爾貪忽靈餌漸近天爵宜修復送之岸商覘之直至舜妃廟前落帆入廟黎明廟中得巴牋詩句後果得至人遺精服餌後不知所在

誠齋雜記鍾陵西山有游帷觀每至中秋車馬喧闐十里若闤闠豪傑多召名姝善謳者夜與丈夫間立握臂連踏而唱惟對答敏捷者勝太和末有書生文簫往觀覩一姝甚妙其詞曰若能相伴陟仙壇應得文簫駕綵鸞自有繡襦并甲帳瓊臺不怕雪霜寒生意其神仙植足不去姝亦相盼歌罷獨秉燭穿大松逕將盡陟山扣石冒險而升生躡其蹤姝曰莫是文簫耶相引至絕頂坦然之地後忽風雨裂帷覆機俄有仙童持天判曰吳綵鸞以私欲洩天機謫爲民妻一紀姝乃與生下山歸鍾陵爲夫婦

瑯嬛記文士冠有文章好讀書繫壁懸梁無以踰也嘗有客過稱雲來頂上謝臨風懷中出一書授之曰習此始可以爲文士之冠矣士冠覽而異之問撰者姓名不告第援筆書於綵几曰彼何人斯三江之右金鉤煌煌風吹草覆　仙人名鳳子與笙璡會於九口鳳子曰余二月丙子離天汝十一月丙辰離地何相得之甚也笙璡曰降雖不同而證方之時固當同也於是各以生生二肆之符相授註云生生二肆長生之祕訣　族雪道君有顯色天膏封以軟玉油臟命玉童寄侍琴仙女於繡雲山中女方謫下爲田夫女捧之淚下忽悟夙因敬拜稽首酌酒服之引鏡自照顏色媚於平

時天膏者自崑崙以東三千里有五色山東曰鹿迎南曰垂臺西曰鑑木北曰固元中曰中秀東青南赤西白北黑中黄如五方色上生雲作烏色各如之栖嗣榮之林食條輕之果土人拾其糞和海中五色魚膏掘地深五尺藏其中三月取出化爲水鍊以成膏色白如雪婦人以傅面而得之而白髯得之而朱鬚髮得之而黑服之則顏色美好芳香芬烈可以長生女未嫡時遨遊於此嘗試此膏故淚垂焉　英妃未過仙時腋下忽生翠毛人以爲不宜無何闕羲至曰仙毛長矣可共行也英妃對時人謝曰我翠毛小仙也久爲世溷今當去汝等努力會當見我於元門耳遂乘雙白鶴飛去

昔有客過茅君時當大暑茅君於手巾內解茶葉人與一葉客食之五內清涼異而詰其所從來茅君曰此蓬萊山穆陀樹葉衆仙食之以當飲又有寶文之蕊服之不饑謝幼貞詩曰摘寶文之初蕊拾穆陀之墜葉　昔有女仙曷食衆草日夜恆不臥一日食一樹葉酣臥不欲覺殊愉快因名其樹曰愉後人改心從木即今榆樹也後女仙繞當門種之時與族黨道君會於下使金童講繆虹寶典　君子國有鳳凰窟出天狗一名胎脣女仙與族黨道君各以玉膏鍊成上藥以相餽遺

金母召羣仙宴於赤水命謝長珠鼓拂霓之琴彈鸞波之曲坐有碧金鸚鵡杯白玉麒麟杓杯乾則

杓自挹欲飲則杯自舉故太白詩云鸕鷀杓鸚鵡杯非指鹿南海螺杯杓也

永明縣志仙人跡在縣東南五里獨石山與龍陽馬山相對約離一里許舊傳有仙人於虛空跨立一足踏龍陽馬山一足踏獨石山今俱有巨跡約長一尺五寸存焉

卷終

古今圖書集成〈神異典・神仙部〉/（清）陳夢雷等編--影印本--臺北市：臺灣學生，民 78
130，1688面；21公分--（中國民間信仰資料彙編第一輯；17）
ISBN 957-15-0017-8（精裝）：全套新臺幣 20,000 元

I（清）陳夢雷等編 Ⅱ中國民間信仰資料彙編第1輯；17
272.08/8494 V. 17

中國民間信仰資料彙編 第一輯
王秋桂 李豐楙 主編

古今圖書集成神異典・神仙部（全四冊）

編輯者：清・陳夢雷等
出版者：臺灣學生書局
發行人：丁文治
發行所：臺灣學生書局
臺北市和平東路一段一九八號
郵政劃撥帳號〇〇〇二四六六〜八號
電話：三六三四一五六
本書局登記證字號：行政院新聞局局版臺業字第一一〇〇號
印刷所：淵明印刷廠
地址：永和市成功路一段43巷五號
電話：九二八七一四五
香港總經銷：藝文圖書公司
地址：九龍又一村達之路三十號地下後座
電話：三－八〇五八〇七
中華民國七十八年十一月景印初版

27203-17

ISBN 957-15-0017-8（套）